韦小庄村志

LOCAL RECORDS OF WEIXIAOZHUANG

安徽省临泉县韦寨镇韦小庄村志编纂委员会 编

图书在版编目（CIP）数据

韦小庄村志 / 安徽省临泉县韦寨镇韦小庄村志编纂委员会编. -- 北京：方志出版社，2018.11
（中国名村志丛书）
ISBN 978-7-5144-3225-1

Ⅰ.①韦… Ⅱ.①安… Ⅲ.①村史—临泉县 Ⅳ.① K295.45

中国版本图书馆 CIP 数据核字（2018）第 204936 号

·中国名村志丛书·

韦小庄村志

编　　者：安徽省临泉县韦寨镇韦小庄村志编纂委员会
责任编辑：陈　菁

出 版 人：冀祥德
出 版 者：方志出版社
地址　北京市朝阳区潘家园东里 9 号（国家方志馆 4 层）
邮编　100021
网址　http://www.fzph.org
发　　行：方志出版社图书经销中心
电话　（010）67110500
经　　销：各地新华书店
排　　版：北京纺印图文设计制作有限公司
印　　刷：北京中科印刷有限公司

开　　本：787 × 1092　1/16
印　　张：15.75
字　　数：283 千字
版　　次：2018 年 11 月第 1 版　2018 年 11 月第 1 次印刷

ISBN 978-7-5144-3225-1　定价：126.00 元

序一

中共十九大报告明确提出："坚定文化自信，推动社会主义文化繁荣兴盛。""没有高度的文化自信，没有文化的繁荣兴盛，就没有中华民族伟大复兴。要坚持中国特色社会主义文化发展道路，激发全民族文化创新创造活力，建设社会主义文化强国。"编修地方志是中华民族千百年来的固有传统，留下了浩如烟海的历史文献，承担着传承中华文明、发掘历史智慧的重任，发挥着存史、育人、资政的作用。

在习近平新时代中国特色社会主义思想指引下，在增强文化自信、推动传统文化创造性转化、创新性发展背景下，全国地方志事业迎来了开拓创新与转型升级的重要机遇期。中国地方志指导小组及其办公室组织实施的中国名村志文化工程，用中国独有的文化载体——地方志，来记录乡村的"名"和"特"，记录乡村全面建成小康社会的进程和取得的成就，是地方志围绕以人民为中心开拓创新的具体举措，是传承乡土文化、坚定文化自信、加快建设社会主义文化强国的内在要求，是服务乡村振兴战略、加快全面建成小康社会、推进社会主义现代化建设、实现中华民族伟大复兴中国梦的应有之义。

实施中国名村志文化工程，是方志人贯彻落实习近平总书记"农村要留得住绿水青山，系得住乡愁"重要讲话精神的重要举措。"望得见山、看得见水、记得住乡愁……"习近平总书记用诗意的语言为中国的新农村建设指明了方向。开展新农村建设、美丽乡村建设，一定要把绿水青山保留下来，尽可能在原有村庄形态上改善农民生活条件，不盲目拆旧，也不盲目造新，让家乡的每一条河、每一棵树、每一口井，都能永远成为我们的乡愁。这是我们弘扬传统、面向未来的底气所在。那么，如何留住乡音、乡风、乡思，继承传统文化菁华，挖掘历史智慧，成为极其重要的工作。实施中国名村志文化工程，保护抢救、传承保存、开发利用宝贵的村落文化，重新唤起人们记忆中古老村落的青山绿水、小河大树、轶事掌故，打造完整记录乡村发展嬗变和现代化农村经济社会运行模式的系列中国名村志丛书，让乡土文化回归并为困惑的当代人提供精神家园，让农耕文化的优秀菁华成为建构农村文明的底色，无疑具有重要的现实意义和深远的历史意义。

实施中国名村志文化工程，是方志人贯彻落实党中央乡村振兴战略的鲜活实践。中共十八大以来，以习近平同志为核心的党中央高度重视农业、农村、农民工作，提出了许多新理念、新思想、新战略，特别是中共十九大报告作出实施乡村振兴战略的重大部署。2018 年 9 月 26 日，中共中央、国务院印发《乡村振兴战略规划（2018—2022 年）》，明确提出“鼓励乡村史志修编”。深入推进中国名村志文化工程，有利于全面翔实记录乡村振兴进程，客观记载地理环境、历史沿革、姓氏源流、人口、民族、方言、民居、宗祠、风俗习惯、家谱族谱、家规族规、宗教信仰、文物遗址、掌故传说、历史事件、人物等，完整保留乡土文化的原貌。所有这些工作，可以为延伸地方志工作触角，充分发挥志书存史、育人、资政功能提供借鉴；可以为社会各界和华人华侨、港澳台同胞寻根问祖、反哺桑梓、泽被乡里提供帮助。依托中国名村志文化工程的重要平台与载体，乡村振兴战略下的现代乡村将进一步挖掘自身独特内涵，彰显其新时代的作用及意义。

中国名村志文化工程从新时代中国特色社会主义的新需求出发，创新体例，立足实际，内容既严谨又通俗，展示了不同地区自然和社会风貌，在坚持志体基础上运用专题报告、回忆录、人物访谈、新闻资料等多种手法，重点介绍农村地区在转型发展方面的探索、示范、引领意义，对于不断提高地方志事业围绕中心服务大局的能力，为乡村改革发展贡献历史智慧，讲好中国故事，彰显中国软实力，增强“四个自信”等方面具有积极意义。

两年来，在借鉴中国名镇志丛书及各地乡镇（村）志宝贵编纂经验的基础上，中国名村志丛书编修不断取得丰硕成果，产生了良好的社会效益，新一批中国名村志的申报数量、覆盖范围延续强劲增长态势，充分体现出强大的内生动力。下一步，要总结经验、把握规律，为服务国家城镇化建设和乡村振兴战略打造更多优秀文明成果，推动中华优秀传统文化创造性转化和创新性发展，从中提炼出适合新时代、新形势、新变化、新要求的文化精髓，展现中国方志的当代价值和世界意义。

是为序。

中国社会科学院院长
中国地方志指导小组组长　　谢伏瞻

序二

连绵不断地编修地方志是中国独有的优秀文化传统，承担着赓续文明、传承文化的重任。保存至今的8000余种、10万余卷历代方志，蕴含着传统文化基因和海量文化信息，既是中华优秀传统文化的重要组成部分，又是传承、彰显中华优秀传统文化的重要载体。

在各种类型的地方志编纂中，村志编纂古已有之，但从未进入国家层面的地方志编纂序列。新中国成立以来，党中央、国务院高度重视包括村志编纂在内的地方志工作，出台了重要文件。中央领导发表了重要讲话、作出了重要批示。习近平总书记高度重视包括村志编纂在内的地方志工作。2004年10月，他在担任浙江省委书记时到江山市凤林镇白沙村考察，看到村民编纂的《白沙村志》，鼓励村民把村志继续编纂下去。2014年4月，刘延东副总理在与第五次全国地方志工作会议部分会议代表座谈时指出："要结合发展的新形势，加强对地方志包括部门志、行业志、专题志、乡镇村志编纂的业务指导和服务。"2015年8月，国务院办公厅印发的《全国地方志事业发展规划纲要（2015—2020年）》，正式将中国名村志文化工程列为主要任务之一。2017年5月，中共中央办公厅、国务院办公厅印发的《国家"十三五"时期文化发展改革规划纲要》指出："完成省、市、县三级地方志书出版工作。开展旧志整理和部分有条件的镇志、村志编纂。"可以说，村志编纂迎来了历史上的最好时期。

农业、农村、农民"三农"问题，是数千年来影响中国社会发展最核心的问题。中共中央高度重视"三农"工作，从2004年起，连续13年，每年的中央1号文件都聚焦"三农"。中共十九大报告更是提出"农业农村农民问题是关系国计民生的根本性问题，必须始终把解决好'三农'问题作为全党工作重中之重"，特别是提出了"乡村振兴战略"，这是中国共产党在中国特色社会主义进入新时代后，对农村发展问题所做出的准确把握和与时俱进的战略应对，是建设中国特色社会主义强国战略的重要组成部分。改革开放近40年来，在党中央、国务院高度重视社会主义新农村建设的新形势下，各地涌现出一大批历史文化名村、经济强村、新农村建设示范（试点）村、美丽乡村和特色村，成为先进生产力和先进文化的代表。客观记录中国农村全面建成小康社会的进程，向后人展示在中国共产党领导下农村千年未有的巨变，是地方志工作者肩负的光荣而重大的历史使命。编纂中国名村志丛书，是记载当代中国农村发展变革的重要途径。

文化寻根，寻的是其发展的源头和根基。村落是中国传统文化的根基所在。农村的生产生活方式、社会规范、宗族文化、宗教文化、民风习俗、传统节日、民间艺术等，无不镌刻着中国人独特的民族性格，这就是家国情怀、文脉绵延、精神归属。在快速城镇化进程的冲击和开发性破坏下，大量传统村落面临消亡的危机，村落蕴含的历史文化信息也流失殆尽，抢救性保护刻不容缓。编纂中国名村志丛书，是保存村落历史文化信息，抢救、保护村落文化最好的方式。

一方水土养一方人。家乡的山水草木、村间小巷、乡俗民情会在每个人心头留下深刻的烙印，这就是故土情结。而村落的形成与发展离不开人的活动。编纂中国名村志丛书，通过记述村落建筑、名门望族来追溯村落的历史；通过记述村落规模、布局、人口、物产等反映人口来源、宗族兴衰、生活习惯、文化背景、宗教信仰、经济发展等，体现环境与人相互影响、相互作用、相互发展的既矛盾又统一的关系；通过记述戏剧、音乐、舞蹈、美术、文学、手工技艺等文化形式，展示百姓在长期的生产生活实践中摸索和总结出的智慧结晶，强化人们沟通感情的纽带。编纂中国名村志丛书，是传承乡俗、诉说乡音、记住乡愁、纾解乡思，激活历史传统、唤起共同文化记忆、塑造共同心灵认同的重要文化工程。

中国名村志文化工程以践行文化自信、传承中华文脉、彰显时代发展为己任，以打造全国地方志系统的重要品牌为目标，在体裁运用、篇目设置、资料选择等方面进行大量的创新，突出“名”和“特”，拣选各个名村中最值得记述、最具有代表性的人、事、物，予以浓墨重彩的描画，从而形成系列的、高质量的、可读性强、雅俗共赏的地方志读本，让地方志紧接地气、贴近百姓，让地方志成果进入寻常百姓家，让人民群众共享地方志成果，让越来越多的人从地方志中感知传统、历史和记忆，成为传统村落和传统文化的守护者，成为中华优秀文化的传承者。

是为序。

中国社会科学院原院长
中国地方志指导小组原组长　王伟光

◉ 序三

习近平总书记指出："让居民望得见山，看得见水，记得住乡愁。"这句富有诗意的重要论述不仅唤醒了中国人城镇化建设过程中对于人和自然关系、人和历史关系的思考，同时也引发了学界对"乡愁"进一步进行文化意义解读的兴趣。从本质上看，乡愁是一种源自主体体验的情感，隐含了一种人们带着乡愁追寻自我生存与生命意义、追寻诗意栖居的精神家园的美学思辨。同时，这种追寻自我生存的主体逐渐转向大众群体，乡愁也由传统单一的"文化乡愁""爱国情怀"演变为对于"理想家园"的精神追求。

中国有近60万个村庄，约有5000个古村落，被住房城乡建设部和国家文物局界定的传统村落就有1561个。随着中国城镇化步伐的加快，乡村的版图日渐凋敝，大批农村青壮年劳动力走进城镇，融入了新的生活。然而，每逢传统佳节，那种挥之不去的离愁别绪挟裹着亿万农民工，又融入了返乡的滚滚洪流。这是乡愁的情愫牵动着他们，是故乡的山、故乡的水、故乡的老屋、故乡的小吃在牵动着他们，是故乡家家户户的楹联和口口相传的故事，以及只有在隆重的传统佳节才有的古老的民风习俗在牵动着他们。

文化可以体现一个民族、一个国家、一个社会的重量与体温，这是文化的力量之所在，而村落是传统中国的根脉所系，乡土社会是最能够体现中国传统文化特征的地方。梁漱溟曾指出："中国文化是以乡村为本，以乡村为重，所以中国文化的根就是乡村。"我曾在《建设社会主义新农村的理论与实践》一书中指出，在新农村建设的过程中，必须"保护和发展有地方和民族特色的优秀传统文化，创新农村文化生活的载体和手段，满足农民群众多层次、多方面的精神文化需求"，而编纂村志尤其是实施中国名村志文化工程就是一个重要举措。实施中国名村志文化工程，编纂中国名村志丛书，以最基层的村落为研究对象，寻根传统村落的历史，梳理村落的发展脉络，以唤起人们的归属感和认同感，探索新型城镇化和社会主义新农村建设过程中，如何留住乡音、乡风、乡思，继承传统文化精华，挖掘丰富历史智慧，是贯彻落实中央城镇化工作会议精神和中共十九大提出的“乡村振兴战略”的重要举措，是当前和今后一个时期全国地方志工作者的重要工作。

虽然村落文化正在日益远离当下生活，但我们可以抓住诸如基本村情、文物胜迹、古村保护、特色文化、旅游名胜、村域经济、风土民情、村民生活、新农村建设、艺文杂记、名人与名村等关键内容，通过志书的手法来诠释乡村文化的精华。我们如实记录着村落里的人和事，以及青山绿水、小河大树、袅袅炊烟，力争以最完整、最原真的方式呈现村落的前世今生。我们要为“迷失”的人留住乡村文化的根脉，让人们难以割舍的乡愁得以慰藉和释放。

中国名村志文化工程将触角伸向那些极具代表性的村落，它们有的历史悠久、名人辈出，有的经济腾飞、重获新生，有的风景秀丽、景观独特，有的地处边陲、神秘莫测……我们挖掘中国不同类型村落的发展之路，为探索新型城镇化和社会主义新农村建设的发展经验、发展模式、前进道路提供历史智慧和现实借鉴。因此，打造以重在表现乡村嬗变为主旨的中国名村志丛书十分必要和迫切，这是一项功在当代、利在千秋的文化工程。

近年来，随着中国经济社会的发展和国际地位的提高，越来越多的人想要认识中国、了解中国、研究中国。在这样的形势下，乡村是不可或缺的一环，我们要集中讲好发生在乡村的故事，向世界呈现一个多元的、立体的中国。乡村历经岁月变迁的风雨，见证着改革开放的步伐，寄托着数代中国人的情感。发生在乡村的故事无疑是血肉丰满的、震撼人心的、引起共鸣的。我们应该有这个自信能够讲好乡村故事，讲好中国故事，描绘出中国的底色，“让每一个中国人都能在地方志中找到自己的位置”。

可喜的是，越来越多的有识之士认识到了这一点，加入到保护、传承、发展村落文化的队伍中来。仅就编纂中国名村志丛书来看，第一批的申报范围就涵盖包括香港特别行政区在内的 32 个地区，申报数量高达 70 余部。“直笔著信史，彰善引风气，为当代提供资政辅治之参考，为后世留下堪存堪鉴之记述”，这是我们的初心和使命。希望中国名村志文化工程的实施，能够带动更多的人关注中国乡村文化，为社会主义文化强国建设作出更大的贡献。也希望越来越多的名村都来融入继承中华文化传统、颂扬中华传统文化的活动中，让正能量更多地润泽温暖人们的心灵，让更多的人“记得住乡愁”！

是为序。

中国社会科学院副院长
中国地方志指导小组常务副组长

◉ 中国名村志文化工程专家委员会

◉ 中国名村志文化工程学术委员会

中国名村志丛书编纂委员会

中国名村志丛书编纂委员会办公室

◉ 安徽省阜阳市临泉县韦寨镇韦周行政村韦小庄村志顾问、编审

顾　问　刘成典　欧阳发

编　审　刘成典　欧阳发

◉ 安徽省阜阳市临泉县韦寨镇韦周行政村韦小庄村志编纂委员会

主　任　蔡建国

副主任　张华玲

成　员　李　响　马源济　程　琦　罗振祥
韦守彬

◉ 安徽省阜阳市临泉县韦寨镇韦周行政村 韦小庄村志编纂委员会编辑部

主　　编　张华玲

副 主 编　程　琦

编　　辑　罗振祥　韦守彬　王　彬　左天云
　　　　　马泉萍　韦庆喜

编　　务　韩红梅　李世红

校　　对　段　伟　袁海涛　李玉娟　韩红梅

图片提供　罗振祥　曹　炯　郭金山　何东亚
　　　　　王　彬　马泉萍　韦　韧　韦红伟
　　　　　左天云

资料审核　韦小庄村民小组

◉ 中国名村志丛书凡例

一、以马克思列宁主义、毛泽东思想、邓小平理论、“三个代表”重要思想、科学发展观、习近平新时代中国特色社会主义思想为指导，坚持辩证唯物主义和历史唯物主义的立场、观点和方法，存真求实，全面、客观、系统记述中国名村村落发展变化进程和改革开放成果，传承和抢救乡土历史文化，激发爱国爱乡情怀，留住乡愁，为探索中国特色新型城镇化建设、服务乡村振兴战略提供历史智慧和现实借鉴。

二、为全面反映入志事物发展脉络，各志上限尽量追溯至事物发端，下限一般断至各村志启动编修年份，个别重大事项可延至搁笔。详今明古，着重反映时代特色和地方特点，重点体现各村的“名”与“特”。

三、记述地域范围以下限年份的行政辖区为主。为体现名村在更大区域内的意义，可以从更开阔的区域视野记述与该村相关的内容。

四、统一采用纲目体，设类目、分目、条目三个层次。横排门类，纵述史实，述而不论。

五、综合运用述、记、志、传、图、表、录等各种体裁，以志体为主。体裁运用适当创新，篇目设置不求面面俱到，一般意义上的村级内容略去不载。

六、除引用文字和附录文献资料外，统一使用规范的现代语体文记述，行文力求朴实、严谨、简洁、流畅、优美，具有较强可读性。

七、人物部类遵循“生不立传”原则，人物传主按生年排序，只选录对本村发展有重大影响的人物，不面面俱到。

八、各项数据一般采用国家统计部门数据。数据缺乏的，采用主管部门或主办单位正式提供的数据。

九、数字用法、标点符号、计量单位分别执行国家标准《出版物上数字用法》

（GB/T 15835—2011）、《标点符号用法》（GB/T 15834—2011）、《国际单位制及其应用》（GB 3100—1993）和《有关量、单位、符号的一般原则》（GB 3101—1993）。历史上使用的计量单位，如斗、石、里、尺、磅、华氏度等，在引文时可照录。考虑到社会使用习惯，全书中亩不统一换算。

十、中华民国成立前的纪年，使用朝代年号纪年，括注公元年份；中华民国成立后的纪年，均使用公元纪年。志中所称“解放前（后）”，以该村解放日为界；“新中国成立前（后）”，以中华人民共和国成立日 1949 年 10 月 1 日为界；“改革开放前（后）”，以 1978 年 12 月中共十一届三中全会召开为界。本志“×× 年代”，凡未加世纪者，均指 20 世纪。

十一、为节省篇幅，避免重复，本志采用条目互见法。参见条目的表示形式为：参见本志“×× 类目·×× 分目·×× 条目”。

十二、对旧志、古籍中的繁体字、冷僻字一般用简化字或通用字替换，易引起误解的则保留。

十三、记述各个历史时期的党派、机构、职务、地名等，均以当时的名称为准。对频繁使用的名称，首次用全称并括注简称，其后用简称。

十四、各村志需要单独说明的事项，均在各自编纂始末中记述。

韦小庄村在中国的位置

黑龙江省
哈尔滨
吉林省
长春
沈阳
辽宁省
内蒙古自治区
呼和浩特
北京
天津
河北省
石家庄
太原
山西省
济南
山东省
新疆维吾尔自治区
乌鲁木齐
甘肃省
银川
宁夏回族自治区
西宁
青海省
兰州
陕西省
郑州
西安
河南省
安徽省
临泉
韦小庄村
合肥
江苏省
南京
上海
上海市
湖北省
武汉
杭州
浙江省
西藏自治区
拉萨
四川省
成都
重庆市
重庆
南昌
江西省
长沙
湖南省
福建省
福州
钓鱼岛
赤尾屿
台北
台湾省
台湾岛
贵阳
贵州省
昆明
云南省
广西壮族自治区
南宁
广东省
广州
香港
澳门
东沙群岛
海口
海南省
海南岛
西沙群岛
永兴岛
中沙群岛
黄岩岛
南沙群岛
曾母暗沙
图例
北京 首都
天津 省级行政中心
未定 国界
省、自治区、直辖市界
特别行政区界
名村所在县级区域
名村
1：32 000 000
审图号：GS（2017）3697 号

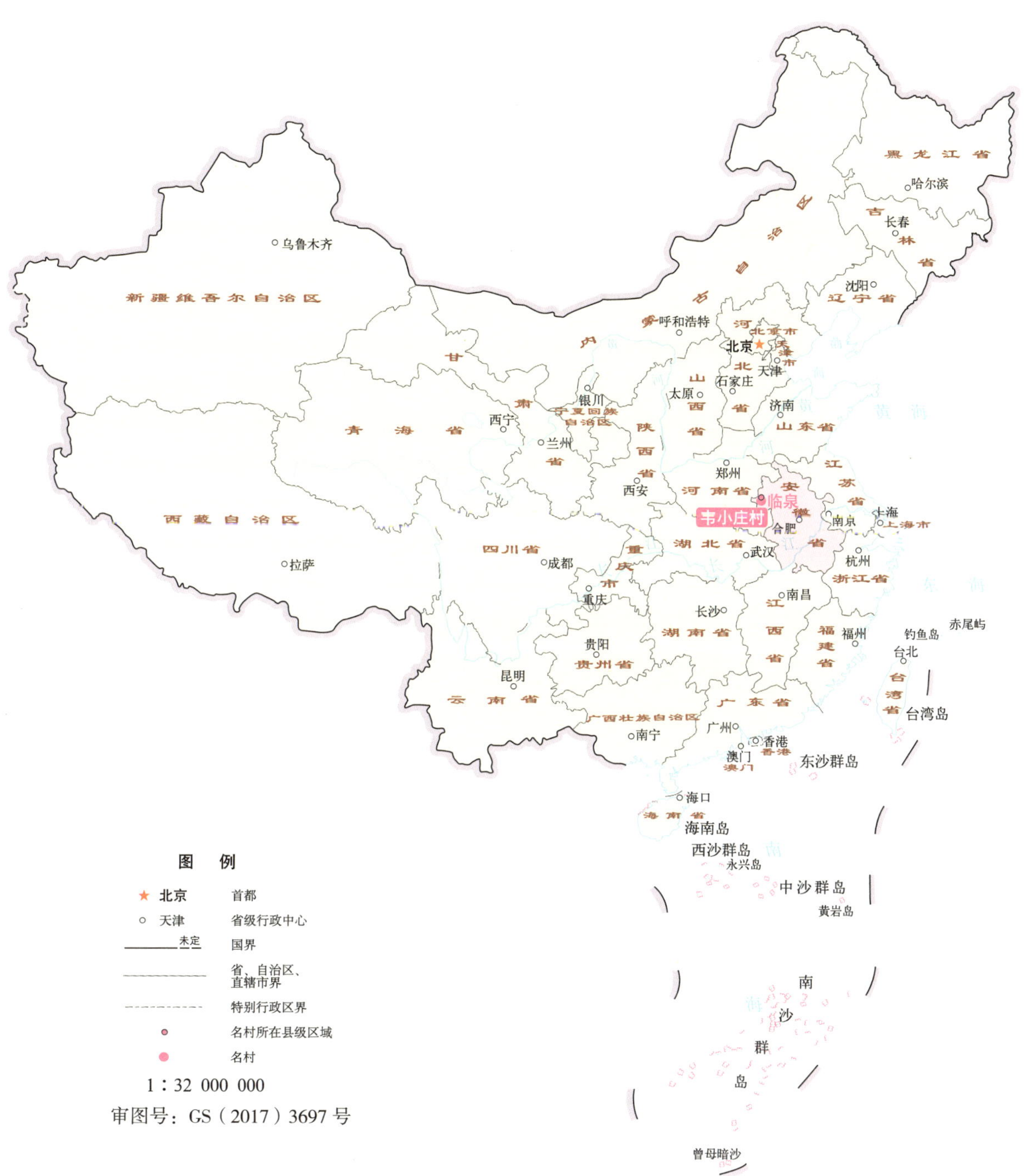

韦小庄村在安徽省的位置

审图号：GS（2017）3697 号

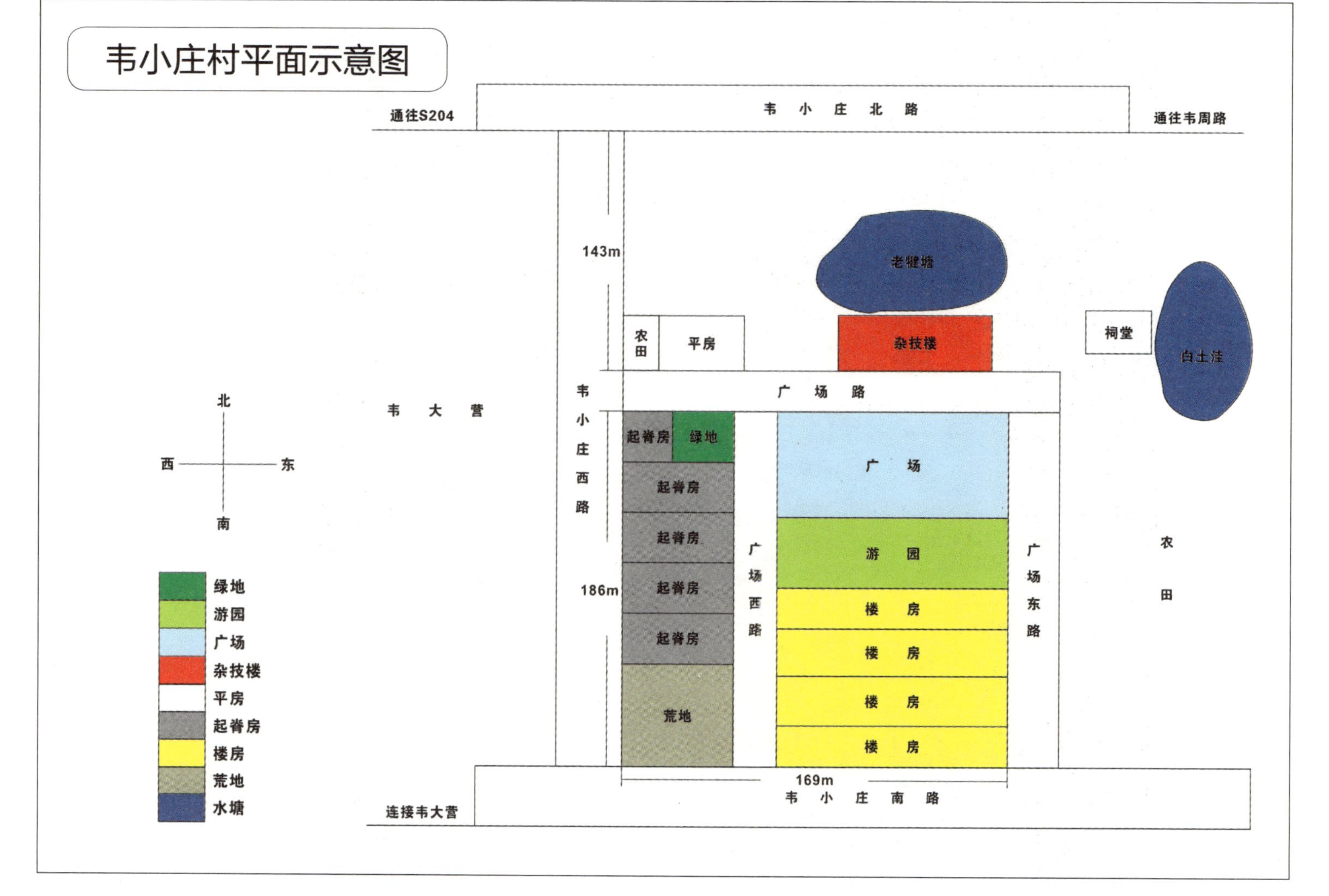

韦小庄村平面示意图
通往S204
韦小庄北路
通往韦周路
143m
老犍塘
农田
平房
杂技楼
祠堂
白土洼
韦小庄西路
广场路
韦大营
北
西
东
南
起脊房
绿地
广场
起脊房
起脊房
游园
186m
起脊房
广场西路
广场东路
农田
起脊房
楼房
楼房
楼房
荒地
楼房
169m
韦小庄南路
连接韦大营
绿地
游园
广场
杂技楼
平房
起脊房
楼房
荒地
水塘

韦小庄周末大舞台

柔术表演

力量表演

《千手观音》

2015 年 2 月 18 日，中央电视台中文国际频道在韦小庄现场直播杂技演出

《蹬伞》

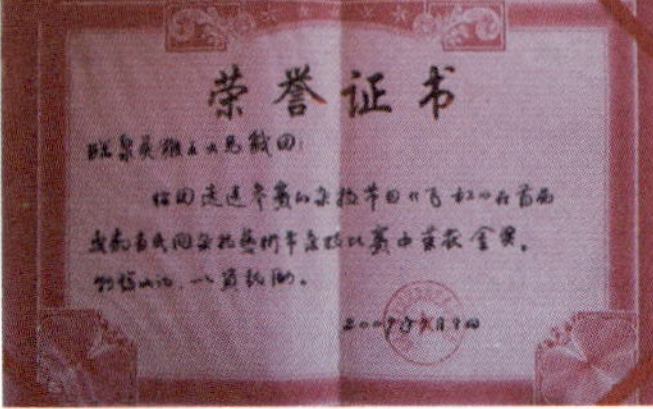

荣誉证书

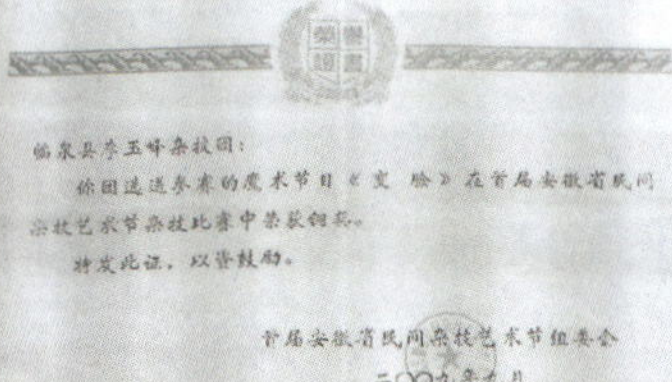

临泉县李玉峰杂技团：

你团选送参赛的魔术节目《实 验》在首届安徽省民间杂技艺术节杂技比赛中荣获铜奖。

特发此证，以资鼓励。

首届安徽省民间杂技艺术节组委会

二〇〇九年九月

杂技大赛获得荣誉

《高车踢碗》

《立绳》

绳技表演

目录

民间杂技艺术的家园

临泉县韦氏族人于明代初年迁至沈丘落户。受当地杂技文化的影响，韦小庄村民走上了杂耍卖艺的道路。以后数百年间，韦小庄艺人们对杂技艺术一直默默地坚守和追求，一代又一代人在民间杂技的道路上筚路蓝缕、不屈不挠，铸就了顽强的奋斗精神，形成了独特的生存方式。

一

在安徽省西北部的淮北平原上，盛开着一株历经数百年风雨、摇曳不谢的艺术奇葩——民间杂技。韦小庄村是这株艺术奇葩最丰饶的家园。

韦小庄是安徽省阜阳市临泉县韦寨镇韦周行政村的一个自然村。位于临泉县城南15公里处。全村总面积11.87万平方米，其中耕地面积127.05亩。

明洪武四年（1371），山西省洪洞县人韦沱携家人迁徙至淮河流域沈丘（今临泉）的延河北岸，建起了砖井沿韦氏家园，至2015年已经有600多年历史。清道光十五年（1835），砖井沿村的分支韦大营村分家，其中一族迁至韦大营村北的白土洼和老犍洼落户，这便是韦小庄村雏形。此后韦小庄村民仍属于韦大营村人，直至1961年10月，韦小庄彻底从韦大营分离，独立成为一个生产队。自清道光十五年（1835）算起，韦小庄已有180年的历史。

韦小庄处于淮北平原西北部的泉河与洪河之间，地势西北高东南低，北有新河，南有延河，水量充足，土地肥沃。韦小庄属于南北气流过渡的暖温带，四季分明。春天多风，常出现春旱；夏季温度高达40℃，月蒸发量超过月降水量，常出现伏旱，7月以后，梅雨期降水量达300～500毫米；秋季天高气爽，霜期较长；冬季天气阴冷干燥，温度最低达零下20℃，1—2月降雪次数较多。韦小庄周边资源较丰富，动植物种类繁多。树木以泡桐和刺槐居多，亦有各类果木；农作物以小麦、玉米、红薯等旱粮为主；动物多为牛、羊、猪、鸡、鸭等家养畜禽。

中华人民共和国成立之前，韦小庄9户人家中，4户人均不到一亩地，其余5户无一分土地，常年租种韦大营地主的土地或做雇工。好的年景，粮食亩产50～60千克，差的年景，亩产不到40千克。韦小庄的土地难以养活全村人，村民们一直难以摆脱贫穷与饥饿的困扰，家家户户都经历过逃荒要饭的苦难生涯。

1947年临泉县解放以后，韦大营（包括韦小庄）废除了地租制。1951年，在中共临泉县委、县政府的领导下，韦大营完成土地改革。韦小庄11户人家52口人，分得土地127.5亩，人均2.45亩，贫苦村民第一次实现了耕者有其田的梦想。在以后的几十年里，韦小庄的农业生产跟随着中国农业发展的步伐，从生产关系到生产方式不断发生变革，韦小庄村民的生活也随之发生着巨大变化。50年代末到60年代初，韦小庄村民十分艰难地度过困难时期。1966年以后，韦小庄农业生产逐渐稳定，至1971年，全村年人均口粮177千克，年人均纯收入62元。1978年，全村年人均粮食消费量196.5千克，年人均纯收入67元。

改革开放为韦小庄农业发展带来了巨大生机，农业收入一年比一年高。1980年，全村农业总收入7171元，人均71元；1990年，全村农业总收入3.61万元，人均256元；2000年，全村农业总收入27.83万元，人均1647元；2010年，全村农业总收入55.83万元，人均3034元；2015年，全村农业总收入99.88万元，人均5096元。

无论是自然灾害的年景，还是风调雨顺的岁月，无论是"一大二公"的"大呼隆"生产时期，还是联产承包责任制、实行土地流转的环境下，村民们虽然代代相传地在土地之外求生存——从事民间杂技，但始终深深地眷恋着家乡的土地。

2006年1月1日，国家彻底取消农业税。从此，韦小庄村民和全国农民一起，结束了世代缴送"皇粮国税"的历史。

二

临泉古称沈地。周成王元年（前1042），周公姬旦辅佐周成王治理国家，在今临泉县境置沈子国。历经数千年的时代变迁，临泉县历史名人荟萃，历史文化积淀厚重。20世纪50年代，临泉县出土一件东汉文物陶戏楼，上有杂技表演场景，证明东汉时期临泉境内便有杂技活动。明代中期，享誉江湖的"一撮毛过刀山"杂技班，在颍州沈集（今临泉县城）、韦大营等地搭台演出，泉河、延河两岸万人观看，历时弥久，盛况空前。悠久的杂技历史，成为临泉杂技文化的丰厚沃土。

韦氏族人原本生性活泼好动、勤劳勇敢，崇尚健身习武，迁至沈丘落户后，受到当地杂技文化的影响，为了生存，他们不惜冒风险、吃苦头，走上了杂耍卖艺的道路。清代末年，韦大营一带出现了韦仲魁、韦西侯等武术高手，更有力地推动了当地民间杂技的发展。村民们在艰难岁月中，农忙务农，农闲卖艺，靠卖艺谋生的人不断增加。民国年间，韦小庄的杂技艺人大都从事过"撂地"的营生，每逢年景不好、天灾人祸，艺人们便挑"挑子"携儿带女全家外出，浪迹天涯。1938年，村民韦玉贤组建了韦大营（包括韦小庄）历史上第一个正式的杂技团队韦家班。以后几十年间，韦玉贤等老艺人对杂技艺术一直默默地坚守和追求，使得韦小庄民间杂技不断延续和发展，也引领着韦小庄一代又一代人在民间杂技的道路上筚路蓝缕、不屈不挠，铸就了顽强的奋斗精神，形成了独特的生存方式。

新中国成立初期，韦小庄人分得了田地，焕发了前所未有的生产积极性，艺人们不愿再外出漂泊，一度全部停止了外出卖艺的活动。1958 年以后至 70 年代中期，农村实行人民公社化，土地为集体所有，村民靠“挣工分”分粮吃饭，只能达到温饱，生产积极性降低，一些韦小庄艺人不得已又偷偷外出卖艺。

整个“文化大革命”期间，民间杂技遭到严重摧残和践踏，但韦小庄艺人对杂技的热爱之情难以割舍，全村仍有 6 个杂技班经常悄悄在外地演出。1978 年改革开放以后，韦小庄杂技逐渐活跃起来，全村杂技班增加到 11 个，演员增加到 86 人。1990 年以后，杂技艺人们逐渐从半农半艺，转为以艺为主，全村 15 个杂技团 147 人常年在各地演出，全国除西藏之外的 33 个省、自治区、直辖市和特别行政区，都留下了他们的足迹。

2000 年以后，中共临泉县委、县政府下发《关于加快建设文化强县的若干意见》，从财政、劳动、社保等各方面加大对全县杂技事业的支持，韦小庄民间杂技进入鼎盛时期。2004 年 3 月，韦小庄人韦学东组建临泉县宏扬杂技有限公司，2013 年整合了全县 142 家杂技团队。从此，韦小庄杂技走上了公司运营的大道。

在新的发展平台上，韦小庄杂技艺人彻底破除“宁给银子钱，不把艺来传”的思想禁锢，主动加强与各门派、团队之间的技艺交流，为全县培养了一大批杂技人才。“杂技世家”的杂技艺人们以高度的责任感，抢救排练出《走马上刀山》《空中绸舞》《宫廷戏法》等濒于失传的传统杂技节目，有效地保护了民间杂技这一文化遗产。杂技从单纯追求技巧，向“技”“艺”并重转化，在增加难度、险度、技巧的基础上，充分调动一切艺术手段，为观众提供高品位艺术享受。杂技团队的整体艺术水平不断提高，在国内各级表演中连续获得大奖，并出访美国、加拿大、泰国、菲律宾、新加坡、韩国等 10 多个国家，参与国际文化交流和商演活动。

截至 2015 年，韦小庄共有 44 户人家、196 人，杂技团队达 27 个，杂技年收入达 1000 多万元。韦小庄杂技艺人从农忙务农、农闲演出的业余状态，走上了专业化、职业化的道路。

三

韦小庄村民生活新旧社会两重天。新中国成立之前，韦小庄村民面朝黄土背朝天，虽然选择外出卖艺为生，温饱仍然难以为继，贫苦的村民处于社会的最底层，杂技艺人更是备受凌辱。新中国成立以后至 1980 年之前，韦小庄村民生活仍基本处于“红薯饭，红薯馍，离了红薯不能活”的温饱、半温饱状态。1980 年之后，党的农村政策不断完善，韦小庄农业经济日益繁荣，杂技事业蒸蒸日上，村民生活一年比一年红火。2015 年，韦小庄村民住上了水、电、气配套的别墅楼房，家用电器样样齐全；家家户户有存款，多为 20 万 ~ 30 万元存款户，有 40 万 ~ 50 万元存款的家庭达 10 多户；全村拥有各种型号运输车辆 50 多辆、小轿车 12 辆。韦小庄村成为远近闻名的富裕村。

改革开放以后，韦小庄教育、卫生条件不断优化，村民社会福利不断提高。1996—2015 年，韦小庄村民子女考上大专院校的达 7 人。2007 年，农村实施“新农合”医疗政策，韦小庄村民享受到了从未享受的医疗保险。2012 年起，村民参加新型农村养老保险，年满 60 周岁的老人均可按月领取养老金，实现了老有所养。

在社会主义文化建设过程中，杂技艺人社会地位空前提高。1990 年以后，韦小庄杂技从乡村集镇走进城市，杂技舞台从传统的撂地、抹杆、圈棚、大篷，到登上市级、省级、国家级和异国他乡的大剧院，韦小庄的杂技艺人在现代化的舞台上，把民间杂技演绎得绚丽多姿、出神入化、魅力无穷，杂技艺人受到了社会的极大尊重。2000 年以后，随着国家对文化建设的重视，各级政府加强了对传统文化艺术的保护，为民间杂技创造了更优越的发展环境。杂技不再是韦小庄人的谋生手段，已经变为他们追求品质生活的

《传奇中国节·春节》表演现场

精神享受，成为他们在乡野土地上开创出的一项光彩大事业。

2014 年 1 月 8 日，韦小庄被安徽省文化厅命名为“安徽省文化产业示范基地”。2014 年 8 月 18 日，韦小庄被中国杂技家协会命名为“杂技专业村”，为全安徽省首个被杂技家协会命名的杂技专业村。2015 年 2 月 18 日（大年三十），央视四套现场全球直播韦小庄《传奇中国节·春节》的杂技演出盛况。韦小庄和韦小庄的民间杂技一起，享誉全国，走向世界。

展望未来，中华民族实现伟大复兴“中国梦”之时，韦小庄将会更加富足、美好，韦小庄的民间杂技艺术之花也将会更加璀璨夺目。

《立绳》

基本村情

韦小庄是安徽省阜阳市临泉县韦寨镇韦周行政村的一个自然村。位于临泉县城南15千米处。全村总面积11.87万平方米，其中耕地面积127.5亩。

自明洪武四年（1371），山西省洪洞县人韦沱携家人迁徙至沈丘（今临泉）落户，已经有600多年历史。自清道光十五年（1835）韦小庄先祖从韦大营村迁至村北的白土洼和老犍洼落户，亦有180年历史。

老犍塘（老犍洼形成的水塘）

建置沿革

村名由来　元末明初，由于连年战乱，淮河流域人丁伤亡严重，土地荒芜。朱元璋称帝后，制定了移民政策。明洪武四年（1371），山西洪洞县韦沱兄弟五人，老大留老家，其余兄弟四人向淮河流域迁移。经河南省淮阳县鲁台镇时，老二和老四在当地落户，建韦楼村；老五继续南行到合肥市义城镇落户，建韦桥村；老三韦沱携家人至淮河流域沈丘的延河北岸落户，建立了砖井沿村。

明崇祯八年（1635），砖井沿庄园被战火焚毁，韦氏族人在旧庄园和周边重建家园，先后建了三个大寨，分别叫义和寨、仁和寨、三和寨，在旧址东边建起的叫义和寨，时间长了被叫作大营子，又叫韦大营村。还有一部分韦氏族人搬到他处安家，韦寨镇的西仁和寨，迎仙镇的韦老庄，单桥镇的韦柿园、韦腰庄、后集、韦板桥、西韦楼等庄，均为那时所建村庄。

清道光十五年（1835），韦大营分家，韦小庄始祖带着三个儿子在离韦大营东北方不远的两个大放牧场（被称为白土洼、老犍洼）盖房落户，这便是以后的韦小庄的雏形。1961 年 10 月，韦小庄正式脱离韦大营，成为独立的生产队。

因为起初只是几间房屋、几户人家，称不得村庄，即使是独立为生产队后，仍一直被人们称为“小庄”。1978 年改革开放以后，韦小庄的经济不断繁荣，人口规模不断扩大，才正式被定名为“韦小庄”。

隶属更迭

韦小庄所在地临泉县，古为周文王第十子聃季载封地，称沈子国；战国属楚；秦属陈郡寝县；西汉属豫州汝南郡寝县；东汉属豫州汝南郡固始侯国；三国属豫州汝南郡固始县；东晋至南北朝为豫州新蔡郡固始县；东魏属财州褒信县；隋朝属沈州；唐宋属颍州沈丘县；元属河南江北行省汝宁府颍州沈丘县；明始属凤阳府颍州，为沈丘镇，后属开封府陈州为沈丘县。

明洪武四年（1371） 先祖韦沱率家人迁徙至凤阳府颍州沈丘镇，建砖井沿村。

明崇祯八年（1635） 砖井沿庄园被战火焚毁，韦氏族人重建了三个寨子，在旧址东边建的寨子，名为义和寨，又叫韦大营。韦小庄先祖住韦大营村。

清初 属江南省凤阳府颍州沈丘镇韦大营村。

清康熙六年（1667） 属安徽省颍州沈丘镇韦大营村。

清雍正十三年（1735） 属安徽省颍州府阜阳县西三镇韦大营村。

1914 年 属安徽省淮泗道阜阳县西三镇韦大营村。

1928 年 属安徽省阜阳县第十区韦大营村。

1935 年 属安徽省第七专员公署临泉县第一区韦寨保、韦大营甲。

1947 年 属豫皖苏区临泉市迎仙区韦寨行政村韦大营村。

1949 年 2 月 属皖北行政公署阜阳专区临泉市城南区韦寨乡韦大营村。

1949 年 3 月 属皖北行政公署阜阳专区临泉县迎仙区韦寨乡韦大营村。

1949 年 10 月 属皖北行政公署阜阳专区临泉县迎仙区秦小庄乡韦大营村。

1950 年 6 月 属皖北行政公署阜阳专区临泉县李老庄区李铁集乡韦大营村。

1952 年 10 月至 1955 年 12 月 属安徽省阜阳专区临泉县迎仙区李靖庄乡韦大营村。

1956 年 1 月至 1958 年 9 月 属安徽省阜阳专区临泉县迎仙区韦寨乡韦怀影高级社韦大营村。

1958 年 10 月至 1961 年 9 月 属安徽省阜阳专区临泉县迎仙人民公社庆华营延河社韦大营连。

1961 年 10 月至 1971 年　属安徽省阜阳专区临泉县迎仙区韦寨人民公社韦周大队。

1971 年至 1979 年 9 月　属安徽省阜阳地区临泉县韦寨人民公社韦周大队。

1979 年 10 月至 1983 年 7 月　属安徽省阜阳地区临泉县迎仙区韦周人民公社韦周大队。

1983 年 8 月至 1991 年 12 月　属安徽省阜阳地区临泉县迎仙区韦周乡韦周行政村。

1992 年 1 月至 1996 年 1 月　属安徽省阜阳地区临泉县韦寨镇人民政府韦周中心村村民委员会。

1996 年 1 月至 2015 年　属安徽省阜阳市临泉县韦寨镇人民政府韦周行政村。

明代后韦小庄村建置沿革一览表

表 1

年份	所属省府	所属州地	所属县	所县乡镇	所属村	备注
明	凤阳府	颍州	—	沈丘镇	砖井沿村	洪武初年废沈丘县
明弘治十年（1497）	开封府	陈州	沈丘县	—	砖井沿村	复置沈丘县
清初	江南省	凤阳府	颍州	沈丘镇	韦大营村	—
清康熙六年（1667）	安徽省	—	颍州	沈丘镇	韦大营村	—
清雍正十三年（1735）	安徽省	颍州府	阜阳县	西三镇	韦大营村	—
清道光十五年（1835）	安徽省	颍州府	阜阳县	西三镇	韦大营村	搬出韦大营，仍为韦大营村的村民
1914 年	安徽省	淮泗道	阜阳县	西三镇	韦大营村	—
1928 年	安徽省		阜阳县	第十区	韦大营村	—
1935 年	安徽省	第七专员公署	临泉县	第一区	韦寨保、韦大营甲	—
1947 年 10 月	豫皖苏区	第四地委、四专署	临泉市	迎仙区韦寨行政村	韦大营村	临泉县分为 3 县 1 市：临泉县、泉阳县、泉南县、临泉市
1949 年 2 月	皖北行政公署	阜阳专区	临泉市	城南区韦寨乡	韦大营村	改行政村为乡
1949 年 3 月	皖北行政公署	阜阳专区	临泉县	迎仙区韦寨乡	韦大营村	撤销 3 县 1 市，置临泉县
1949 年 10 月	皖北行政公署	阜阳专区	临泉县	迎仙区秦小庄乡	韦大营村	—
1950 年 6 月	皖北行政公署	阜阳专区	临泉县	李老庄区李铁集乡	韦大营村	秦小庄乡改设李铁集乡

续表 1

年份	所属省府	所属州地	所属县	所县乡镇	所属村	备注
1952 年 10 月至 1955 年 12 月	安徽省	阜阳专区	临泉县	迎仙区李靖庄乡	韦大营村	李铁集乡改为李靖庄乡
1956 年 1 月至 1958 年 9 月	安徽省	阜阳专区	临泉县	迎仙区韦寨乡韦怀影高级社	韦大营村	—
1958 年 10 月至 1961 年 9 月	安徽省	阜阳专区	临泉县	迎仙人民公社庆华营延河社	韦大营连	乡社合一
1961 年 10 月至 1971 年	安徽省	阜阳专区	临泉县	迎仙区韦寨人民公社	韦周大队	1961 年 10 月脱离韦大营，独立为生产队
1971 年至 1979 年 9 月	安徽省	阜阳地区	临泉县	韦寨人民公社	韦周大队	为生产队
1979 年 10 月至 1983 年 7 月	安徽省	阜阳地区	临泉县	迎仙区韦周人民公社	韦周大队	为生产队
1983 年 8 月至 1991 年 12 月	安徽省	阜阳地区	临泉县	迎仙区韦周乡	韦周行政村	为生产队
1992 年 1 月至 1996 年 1 月	安徽省	阜阳地区	临泉县	韦寨镇	韦周中心村村民委员会	为村民小组
1996 年 1 月至 2015 年	安徽省	阜阳市	临泉县	韦寨镇	2006 年韦周行政村与韦大营行政村合并，组建韦周行政村	为村民小组

◉ 自然环境

区位面积

位置 韦小庄自然村位于黄淮海平原南端、淮北平原的西北部。地理坐标为北纬 32° 55′、东经 115° 05′。韦小庄东至阜阳市 75 千米，西至河南省平舆县城 45 千米，南至河南省新蔡县城 35 千米，北至临泉县城 15 千米。在县域境内，韦小庄东邻单桥镇、长官镇，西望瓦店镇、姜寨镇，南接迎仙镇，北靠韦寨镇。在镇域境内，韦小庄东经白土洼约 400 米与韦周自然村相接，西南 400 米越延河与韦大营相连，东北 800 米与大崔庄相邻，北隔老犍塘、横沟与蒋庄相望。

面积 中华人民共和国成立前，韦小庄是韦大营村村庄以外的几户人家。韦小庄村占地面积约 7573.37 平方米，加环村沟及荒地面积共约 40 余亩。新中国成立后直至

2015 年，韦小庄可耕地面积 127.05 亩，加荒地面积和村庄占地面积，全村面积共计 118667.26 平方米。

地形地貌 韦小庄位居泉河与洪河间的平原之中，地势西北高东南低，海拔高度为 36.5 ～ 38.5 米。村庄北靠横沟，南临延河，水量充足，地势平坦。

韦小庄地壳结构紧密，层次分明，由表及里大致分为地表层（含水层）、隔水层、岩层。地表层均为褐色，土质沙粒大，密度小，松散且含水丰富，有较强的渗水能力。在含水层中，还有硬度不同的碳酸钙结核（砂姜），蕴含较丰富的铁和锰，隔水层砂粒结构小，密度大。

水系

韦小庄周边有两条水系，南部延河为延河流域一部分；北部是横沟，又称新河。境内无南北流向河流。

延河 又称杨河，1958 年疏通，也是临泉县主要河流之一。源于河南省平舆县杨埠镇，流经姜寨、迎仙、长官、韦寨、瓦店镇，到杨桥镇注入泉河，在韦小庄境内长约 1 千米。

横沟 位于韦小庄村北约 400 米处，经韦周庄向东流入长官镇，在韦小庄境内长约 0.5 千米。

白土洼

◉ 自然资源

韦小庄周边资源较丰富。土壤有黄土、青黄土、黄黑土、黑土、白墒土 5 种。地下水资源充足。植物种类繁多，农作物种类主要是旱地植物，粮食作物以小麦、红薯为主，经济作物有芝麻、棉花、麻类等；各类树木 30 余种，多为泡桐和刺槐，大多分布于村内。动物以家庭饲养的牛、羊、猪、鸡为多，沟塘主要放养鱼类，野生动物较少，主要是候鸟在此繁衍生息。

土地资源 2015 年，韦小庄可耕地面积 127.5 亩，人均土地面积 0.65 亩，其中，黄土面积约 116 亩，是韦小庄主要土种，占全村耕地的 91.0% 以上；青黄土面积约 4.2 亩，占全村耕地的 3.3%；黄黑土面积约 6.3 亩，是全村的第二大土种，占全村耕地的 4.9%；黑土面积约 0.5 亩，占全村耕地的 0.4%；白墒土面积约 0.5 亩，占全村耕地的 0.4%。土壤含钾充足，含磷甚少，农作物出现“缺磷、少氮、富钾”的比例失调现象。据临泉县 1983—1984 年土壤普查表显示，土层中含有机质 1.53%，含氮量 0.107%，含磷量 4ppm，含钾量 154ppm。

水资源 韦小庄自古水资源丰富，村北是古老的老犍塘，面积约 6700 平方米，常年蓄水量约 13400 立方米。村北 300 米处是东西流向的横沟（又称新沟），村南 400 米是延河，排水通畅。正常情况下地下水位为 2.5 ~ 13.0 米，年均变幅 2.5 米，给水度 0.05。水层厚度 6 ~ 15 米，单位涌泉量 5 ~ 17 立方米 / 小时，为富水区；汛期水位沟满河平，在节制闸的控制下能够迅速复位。土壤湿度适中，保水期为冬季 10 ~ 120 天，夏季 5 ~ 110 天。可开采水资源耕地亩均 211 立方米，人均 262 立方米。地下水质量较好，总矿化度小于 0.5 毫克 / 升，局部大于 0.5 毫克 / 升小于 1 毫克 / 升，无色、无味，透明无悬浮物。总硬度小于德国度（微硬水），pH 值 7 ~ 9（弱碱性水），宜饮用和灌溉农田。辖区内及沿河上游无重工业废水排放，水质趋向良好，农民生产生活用水无限制性因素。据延河迎仙水文站记载，1967—1985 年的 19 年中，年平均降水量为 871.5 毫米。其中，1984 年最大降水量为 1425.9 毫米，当年仅 6 月 12 日一天就降水 324.5 毫米。1976 年最小年降水量为 399.6 毫米。每年降水大部分集中在 6—9 月，降水量约占全年的 61%。

植物资源 粮食作物有小麦、大麦、豌豆、豇豆、绿豆、蚕豆、扁豆、黑豆、小豆、高粱、玉米、谷子、红薯等。油料作物有芝麻、油菜、花生、大豆等。经济作物有棉花、火麻、红麻、柽麻、蓖麻、烟叶、甘蔗、向日葵等。

林木有松、柏、椿、柳、杞柳、枫杨（泡柳）、杨、白杨、槐、刺槐、紫穗槐、榆、桑、楸、楝、川楝、桐、泡桐、梧桐、法国梧桐、檀、柘、楮、杉、棠棣、君迁子（栾枣）、乌桕、皂角、枸杞、冬青、荆条、蓉花树、竹子等。果树有桃、李、梅、柿、枣、杏、梨、石榴、核桃、樱桃、苹果、银杏、花椒、葡萄、板栗、无花果等。

花卉有牡丹、探春、迎春、紫荆、茉莉、玉兰、海棠、蜡梅、白梅、红梅、桂花、铁树、葛藤、玫瑰、蔷薇、月季、木槿、木香、丁香、芙蓉、碧桃、夹竹桃、百日红、凤仙、水仙、秋葵、鸡冠、芍药、菊花、翠菊、东洋菊、睡莲、子午莲、并蒂莲、绣球、瞿麦、玉簪、石荷、扁竹、十样景、蝴蝶梅、美人蕉、仙人掌、仙人球、仙人棒、洋马齿苋、夜来香、晚香玉、含羞草、缠须草等。

蔬菜有白菜、洋白菜、乌白菜、菠菜、芹菜、苋菜、韭菜、腊菜、黄花菜、芥菜、洋芥菜、葱、蒜葱、四季葱、芫荽、莴苣、萝卜、胡萝卜、蔓菁、甘蓝、蒜、苤蓝、姜、眉豆、豆角、四季豆、辣椒、茄子、番茄、旱藕、洋葱、山药、百合、马铃薯、四季菜、香椿等。瓜类有冬瓜、西瓜、南瓜、笋瓜、吊瓜、丝瓜、地瓜、甜瓜、黄瓜、菜瓜、搅瓜、葫芦、瓠子等。

药材主要为野生，有红花、槐花、菊花、二花、二丑、麦冬、桔梗、艾叶、杜仲、香附、苦蒌、半夏、荆芥、紫苏、藿香、小蓟、卜子、蒺藜、薄荷、葛根、茵陈、皂荚、丹皮、槐米、桃仁、杏仁、蛇蜕、蝉蜕、蟾酥、白术、白芍、地丁、生地、杞果、蒲黄、小茴香、土鳖虫、地骨皮、鸡内金、何首乌、益母草、马鞭草、莲子、闹羊花、扁蓄、王不留行、白扁豆、柏子仁、车前子、地覆子、苍耳子、蛇床子、大青根、马齿苋、半边莲、穿心莲、茴草等。

野菜野草有荠菜、小蒜、米儿蒿、独稍苗、竹节菜、灰灰菜、豆瓣菜、福富苗、鸭头菜、木耳、地衣（地钱）、牛草、大曲草、小曲草、败酱草、狗尾草、稗子草、野菊花、马泡、黄蒿、老鸹眼、燕麦、天茄子、野葡萄、香炮、涩拉秧、革巴秧、胡练筋、爬踏虎等。

水生植物有藕、菱角、芡实（鸡头米）、慈姑、水浮莲、浮萍、芦苇、藻草等。

动物资源 全村家养动物有 10 多种，如牛、驴、骡、马、猪、羊、狗、猫、兔、鸡、鸭、鹅等。村内外野生动物有 30 多种，如野兔、鼠、黄鼠狼、刺猬、蛇、壁虎、青蛙、蟾蜍、蜗牛、蚯蚓、蜘蛛、莺、燕、雁、野鸭、鹌鹑、黄鹂、鹭鸶、乌鸦、喜鹊、灰喜鹊、杜鹃、麻雀、山雀、告田子、竹节虫、八哥、布谷鸟、啄木鸟、猫头鹰、鹰、蝙蝠等。水生动物有 20 多种，如鲤鱼、鲫鱼、鲢鱼、草鱼、鲇鱼、乌鱼、戈雅、窜条鱼、马郎鱼、鳜鱼、鳖、乌龟、虾、黄鳝、泥鳅、蟹、螺、蚌、蛤等。

◉ 气候灾害

气候　村庄地处暖温带、半湿润地区，处于南北气流过渡地带。春季，气温回升，多风，常出现春旱；夏季，暖热气流不断加强，温度高、湿度大，最高温度达 40℃，进入 7 月，梅雨时期降水集中，降水量达 300 ~ 500 毫米，但月蒸发量超过月降水量，常出现伏旱；秋季，天高气爽，一般初霜日在霜降前后，终霜日在谷雨前，有霜期约 152 天，降霜集中在 12 月、1 月、2 月；冬季，寒风多袭，天气阴冷干燥，温度最低达零下 20℃，一般从 12 月中下旬开始降雪，1—2 月降雪次数较多。

灾害　韦小庄自建庄始，自然灾害频仍。水灾。自民国以后，共发生大的水灾 15 次，多发生于 6—8 月。其中，1954 年 7 月，连降暴雨 26 天，月内总降雨量 1023.3 毫升，为百年不遇，农田被淹，河水泛滥，平地可行船，民房多倒塌。1984 年 6 月 12 日，24 小时内降水量达 324.5 毫米。17 日，河南省宿鸭湖水库开闸，泄经临泉县，积水 1 尺多深，全村一片汪洋，小麦被冲走或沤烂，农作物普遍受害。旱灾。韦小庄共发生旱灾 8 次，其中 1942 年及 1959 年两年，百日无雨，旱情严重。土地龟裂，蝗害、瘟疫流行，秋季无收，次年春季饥荒百姓以野菜、树皮充饥。其他灾害天气。至 2015 年，韦小庄共发生冻灾 4 次，雹灾 3 次，霜灾 2 次，风灾 2 次，虫灾 8 次。100 多年间，平均两年半就有一个灾年。

◉ 村庄建设

道路

外部道路　中华人民共和国成立前，韦大营（含韦小庄）通往外部的道路均为弯曲不平的土路，晴天刮风时尘土飞扬，下雨下雪时泥泞不堪。新中国成立后，党和政府投

2015 年村外道路

入大量资金修铺交通道路，截至 2015 年，已经形成村西临（泉）新（蔡）路、临（泉）艾（亭）路和连接临新路的数条道路组成的内外交织的交通网络。

临新路　1967 年，韦小庄所属的迎仙区动员全区村民挖砂姜，历经半年时间铺成砂姜路。1973 年改造为柏油路，1990 年改造为双向两车道水泥路。

临艾路　1969 年，韦小庄所属的迎仙区动员韦寨、迎仙、长官村村民挖砂姜铺砂姜路。1974 年改造为柏油路。2014 年，对原路面进行加宽加高，建成双向两车道水泥路。

连接临新、临艾的乡间路　由大崔庄至韦大营东与临艾路连接，西与临新路（S204 省道）连接，1970 年铺成 4 米宽砂姜路，2009 年建成 4 米水泥路，与临艾、临新路（S204 省道）形成工字型通往外地交通网路。

村内道路　新中国成立前，韦小庄村内只有一条不足 2 米宽的主干道，为土路，狭窄坑洼，每逢村内有大事发生，村里保甲长才安排人撒土进行填补。户与户相通均依赖各种小巷、胡同中崎岖不平的土路。

新中国成立后，由于农业生产的需要，村内道路逐渐加宽。60—70 年代，韦小庄村民自发对村内道路进行修缮。80 年代末至 90 年代初，村民各家凑资铺设了一条砖渣路面。

2000 年以后，临泉县宏扬杂技有限公司董事长韦学东对村庄进行统一规划，出资对村内道路进行硬化修缮。2012 年，建成宽 3 米、长 690 米的主干路。2013 年，国家对

2015 年村内道路

农村道路基础建设实行“一事一议”项目扶持，韦小庄铺设宽 3 米、长 2677 米的水泥混凝土道路 3 条（杂技广场东路、杂技广场西路、韦小庄西路），铺设宽 3 米、长 5160 米宅间道路，村庄主、次道路两侧均设置照明设施。2014 年，村庄内部道路进行改造升级，由十字形主要道路及环状次要道路构成村庄道路骨架。2015 年，村庄道路初步形成“两横一纵”的路网结构，“两横”为村庄中部东西走向的主要道路，路面宽 5 米，水泥路面，向西通往 S204 省道，向东通往临艾路县道；“一纵”为村庄重要的南北通道，与南北乡、镇主要道路相连。

桥、闸

桥 延河东西横穿整个韦大营村、砖井沿村和韦小庄村，曾阻碍几个村庄村民南北通行。清末民国初期，由砖井沿村的“双千顷牌”牌主韦凤祥主导，砖井沿村的首富韦恒田出资，砖井沿村村民出力，在延河上架起第一座桥，桥长 29 米、宽 3 米、高约 5 米，林木站桩，木板铺制，为纯木制桥。可容四轮大车通过，解决了当时村民外出的交通困难。经历了几十年的风吹雨打，木桥日渐损蚀，加之无人维修，至 1961 年成为危桥，终被拆除。

闸 1960 年，临泉县水利局在砖井沿村设立迎仙管理站。1961 年开始建桥闸，1962

韦周闸

年建成，名为迎仙闸。桥闸位于村西南 600 米处，跨度 20 米，桥宽 15 米，五控闸门，闸门由人工操作，起到了蓄水泄洪的作用。迎仙闸下游建有一个蓄水池可供村民洗澡，是天然的露天浴场。每逢夏季，南至迎仙、北至韦寨周围两三公里的人均争相前来。

1994 年 4 月，县水利部门出资对桥闸进行重建，1995 年 5 月竣工，改名为韦周闸。原来的五控闸门改为四控闸门，木制拦水闸门改为特制钢混门，操作由人工启动改为电力启动，并配制专控变压器。

韦周闸控制流域面积 121.4 平方千米，按 5 年一遇设计，共 4 孔，每孔净宽 3.5 米，除涝水位闸上 36.14 米、闸下 35.94 米。设计正常蓄水 36.5 米，钢筋混凝土墩，墙式闸室，开敞式闸型，闸底板高程 32.3 米，闸室顺水流长 12.5 米。公路桥面高程 38 米，净宽 9 米，荷载汽 –20 级。钢筋混凝土平面闸门，门顶高程 36.8 米，配 2×10 吨双吊手电两用螺杆式启闭机 4 台（套）。

住宅 清道光十五年（1835）以前，韦小庄先祖居住在韦大营，村民居住相对比较集中，按宗族分门居住，分住在 4 个族团区，户均占地 150 平方米左右。韦小庄先祖移住放牧场后，由零星几间房屋发展成有一定规模的 9 间房屋。村东有两片荒树园；村西有环村沟，沟外为一片荒园，外有一条呈东北西南走向的斜路到韦大

别墅楼

营和闸口，称赶集路；村南是一条水沟，沟外为耕地；村北环村沟外有一条小路，路长约 2.5 米，宽 2 米多。村中有房屋 4 排。村东西长 55 米，南北长 75 米，合计 4125 平方米。

新中国成立初期，韦小庄村庄面积 7573.37 平方米，其中宅基地面积约 4506.69 平方米。

1975 年 8 月洪水以后，村民分批迁入村西荒园，部分村民仍住在旧村庄内。

1980 年以后，随着人口增加等诸多因素，村庄逐渐扩大，打破宗族分门的居住传统，房屋建设户均占地约 300 ~ 500 平方米。

2010 年年底，按照镇里统一规划，在村西的空地上进行新农村建设，全村村民从老村庄迁入新村庄，住上了统一建设的砖瓦房，村庄总面积共 7375 平方米。

2011 年，临泉县宏扬杂技有限公司董事长韦学东在韦小庄老宅基地上，投资开发建设韦小庄居民新区。小区面积 9887.2 平方米，建两层复式楼 33 套（大户型 28 套，每套 236 平方米；小户型 5 套，每套 178 平方米）、共 7498 平方米。小区楼房分为 4 排，最南边第一排共 10 套（东边 5 套为大户型，西边 5 套为小户型）；南边第二排和北边第一排 18 套为大户型，南边第三排 5 套为大户型。居民小区平均每户建筑面积合计为 230 平方米，院子面积与楼房建筑面积相同。

2011 年年底，新居民小区竣工。2012 年，全村有 33 户村民迁入居民新区。

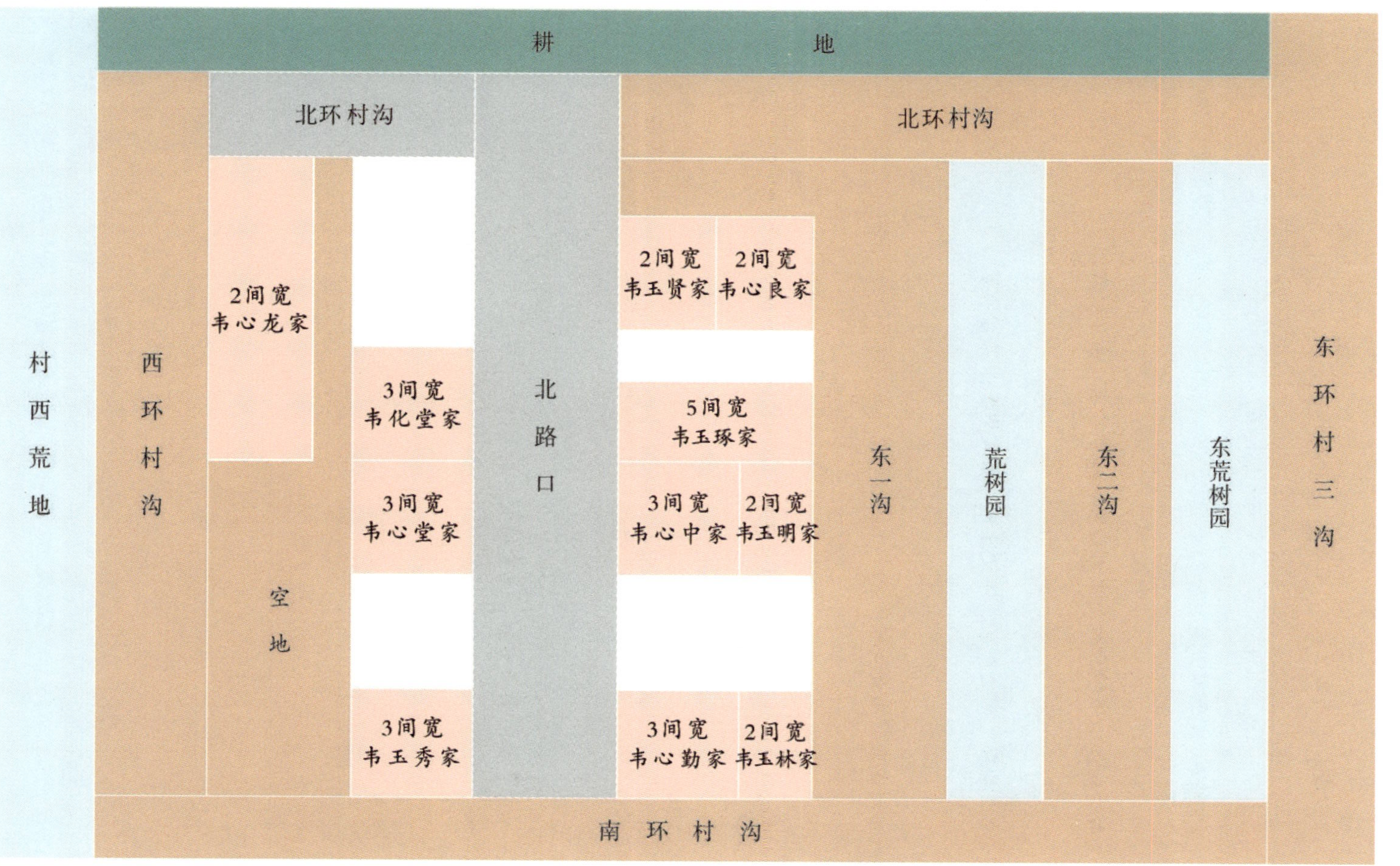

1952年韦小庄村民住房分布图

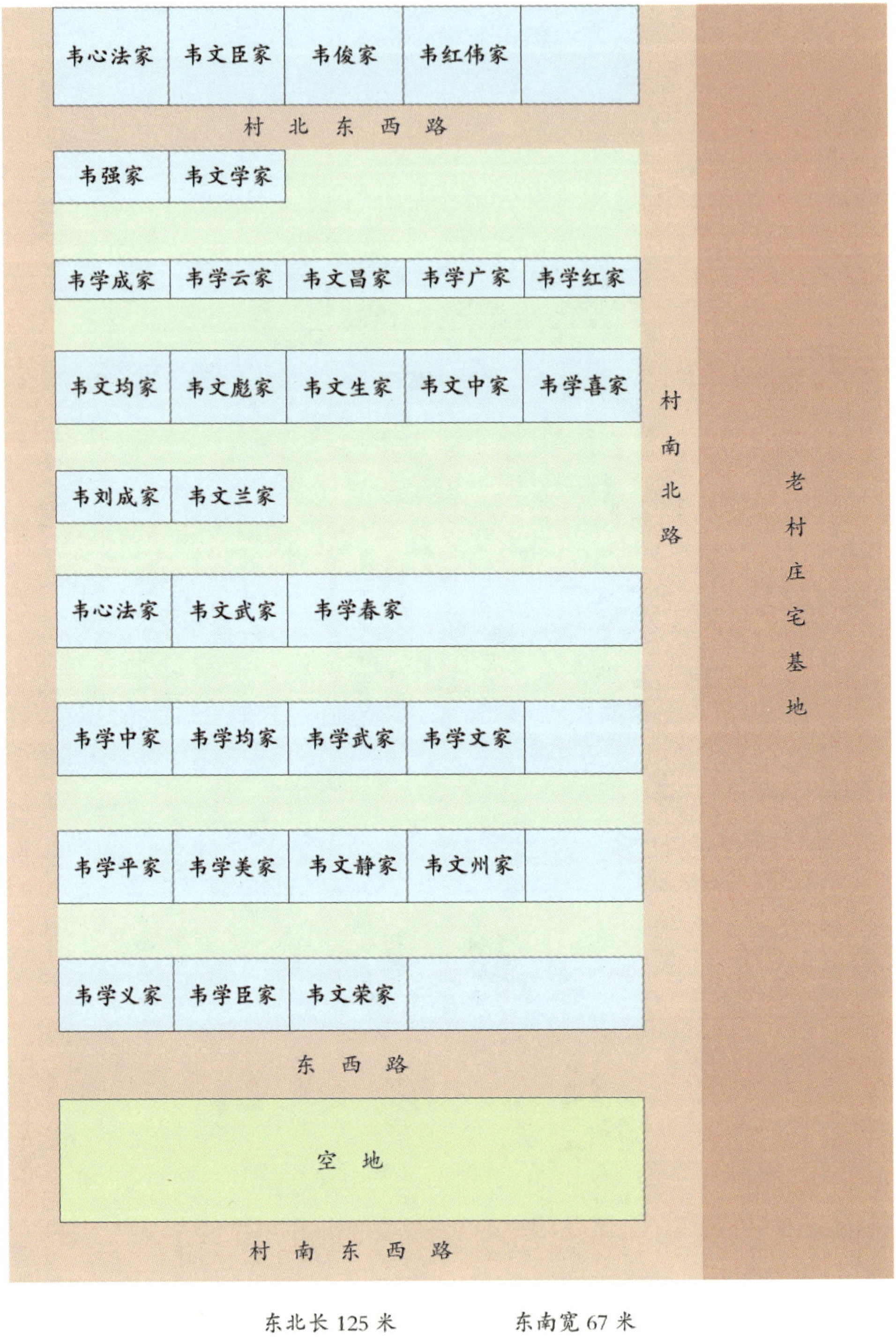

韦心法家 韦文臣家 韦俊家 韦红伟家

村 北 东 西 路

韦强家 韦文学家

韦学成家 韦学云家 韦文昌家 韦学广家 韦学红家

韦文均家 韦文彪家 韦文生家 韦文中家 韦学喜家

韦刘成家 韦文兰家

韦心法家 韦文武家 韦学春家

韦学中家 韦学均家 韦学武家 韦学文家

韦学平家 韦学美家 韦文静家 韦文州家

韦学义家 韦学臣家 韦文荣家

东 西 路

空 地

村 南 东 西 路

村南北路

老村庄宅基地

东北长 125 米　　东南宽 67 米

2010 年韦小庄村民住房分布图

	2	3	4	5	6	7	8	9
	韦心礼家	韦刘成家	韦学臣家	韦学峰家	韦文静家	韦天明家	韦东亮家	韦学春家

北 一 路

				5	4	3	2	1
				韦理想家	韦永祥家	韦永华家	韦亮亮家	韦学俊家

西环村路

东环村路

北 二 路

1	2	3	4	5	6	7	8	9
韦学平家	韦学广家	韦文磊家	韦学成家	韦文均家	韦彦峰家	韦海燕家	韦永才家	韦永进家

南 一 路

1	2	3	4	5	6	7	8	9	10
韦学美家	韦文福家	韦猛猛家	韦峰峰家	韦金彪家	韦华家	韦九周家	韦学义家	韦学武家	韦学文家

南 环 村 路

2012 年韦小庄村民别墅区住房分布图

◉ 教育

私塾 民国以前，韦大营村只有地主上过私塾。至 1935 年，韦大营村一直没有私塾学堂，大户人家把孩子送到有私塾的外乡学习识字。1937 年前后，保长为了家族子女学习文化，邀请外乡私塾先生及其儿子，在佛爷庙开办了一所私塾性质的学堂。韦小庄村民由于贫困，没有子女到私塾读书。

扫盲 新中国成立后，1952 年 5 月教育部发出《关于各地开展“速成识字法”的教学实验工作的通知》，政府开始对农民进行扫盲教育，乡村推行“速成识字法”，韦小庄村民积极参加扫盲识字班。农业合作化时期，扫盲教育抓得更紧，全村男女青壮年几乎都参加了多村联办的冬学和常年夜校。学员从自己的姓名学起，然后学土地的名称、各种农活农具和牲畜的名称以及记账格式等，实现了文化初步脱贫。扫盲运动以推广识字为主要内容，韦小庄扫盲教育发展到高潮时，路口插识字牌，社员上工也带上识字本。韦小庄村青壮年文盲较多，学习积极性很高，晚上也开办扫盲夜校，青年男女集中到队部或队里的大牲口屋，点上马灯，识字学歌。除了学习发的课本知识，村民还自己编纂以地名、节气为主要内容的顺口溜和歌谣。

1959—1961 年困难时期，扫盲教育停止。1972 年，扫盲教育重新兴起，村里又办起夜校，学习对象为 15 ~ 40 岁的文盲，扫盲夜校一直坚持开办到 1980 年。

小学 1945 年秋季抗日战争结束后，国民地方政府开始重视教育，在韦小庄西面的东岳庙征集房屋 9 间，作为国民教育小学，取名李铁集小学。学校开设至五年级，有国民政府正规课本，开设有国语、算术、体育、音乐课程。因学校办在庙里，庙中原有的金刚鬼神泥塑像让人望而生畏，为防止惊吓干扰孩子的学习，校方用秫秸、泥墙将教室与塑像隔开。

1947 年 11 月，李铁集小学解体。1948 年，李铁集小学在原校址上恢复办小学。土地改革、人民公社化、区划调整、设乡划村过程中，韦小庄附近的小学一直处于或办或停的状况。

1961 年，国家在韦大营兴办正规小学，校址设在佛爷庙，因附近有新建的韦周闸，即定名为闸口小学。1976 年是初中、高中普及时期，公社一级初中附设高中班，大队一级完全小学附设初中班，闸口小学附设初中班，小学加上“戴帽”初中最多招生时达

300 多人。1977 年教育体制改革，闸口小学及附设初中停止招生。在此期间，韦小庄的儿童基本实现就近入学。

1999 年，韦大营村干部韦心世支持高中毕业的儿子韦冰林办学，筹资在距闸口 500 米延河边建了 2 层 10 间校舍，先是招收一、二年级学生，后发展到五年级。2004 年又增办了幼儿班，韦小庄留村儿童均到该幼儿园入学。

中学 1956—1969 年春，离韦小庄最近的只有一所韦寨初级中学，1969 年韦寨初级中学增设高中班。1977 年教育体制改革，韦寨高中班停止招生，韦小庄的学生只能到韦寨上初中，考上高中的学生要到县城求学。高中生因路途遥远需要住校，一般去学校要带足一周的干粮，有的则换粮票，或把供粮关系转到学校。

1982 年，韦小庄附近建立公立韦周中学，位于闸口小学大院内。因师资力量薄弱、校舍简陋，难以吸引学生入学。

1998 年，韦大营回乡知青韦永锋在闸南 300 米处建起一所民办中学，经教育部门批准沿用了韦周中学的名称，后学校越办越红火，韦小庄村民的子女一般都选择到该校学习。

新中国成立后，韦小庄人一直半农半艺，生活环境不稳定，子女能进入高中学习的也是凤毛麟角。改革开放以后，韦小庄人对知识的崇敬、对科学的追求意识不断增强，只要看到子女读书刻苦，有升学的希望，便会千方百计创造条件，让孩子深造学习。1996 年，韦文福考上了合肥检察学院，成为韦小庄村民子弟第一个考上本科的大学生。1980—2015 年，韦小庄人（包括在临泉县工作的韦小庄人）子女考上大中专院校的学生达 14 人，其中韦小庄村民子女考上大中专院校的有 7 人，成为韦小庄村民的骄傲。

1980—2015 年韦小庄考上大中专院校的学生情况一览表

表 2

序号	姓名	性别	入学时间	院校	备注
1	韦文福	男	1996	合肥检察学院	父母为韦小庄村民
2	韦燕燕	女	1997	合肥财经学院	
3	韦素萍	女	2000	南京建筑学院	
4	韦　宇	男	2007	上海师范专科学校	
5	韦　静	女	2008	阜阳师范学院	
6	韦运凤	女	2011	亳州幼师学校	
7	韦奥娜	女	2012	阜阳师范学院	

续表 2

序号	姓名	性别	入学时间	院校	备注
8	韦玉林（又名韦亚）	男	1998	合肥司法学校	父母为在县城工作的韦小庄人
9	韦小燕	女	1991	武汉大学	
10	韦培培	女	1992	安徽公安学校	
11	韦嘉琪	女	2000	沈阳药科大学	
12	韦　灿	男	2001	北京大学	
13	韦炎展	女	2002	北京大学	
14	韦焱耀	男	2003	中国人民大学	

◉ 医疗卫生

医疗诊所　明清时期，韦小庄缺医少药，村民生了病都是用土方治疗，实在不行，就把病人拉到韦寨、迎仙集上请中医先生看。诊疗费一时拿不出就赊账，午、秋两季收获后，村民以小麦、鸡蛋作价还账。

1948 年，砖井沿村民韦保贤在外学习了中医知识，回到村里开设砖井沿、韦大营一带的首家诊所，治疗一些常见病。韦小庄村民便到其诊所看病。

新中国成立后，大队以韦保贤的私人诊所为基础，成立大队卫生所，后更名为闸口卫生所。1960 年后，闸口卫生所加入韦周公社兴办的公立医院。1970 年实行合作医疗，大队部设立合作医疗站。合作医疗站的形式是大队从生产队筹集资金和药物，社员收集当地中草药材，如蜂房、蝉蜕、全蝎、杏仁、败浆草等，交给合作医疗站折合医疗费。每个社员是“三角钱，吃一年”，治疗凭医疗本看病，一般小病不出站，药费报销 50%。如果患了较严重的疾病需要转到县医院进行治疗，须经医疗站同意转院方可报销 10% 的药费，由于资金不足、制度有漏洞，医疗站于 1972 年停办。

流行疫病治疗　新中国成立以前，由于贫困饥饿、卫生条件差，当地经常流行疫病。“三七疯”“四六疯”[①] 是当时最常见的威胁婴儿生命的疾病；青壮年中的常见疫病是黑热病，疫病引起肝脾肿大，患者腹鼓难行。1932 年 8 月，天大旱，连续刮了 18 天的西南风，韦小庄一带暴发霍乱，发病率占总人口的 5%，死亡率近 100%。

① “三七疯”“四六疯”：旧时当地因卫生条件差，婴儿出生后数天常发高烧、口角抽搐，十分危险。3 天或 7 天发病的称“三七疯”，4 天或 6 天发病的称“四六疯”。

旧时村民多用土方法治疗疫病，如治疗疟疾，先是用针扎手腕放血，然后让患者外出睡河边；治疗痧子，用芫荽、苇根、大蓟根熬水喝，此单方有时能治好婴幼儿，但有的会留下麻子；治疗“三七疯”“四六疯”用马蜂窝、土蜂窝熬水喝，用针扎耳朵根和鼻下人中；治疗疮痈，用甜茄叶子捣碎贴在疮上等。还常用艾灸、针灸、刮痧、拔火罐等方法进行治疗。

新中国成立初期，国家普及儿童种牛痘疫苗，韦小庄村民注射预防霍乱的疫苗后，霍乱得到有效防控。1961 年起，政府开始定期发放乙脑疫苗，对 7 周岁以下的儿童进行预防注射，同时全民服用疟疾预防片，后为方便群众，将药掺入食盐内随饭食用。1965 年起，对曾患疟疾的村民进行跟踪治疗，以保证村民得到根治。村卫生所卫生员身背药箱，手提茶瓶，指导村民服药。1964 年起，开展了小儿麻痹、疟疾防治工作，每年春节后定期发放药物，防治效果明显，杜绝了小儿麻痹症的发生。1979 年以后，对幼儿、少年接种乙脑疫苗、麻疹疫苗、白喉类药物、卡介苗等，发放脊灰疫苗口服糖丸、脊髓灰质炎减活疫苗等。2003 年春夏，“非典”疫情严重，韦小庄多点布控，重点排查外出打工返乡人员，实施隔离措施，全村无疫病发生。

妇幼保健 新中国成立之前，村里没有医生，也没有接生婆，妇女生孩子一般都是自己接生。头胎由接生过孩子的本家亲戚接生，第二胎就由孕妇自己来完成接生。孩子出生后，把秫秸棒一劈两半，用篾子割断脐带，挽成疙瘩，包上小棉被。穷人家的孕妇产后营养跟不上，奶水不足，婴儿只能靠喂些面浆充饥。由于婴儿营养不良，抵抗力差，遇风寒容易生疾患，死亡率极高。那时妇女一生约生育 7 ～ 8 个小孩，只有 4 ～ 6 个能长大成人。

新中国成立以后，随着卫生事业的发展，妇幼保健设施不断改善，孕妇和婴儿死亡率大为下降，各种常见病的发病率和死亡率明显降低。1960 年后，韦大营村（大队）配了妇幼保健员，专人负责韦小庄的妇幼保健工作。1970 年以后，全国推行计划生育，韦大营配备了计划生育专干，按期到韦小庄开展妇女健康检查工作。

环境卫生

2000 年以前，韦小庄人住的泥草屋，走的泥巴路，每家院外有粪堆，气味刺鼻难闻，风起时灰尘扑面。2000 年以后，随着新农村建设项目的落实，村内道路整修，牲畜圈养，改厕改水，房前屋后植树美化，全村环境卫生大为改善。

除“四害” 1958 年，韦小庄村民响应政府号召，开展除“四害”（老鼠、苍蝇、蚊子、麻雀，后来麻雀换为臭虫）爱国卫生运动。村民通过开展粪便收集、门前撒石灰等活动，大大降低了各类传染性疾病的发生和蔓延。

厕所改造 1980 年以前，韦小庄每家每户都有简陋的厕所，有的用泥巴、秫秸作墙，也有的置块布帘遮挡。茅坑为蹲式，小便另备有瓦罐、木桶之类，男女通用。墙外侧挖有粪坑，人畜家禽的粪便以及泔水、垃圾、杂草均放在里面发酵，沤成农家肥，待到种庄稼时作为肥料使用。2005 年前后，全县开展农村改水改厕工作，政府推广改良双瓮厕所、沼气式厕所、三格化粪池厕所等，政府承担改厕的大部分资金，村民承担材料费。因村民受守旧的卫生习俗影响，改水改厕工程一直没有明显效果。直至 2013 年，韦小庄新村小区建设完成以后，村民大都住上了楼房，卫生间安装了抽水马桶，老式厕所几近消失。

生活卫生 1980 年以前，韦小庄村人一直沿袭着世代相传的农耕生活方式，只关注吃饱穿暖，缺少良好的卫生习惯。当时没有澡堂，夏季里，韦小庄村民都是到附近的河谷中洗澡。天凉时节，村民几乎一个冬季不洗一次澡，进城到澡堂洗澡更是件奢侈的事情。1980 年以后，村民开始到韦寨、迎仙集上的澡堂去洗澡。2012 年和 2015 年，韦大营建成两家私人澡堂，韦小庄人洗澡更加方便。

1980 年以前，韦小庄村民饿了吃生食、凉饭、馊饭是常事，渴了就喝挑回来的井水、河水。由于不讲卫生，小孩肚里常有蛔虫，经常腹泻。1980 年以后，村民生活一年比一年好，青年人到外地表演杂技、打工，眼界开阔了，生活开始讲究卫生、讲究质量。特别是 2013 年韦小庄新居民小区建成后，村民的居住、生活、出行条件得到提高，村民的卫生意识也不断增强，逐步养成了健康的生活习惯。

人口　宗族

临泉县韦氏主要分两大支系，即砖井沿支系和韦寨支系。韦小庄属于砖井沿支系。建庄 180 年，韦小庄村民已繁衍到第 9 代。2015 年年末，全村 44 户，人口 196 人。

◉ 人口

人口总量　1947 年 10 月临泉县解放时，韦大营村庄常住户为 179 户、503 人，其中在韦小庄住地的为 9 户、47 人。1961 年 10 月，小庄从韦大营分离，独立成为小庄生产队，全村共计 5 户、27 人。截至 2015 年年末，韦小庄全村共计 44 户、196 人。

人口构成

民族构成　韦小庄的村民全部为汉族人口。

性别构成　新中国成立初期，韦小庄村民的男、女性别比约为 113。新中国成立以后，生活安定，医疗卫生条件得到改善，妇女儿童健康得到保障。1960 年，韦小庄村共 50 人，其中 27 人为男性，23 人为女性；1980 年，全村 101 人，其中 52 人为男性，49 人为女性；2000 年，全村 169 人，其中 82 人为男性，87 人为女性；2015 年，全村 196 人，其中 96 人为男性、100 人为女性，男女性别比为 96。

1947—2015 年部分年份韦小庄人口及性别情况一览表

表 3

年度	户数（户）	总人数（人）	男（人）	女（人）
1947	9	47	25	22
1949	9	49	26	23
1951	11	52	27	25
1959	11	55	26	29
1960	11	50	27	23
1961	5	27	12	15
1979	12	96	49	47
1980	16	101	52	49
1999	33	167	79	88
2000	34	169	82	87
2014	43	194	96	98
2015	44	196	96	100

年龄构成　1959 年，韦小庄住地总人口为 55 人。其中，0 ~ 6 周岁为 6 人，占总人口的 10.9%；7 ~ 18 周岁为 10 人，占总人口的 18.2%；19 ~ 45 周岁为 21 人，占总人口的 38.2%；46 ~ 65 周岁为 14 人，占总人口的 25.5%；65 周岁以上为 4 人，占总人口

的 7.3%。

1961 年独立成为小庄生产队后，韦小庄总人口为 27 人。其中，0 ~ 6 周岁为 1 人，占总人口的 3.7%；7 ~ 18 周岁为 6 人，占总人口的 22.2%；19 ~ 45 周岁为 14 人，占总人口的 51.9%；46 ~ 65 周岁为 3 人，占总人口的 11.1%；65 周岁以上为 3 人，占总人口的 11.1%。

2015 年，韦小庄全村总人口为 196 人。其中，16 周岁以下少年儿童 55 人，占全村人口 28.1%；17 ~ 49 周岁的青壮年 104 人，占全村人口的 53.1%；50 ~ 69 周岁村民 24 人，占总人口的 12.2%；70 周岁以上老人 13 人，占总人口的 6.6%。

2015 年韦小庄人口年龄结构情况一览表

表 4

年龄	0 ~ 4 周岁	5 ~ 10 周岁	11 ~ 16 周岁	17 ~ 25 周岁	26 ~ 29 周岁	30 ~ 39 周岁
人数（人）	17	19	19	40	13	22
占总人口比重(%)	8.7	9.7	9.7	20.4	6.6	11.2
年龄	40 ~ 49 周岁	50 ~ 59 周岁	60 ~ 69 周岁	70 ~ 69 周岁	80 周岁以上	合　计
人数（人）	29	11	13	7	6	196
占总人口比重(%)	14.8	5.6	6.6	3.6	3.1	—

文化构成　新中国成立之前，韦大营村只有几个富家子弟读过几年书，90% 以上的村民为文盲，韦小庄住地的几户村民全部为文盲。新中国成立前后，村民也极少有人在外工作。20 世纪 50 年代，各级政府开展扫盲活动，村里办起了扫盲班，村民的文化素质有所提高。60—70 年代，村民开始重视孩子的文化教育。1977 年恢复高考前，全村初、高中毕业生均回乡务农。1977 年恢复高考后，韦小庄村民先后有 7 名子弟考上大中专院校，毕业后，都留在了城市工作，成为韦小庄走出去的高学历人才。

2015 年，全村 0 ~ 4 周岁的幼童入幼儿园（班）的 3 人；5 ~ 10 周岁儿童全部入小学学习；11 ~ 16 周岁少年初中文化的 13 人、高中文化的 4 人；17 ~ 25 周岁青年小学文化的 10 人、初中文化的 18 人、高中文化的 7 人、专科以上的 5 人；26 ~ 45 周岁的村民小学文化的 10 人、初中文化的 35 人、高中文化的 3 人、专科文化的 2 人；46 ~ 60 周岁的村民文盲 1 人、小学文化的 27 人、初中文化的 9 人；61 ~ 70 周岁的村民文盲 9 人、小学文化的 4 人、初中文化的 1 人；71 周岁以上 8 人，全部为文盲。

人口演变

机械变动　1961 年 10 月之前，韦小庄住地全部人口属于韦大营村。1961 年 10 月，5 户、27 人从韦大营彻底分出，为独立的小庄生产队人口。

自然变动　1959 年，韦小庄住地人口 55 人。1961 年 10 月，韦小庄全村人口为 27 人，比 1959 年减少 50% 还多。至 70 年代末，村民的生活安定，医疗条件得到改善，人口出生率快速上升，村内一般家庭均有 3 个以上子女。

1980 年，韦小庄全村 101 人，比 1961 年增长了 2 倍多；2000 年，全村人口 169 人，比 1980 年增长 67.3%；2015 年，全村人口 196 人，比 2000 年增长 16%。

计划生育　70 年代以后，国家推行计划生育政策，提倡青年晚婚、晚育、少生、优生、优教，提倡一胎。1980 年，韦大营村设立了计划生育工作室，配备了计划生育专职干部，兼管韦小庄村住地人口计划生育工作。然而“不孝有三，无后为大”以及“多子多福”的传统观念在村民中根深蒂固，又因韦小庄村民经常在外表演杂技，人口流动性大，人口政策难以落实。1980 年，全村 14 对育龄夫妇生育有 54 个孩子，平均一对育龄夫妇育有约 3.86 个孩子。

2000 年以后，随着韦小庄杂技走向全国，韦小庄人的眼界不断拓宽，生育观念也不断改变，从重视多生育子女到重视子女的教育质量，人口自然增长率连年下降。2015 年，全村 29 对育龄夫妇生育有 67 个孩子，平均 1 对育龄夫妇有 2.3 个孩子；全村 44 户 196 人，户均 4.45 人。2015 年，人口自然增长率比 1980 年下降约 50%。

人口流动　1978 年之前，韦小庄村民大部分在家从事农田耕作，只有少数村民外出表演杂技，人口流动相对较少。

1978 年中共十一届三中全会后，韦小庄的杂技班活跃起来，外出表演杂技的人逐年上升。1990 年以后，韦小庄杂技班常年在全国各地进行表演。每年的农历正月初六，艺人们便走出家门，奔向四面八方，南至广东、海南，北至内蒙古自治区，东至山东，西至四川、新疆维吾尔自治区，都留下韦小庄艺人的足迹。截至 2015 年，韦小庄杂技艺人到过全国除西藏之外的 33 个省、自治区、直辖市和特别行政区，境外到过美国、加拿大、土耳其、希腊等 10 多个国家和地区。全村 27 个杂技团队（占全村 90% 的人口）常年都在流动之中，村里留守的基本是儿童和老人。

◉ 宗族

韦氏源流 《中国韦氏通书》记载："韦氏，是中国百家姓中最为古老的姓氏之一，历史悠久，瓜瓞绵长，今有苗裔1200多万。"按人口计，在全国5630个姓氏中，排第110位[①]。

韦氏宗脉有三个支系。

最早的一支起源于豕韦氏。豕韦氏是中国最早的姓氏之一。《春秋命历序》中记载了上古时期的10个姓氏，其中就有豕韦氏。豕韦氏产生于豕韦地，肇基在今河南省滑县东南。远古时期，有个贵族叫篯铿（彭祖）受封为彭地（今江苏徐州）的首领，建立了大彭国（诸侯国）。夏朝初期，大彭国的君主将一个名叫元哲的孙子分封到豕韦去享用那里的物产。元哲很有才干，在那里建立了豕韦国，豕韦国也叫韦国，国民以国为氏，始称韦氏。元哲便成了韦氏的始祖，被尊称为韦君。这便是民间"正宗韦氏"的由来。这一支韦氏迄今已有4000年历史。

第二支是秦朝末年刘邦手下的大将韩信的后裔。西汉初年，韩信受谗蒙冤，株连九族，族人逃到岭南一带避难，但未逃脱厄运，最终被吕后所杀。丞相萧何暗中令部下蒯彻将韩信幼子韩潆送至南越王赵佗。赵佗又将韩潆秘密送回自己的老家广东南海，由家人代为扶养，并为之改名换姓，取韩字的一半为氏，即为韦氏。韦滢长大后，受封于海滨为士官，子孙均取韦氏，繁衍于岭南一带。这一支韦氏的产生，迄今有2100年。

第三支起源于疏勒国（今新疆喀什市）。唐神龙元年（705），唐中宗赐宰相桓彦范以韦氏，并派他到疏勒国做官。他的族人到了那里，世代以韦为氏，一直沿用至今。这一支韦氏的产生，至今有1200多年。

韦氏迁徙

《中国韦氏通书》记载："河南滑县是韦氏的策源地和发祥地。"韦氏子孙由此日益繁衍，几经沧海桑田，不断迁徙移居，由彭城（今江苏徐州）至河南、至邹县（今属山东省），至京兆（今陕西长安），以至遍及全国乃至海外。

---

① 据《临泉韦氏通书》记载。

韦氏发端于河南滑县，即豕韦国（诸侯国），韦氏始祖为元哲。约公元前 1733 年左右，成汤灭豕韦国，造成历史上韦氏第一次劫难。

韦国被灭后，元哲子孙没有消极沉沦，集体逃到渭河平原西部（今陕西岐山县、扶风县一带），于扶风县沣川重创基业，建立国家，称韦伯国。商朝建立后，天下大治，元哲子孙又从西往东迁，回到豕韦故地，重建豕韦国。豕韦国很快发展，国力大振。韦伯国与大彭国佐助商朝征伐敌国，功勋卓著。韦伯功大盖主，引起商王朝忌恨，商王武丁举兵征伐豕韦国，这是韦氏第二次大劫难。

商朝末年，韦伯遐参加周姬发（周武王）领导的八百诸侯灭商大同盟，商纣灭亡，周武王建立周朝，封韦伯遐于万福河西岸（今山东省西南成武县、邹县一带），继称豕韦国。周朝末年，周赧王听信谗言，唆使鲁国兼并豕韦国，这是韦氏历史上第三次劫难。

后韦伯遐二十四世孙韦孟，随祖父、父亲迁徙彭城渎上里（今江苏徐州一带）。韦孟壮志不已，于是躬耕于野，奋发读书，养精蓄锐，以图东山再起。秦朝暴政，韦孟逃到丰邑（今江苏西北丰县）参加刘邦起义。刘邦建西汉王朝后，于汉高祖刘邦六年（前 201），封其弟刘交为楚王，称元王，韦孟被聘为元王傅，辅佐元王、夷王、戊王三世 30 余年。戊王荒淫跋扈，不听劝诫。韦孟去位，迁入鲁国（今山东省南部）邹县私叔里孟贤庄。韦孟四世孙韦贤，韦贤子玄成，后来都官拜汉丞相。汉宣帝时，韦贤升为光禄大夫、大鸿胪、长信少府，总管后宫。汉本始三年（前 71），代蔡义为丞相，封扶阳侯，食邑 700 户。扶阳属沛郡，在萧县（今安徽境内），近在徐州城边，是韦贤的家乡。韦贤为丞相，曾迁徙平陵（属京兆之地）。玄成为相后曾迁徙杜陵，封扶阳间。东汉末年的韦著，盖以“一经”发端，故韦氏有“一经堂”之宗名雅号。

东汉建宁元年（168），汉灵帝刘宏委任韦著为东海相（辖区相当于今江苏东海、沭阳、涟水以东，淮水以北地区）。韦著举家赴任。第二年因“党锢之祸”，韦著将妻子幼儿韦庆密送回京兆，自己死于狱中，尸骨不得还乡。韦庆长大后，细加查访，立家于东海任所。韦庆一家，成年男人四方流落避祸。韦庆韬光养晦，立志重开韦氏鸿漠。韦庆子孙终于随势而起，韦端、韦诞、韦曜、韦弘、韦旭、韦睿，一代比一代长进，至韦世康辅佐隋文帝而执掌六部。

澄州韦氏开山人物　韦厥，唐京兆万年人。韦贤后裔，唐朝武德七年（624），封澄州（今广西上林）刺史。永徽四年（653）封忠义侯，后加封万寿公，衍成广西韦氏一大宗支。

蜀陇韦氏开山人物 韦皋，唐京兆万年人。唐真元初，为剑南川西节度使。今四川、云南、贵州、甘肃、青海等地的韦氏，均与韦皋及其先人治陇镇蜀有嗣承关系。

苏杭韦氏开山人物 韦应物、韦履淳。韦应物，唐朝诗人，滁州、江州、苏州刺史。韦履淳，唐京兆万年人，高祖韦挺是唐太宗御史大夫，曾祖韦待价是武后时宰相，祖父韦令仪曾为司门郎中，宗正少卿，父亲韦銮是唐时名画家。韦履淳，京兆韦氏东眷房裔孙，唐开元元年（713）登科及第，举进士。今苏杭一带韦氏大多系韦履淳、韦应物裔孙。

广西韦氏开山昆仲 韦山涛六子。宋皇祐四年（1052），韦山涛率六子随狄青至岭南，除“大南国”，留六子戍边疆越地。韦山涛是韦银轮后裔。银轮系唐武德年间（618—626）南征粤西黄毛贼功臣韦厥之次子，袭父职澄州刺史，定居澄州（今广西上林县）。今广西许多县市之韦氏，正源于韦山涛六子。

海南韦氏开山人物 韦执谊。唐顺宗永贞元年（805），官拜宰相，后贬为崖州司马，唐京兆人。其后裔乃今日海南之韦氏，其中，多移居南洋欧美。

岭南韦氏开山更姓人物 韩滢。后裔散及桂、黔、滇 28 县和越南北部。

韦氏分布

全国分布 韦姓氏遍布全国各地。汉代韦姓分布于河南、山东、陕西、山西、河北等地；三国两晋南北朝时，韦姓人除因躲避战乱有南迁者外，大部分在原籍繁衍生息，“京兆郡”即在此时产生，成为以后韦姓分支的主要源头；隋唐时期，韦姓的繁衍仍以“京兆郡”即陕西一带为集中地，盛唐时韦姓名人韦应物、韦庄皆出于“京兆”，当时因韦姓显赫之家多居于陕西长安，而设韦曲镇，同时亦有韦姓南迁至江苏、四川、安徽等地；五代十国至宋元明清，韦姓人又屡屡南迁，但数量较少，基本是一个典型的北方姓氏；中华人民共和国成立以后，韦姓以广西、河南等省区居多，约占全国汉族韦姓人口的 67%。韦姓在当代中国姓氏中排行第 68 位，人口约为 370 万人。

临泉分布 临泉县韦寨镇的韦姓是当地较集中的大户姓氏。1985 年《迎仙区志》记载：“韦寨、韦周两乡人口 38654 人，其中，韦姓人口 21282 人，占两乡人口总数的 55.06%。韦寨镇周边以韦姓命名的村庄有 30 多个，如韦大营、韦小营、大韦庄、小韦庄、韦楼、韦寨、东韦楼、西韦楼、韦柿园、韦荒庄、北韦庄、南韦庄、韦周庄、韦

韦氏在临泉县分布图

老庄、韦丁庄、韦坡楼、前韦庄、后韦庄、后集韦庄等。”1985 年《临泉县志》记载：“临泉县姓氏调查统计数字显示，临泉县韦姓人口 33458 人，居临泉县姓氏大户第 7 位。”2015 年，临泉全县韦姓人口约有 7 万多人。

韦小庄世系

世系归属 《临泉韦氏通书》认为，临泉韦氏先祖为韦英，韦大营人认为先祖是韦沱。据河南省鲁台县老年人说，他们的先祖是韦泠、韦洪，与韦大营所说的韦沱相照应，韦沱与韦泠、韦洪并列，韦英应是韦沱的孙辈。

临泉县韦氏主要分两大支系，即砖井沿支系和韦寨支系。韦小庄是韦大营的分支，韦大营是砖井沿的分支，砖井沿村是韦小庄人的母村。韦小庄属于砖井沿支系。

附 1：砖井

韦小庄的母村砖井沿村东路边有一口井，是明初韦氏祖先韦沱从山西省到此落户时，率领族人挖的第一口井，已经有 600 多年的历史。井深 15 米以上，在井深 10 米左右处，用青石垒成底盘，底盘直径 2 米左右，中空外圆，从底盘向上用青砖圈砌井壁，直到井口（即砖井沿），井的上口直径 1.5 米左右，同时可站两人用两只桶打水。经考古专家鉴定，垒井壁的砖确系明代烧制。砖井的井水清澈甘甜，丰盈不竭，周围村庄的人都到此取水饮用，随着井的名气越来越大，时间长了，这眼井就成了庄名，叫“砖井沿”。砖井养育了一代又一代韦姓人，被认为是临泉韦姓人的母亲井。1939 年，砖井曾被龙卷风刮塌，村里能人韦凤新、韦凤林等把井掏好，又用砖把井壁原样修筑，此后砖井保护完好。

80 年代后，砖井沿及周边的村民家家打了压井，再以后村民用上了自来水，砖井不再为村民取水所用，但是一直受到周边村民的保护。1997 年，韦大营村党支部书记韦久中组织村民用砖、水泥将砖井圈好，井口用一块水泥板覆

砖井遗址

盖，并在井旁立了一块碑，上书“韦大营砖井故址”。

世系　从清道光十五年（1835）韦大营分家时的韦小庄始祖算起，至2015年，韦小庄已经建庄180年，村民已繁衍到第9代。

韦小庄建庄时始祖共有3个儿子，分别为三门。至2015年，长门长子、次子均繁衍到第九代，长门三子繁衍到第八代；二门长子繁衍到第八代，二门次子繁衍到第七代；三门长子、次子均繁衍到第八代。

韦小庄宗亲　砖井沿、韦大营、韦小营、韦小庄四村相连，是不可分割的“古砖井沿”支系的韦氏大家庭。砖井沿、韦大营、韦小营的村民与韦小庄人血脉相连，有着密不可分的宗亲关系。历史上临泉县韦氏出现很多英贤志士，其中许多是砖井沿和韦大营人，都是韦小庄人为之骄傲的宗亲。他们有的是传说中的贤臣义士和杀富济贫的武林高手，如韦仲魁、韦谦、韦西侯、韦老宁等；有的是革命战争年代的优秀共产党人，如韦学彬、项鄂（韦济民）、韦贺贤、韦立志、陈韧（韦明亚）、蒋素云、韦风中、韦恒新等；有的是在社会主义建设中勤勤恳恳为家乡做奉献的基层干部，如韦崇贤、韦钦贤、韦心志、韦学海、韦怀影、韦恒锐、韦久中、韦天应、韦天良、韦怀贵、韦久华等；有的是高等院校毕业后在教育园地辛勤耕耘的园丁，如韦学勤、韦全功、韦连备、韦庆喜、韦怀平、韦天鹏、韦怀印、韦永锋等；有的是勤劳智慧的一方名人和能工巧匠，如韦振海、韦振纲、韦志中、韦保贤、韦天杰、韦全义、韦景周、韦景亮、韦心明等。同时，韦小庄的宗亲里，也有在民国时期称霸一方的大地主和作恶多端的土匪，新中国成立后，他们都受到了应有的惩罚。

族规家训

2003年和2006年，《临泉韦氏通书》《临泉韦氏通书（续）》先后编纂出版，对韦氏家族的家规、礼仪、家训进行了总结。

族规　要讲孝道：晚辈要孝顺老人，为老人养老送终；不准辱骂、虐待老人；要重视教育下一代：教育孩子要知书达礼、不调皮捣蛋、不打架斗殴，手脚干净（不偷盗）；要求孩子吃苦耐劳，会做农活并要学手艺，结婚后要生儿育女传宗接代。

礼仪　要尊老爱幼，对长辈要尊称，过年要拜长辈，磕头、作揖；要邻里团结，亲戚常走动，对待乡亲要和睦友善；要乐于助人。亲帮亲、邻帮邻，远亲不如近邻、近邻不如对门，一庄之人相互帮助，庄里人办红白事，大家都要送上一份礼。

家训　自古以来，韦氏家族信奉“遗金满籝，不如教子一经”。通过总结生活经验，口口相传，不断丰富，形成了家族教诲子孙的训言：

读书为本，弘扬一经。尊敬师长，勤奋学习。崇尚科技，反对迷信。友善邻里，情系宗亲。遇难相助，遇吉相庆。扶危济困，共同富裕。择善交友，明礼诚信。吃亏谦逊，勿占便宜。受恩勿忘，施惠勿计。勿走邪道，勿近歹类。狎匿恶少，必受其累。宽以待人，严于律己。品行端正，见贤思齐。慎独修身，富贵不淫。贫贱不移，威武不屈。见富生谄，最为可耻。遇事三思，日要三省。文体娱乐，健康有益。志存高远，自强不息。

临泉韦氏祠堂　2011年，在韦小庄人韦学东的提议下，筹建临泉韦氏祠堂，临泉县韦氏祠堂筹建委员会发布《临泉县韦氏祠堂筹建告示》：

韦氏族是华夏民族的重要组成部分，自始祖元哲建豕韦国，以国为姓，韦氏得姓已4000余年。临泉韦氏先祖韦沱从山西洪洞县枣林庄大槐树下移民至河南淮阳县鲁台，再迁到临泉县韦大营砖井沿落户，也已600多年。数百年来，我们韦氏族在临泉这块土地上繁衍生息。韦氏族人的悲欢离合，记载着我们列祖列宗可歌可泣的创业史。韦谦、韦宁国、韦西侯、韦步采、韦登榜、韦仲魁、韦玉堂、韦克敬、韦老子、韦允中、韦项锷、韦明亚（陈韧）、韦学彬等英贤志士已载入史册，广为传颂。他们为中国、为临泉文明史的灿烂、历史的进步、经济的发达和社会的发展，做出了不朽的贡献！韦沱的18世孙韦学东倡议在韦大营小庄建立韦氏祠堂。

2014年农历三月二十，韦氏祠堂在韦小庄东北角动工修建。祠堂为两进院子，后殿两层，前殿一层，过道一层。祠堂采用宫殿式复古建筑，飞檐翘角，雕梁画栋，四角斗拱，殿顶铺灰色圆筒瓦和布瓦，殿脊中竖有铁铸三体雕，运用了现代通风的砖石混凝土结构，融古今建筑风格为一体。梁柱、门窗用的是山柏木，瓦和斗拱是从外地买回。整个祠堂占地近3000平方米，建筑面积为后殿188.2平方米、前殿178平方米、过道84平方米，总共450.2平方米。2015年年初，建筑主体工程全部竣工，总投资180万元。

韦氏祠堂建成以后，一堂两用。一是作为供奉临泉韦氏祖宗牌位、族谱、家谱、典

韦氏祠堂

籍、文献和重要资料之地，供韦氏族人祭典先祖和族友聚会、共商大事；二是作为杂技会馆，演员在杂技舞台演出后可在馆内休息、议事。

先祖坟茔　位于韦小庄正南 1 千米处，在韦大营村民韦学儒的承包地里。坟茔最大时，高约 2 米、占地 30 多平方米，已经有 150 多年的历史。

清道光十五年（1835），韦小庄先祖带领三个儿子到韦大营村北放牧场安家落户后，一直不忘自己的血脉源头是在韦大营和砖井沿村，韦大营人也一直为韦小庄留有坟茔之地。老先祖夫妇去世后，韦小庄人将他们葬入了韦大营的老墓地，其坟茔也就成了韦小庄人祖坟的标志。接着，韦小庄第二代人去世后也相继葬入该处。约从第三代人开始，韦小庄人逝世后便葬入韦小庄北部的田地里。1980 年以后，地面的坟茔逐渐由地下深葬代替，而韦大营老墓地里的韦小庄老先祖坟茔仍然一直在地面保存。

历经 100 多年的时事变迁，韦小庄人始终没有忘记自己的祖坟，年（春节）节（清明节）之时，老人们总是带着子孙去拜谒先祖，为祖坟添坟加土。祖坟成为韦小庄人的寻根溯源之地。

附 2:《临泉韦氏通书》及《临泉韦氏通书（续）》

民国时期，临泉韦姓人曾有意编修族谱，但由于战乱等诸多原因，一直没有着手。河南省鲁台县陶母岗韦氏修过一次族谱，安徽省合肥韦桥韦氏修过三次族谱，两处的韦姓人字派较为规范，同辈人都是一个字派。临泉韦姓人因没修过族谱，字派没有统一规定，基本是一村一样，甚至同村一辈人也有几个字派，形成同宗字派较乱的现象，昭穆不分，孙重祖讳，族人相见，不知尊长。

《临泉韦氏通书》 1993 年，临泉县韦至园庄人韦朗从县海事处退休后，在族友支持下，花费 10 年心血，走村入户，寻找韦姓知情人，并到河南省鲁台县寻根问祖，写出了《临泉韦氏初探》。2002 年 7 月 14 日，经韦朗、韦学芳、韦法春、韦俊武等人发起，召开了“韦姓初探”研讨会，有 32 位族友进行研讨，县委副书记韦三保也参加了研讨会。该次研讨会上，对初探给予了充分肯定，确定了“大梁分世业，颍水润书田，庆贺景良炳，永健保安全，金凤寿春明，新立志广连”30 个字的临泉韦氏字派，同时成立了临泉县韦氏研讨学会。

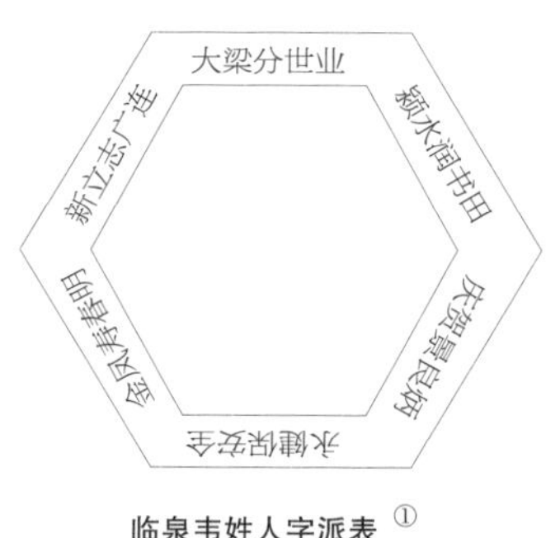

临泉韦姓人字派表[①]

韦氏研讨学会成员通过酝酿讨论，决定在《临泉韦氏初探》的基础上，编写《临泉韦氏通书》，把“韦氏研讨学会”改为“临泉韦姓史志编写联络小组”，并于 2002 年 9 月 10 日发出关于编纂出版《临泉韦氏通书》的告示，接

① 此为 2002 年临泉县“韦姓初探”研讨会确定的临泉韦姓人字派表。

《临泉韦氏通书》《临泉韦氏通书（续）》

着成立了《临泉韦氏通书》编委会。经过一年多的时间，2003 年 12 月，《临泉韦氏通书》编纂完成，印刷出版。《临泉韦氏通书》是临泉韦姓人有史以来首部家谱性通书。

《临泉韦氏通书（续）》《临泉韦氏通书》出版后，不少族人提出，书中没有分庄分户的族系表，对韦姓人一代代的传承无法了解。2005 年 7 月 2 日，编委会召开族友代表会，全县各地韦姓人代表 16 人参加会议，研究决定编写《临泉韦氏通书（续）》。此后，收集资料人员、编纂人员经过 7 个月的全县调查，逐辈逐人登记，2006 年 1 月，《临泉韦氏通书（续）》试订本完成，又经过一年增补、修改，《临泉韦氏通书（续）》印刷出版。

《立绳》

杂技源流

韦小庄杂技根植于临泉民间杂技的沃土，数百年间，经历了起步、缓行、坚持、振兴、繁荣等不同阶段，使杂技技艺得以传承和发展。2015 年，全村有三代以上的杂技世家达 10 个，全村杂技团队达 27 支。

韦小庄杂技根植于临泉民间杂技的沃土，经历了数百年的传承、创新与发展，韦小庄人从贫困年代以玩杂耍为生计，到代代相传，将表演杂技变成了割舍不去的生命情结。改革开放以后，韦小庄人把杂技做成了一项乡野土地上的大事业。

◉ 传承发展

临泉县民间杂技起源于东汉时期。20 世纪 50 年代，临泉境内出土一件东汉陶器——陶戏楼，陶戏楼上刻有杂技表演的人体形态，证明临泉杂技已有近 2000 年的历史。明代中期，一个被称作“一撮毛过刀山”的杂技班到临泉的杨桥、长官、沈集（今临泉县城）、韦大营等集镇、村庄演出，泉河、延河两岸万人观看，盛况空前，在当时产生了很大的影响。

韦小庄先祖落户于这块民间杂技的沃土以后，为了生存便苦练杂技技能，将其视为养家糊口的生存本领，并一代一代传承延续下来。

起步阶段 明朝末年，战火把砖井沿老庄园烧毁以后，韦大营（包括韦小庄）人接受教训，为了保卫自己的家园，利用庄子面积大的优势，在空旷的场地建戏楼、跑马场，组织村民习武强身。村民在练武的同时，受临泉杂技大环境的影响，也学一些杂耍技能。此后的数百年，韦大营村民习武、练功成为传统，几乎人人身怀一技。在兵荒马乱的年代，村民们为了生计走上了四处流浪、跑江湖、玩武术和杂耍的道路。清朝末年，韦大营一带出现了韦仲魁、韦西侯等高手，对推动当地民间杂技发展亦产生了重要作用。

清道光年间（1821—1850），韦小庄先祖到放牧场建立家园以后，虽然辛勤耕耘，但由于灾害连年，十年九不收，再加上官府层层盘剥，靠种地难以果腹蔽体。被迫无奈，村民在传承先祖拳脚武术的基础上，凭借几套“吞铁球”“吞宝剑”“飞刀剁人”的技艺和驯狗、耍猴的戏法，以命换粮求生存。村民们在年复一年的艰难岁月中，靠卖艺糊口的人数不断增加。

民国年间，韦小庄的杂技艺人大都从事过“撂地”的营生。每年的农历八月十六、正月初六，艺人们便走出家门，走乡串镇、上集赶会，在路边、街头、茶馆、酒肆“撂地”卖艺。每逢遇上天灾或战乱时期，艺人们便挑“挑子”携儿带女全家外出，四处卖艺，常年不归。那时的艺人是“天天街头、堂会上耍把式卖艺，夜夜露宿牛栏、破庙以度春秋”。其时，韦大营（包括韦小庄）有 16 个“挑子”[①]。

1938 年，韦小庄村民韦玉贤组建了韦小庄历史上第一个韦家班杂技团队，由韦玉贤任“大把式”[②]，初建班时 6 人，后发展到 20 多人。韦玉贤杂技班从民国时期一直表演到新中国成立后，农忙种地，农闲时练杂技，或进村串庄为农民演出，或在周边乡村集镇、庙会、街头旁“撂地”支席轮番表演。老艺人们对杂技艺术的坚持和热爱，使韦小庄杂技得以延续和发展。

缓行阶段 中华人民共和国成立后，1951 年，经过土地改革，贫苦的艺人分得了田地，种粮基本能够满足温饱，大部分艺人不再愿意外出漂泊、“撂地”卖艺。1953 年，韦玉贤杂技班也停止了演出。这一阶段是韦小庄杂技历史上短暂的停滞时期，但是韦玉贤杂技班和村里“撂地”卖艺的杂技人才给后来的韦小庄杂技发展留下了火种。其间，韦小庄的杂技演出虽然停止了，但村民的杂技活动却从未间断，韦心民、韦心龙、韦心喜、韦心良等一帮年轻人，农闲时在老艺人的指导下，每天都在练习杂技的基本功。空顶、压腿、翻跟头、走钢丝、马术、车技、手技、晃板、地圈、喷火等杂技活动，成为人们日常生活中必不可少的运动内容。

1958 年，人民公社成立，土地收归集体，艺人家中没有了土地，靠在生产队挣“工分”，分粮吃饭，原本土地就少的韦小庄村民难以维持温饱。1959 年开始的自然灾害，使村民的生活更加艰难。老艺人韦玉贤不甘贫困，带领子孙又偷偷组建起杂技班，表演杂技维持生计。

1960 年以后，自然灾害越来越严重，韦小庄的杂技艺人在艰难困苦中纷纷先后拾起杂技技艺，或是效仿韦玉贤组织杂技班，或是凭借绝招绝活到河南、河北、山西、陕西、山东等地的杂技团参加演出。杂技演艺伴随着韦小庄村民度过了三年困难时期。

坚持阶段 “文化大革命”期间，韦小庄杂技艺术遭到了严重的摧残和践踏。

杂技演出的服装道具、锣鼓乐器大都被没收、毁坏、焚烧；杂技艺人被视为“封（封建主义）、资（资本主义）、修（修正主义）”的“孝子贤孙”；杂技艺术被视为毒害工农兵的“精神鸦片”；外出卖艺是“资本主义尾巴”，是破坏“农业学大寨”的歪门邪道。制作、藏匿道具，偷偷教子女练功学艺，私自外出作艺等行为一旦被发现，轻者要接

---

① 挑子：一条扁担、两只筐，所有道具行李一肩挑。

② 大把式：大师傅。

受批判，重则要游街示众。尽管如此，韦小庄民间杂技活动仍未中断，从事“撂地”的艺人，随身携带道具，找准时机离家外出，卖艺成为他们的“游击活动”。村民韦心民、韦心龙、韦心喜、韦心良就是在此时期各自组建杂技班，离乡背井开始了表演杂技的生涯。在演出中为了应对政治形势，适应社会环境，艺人们对一些传统的“口儿”进行了重新编纂。如戏法“三仙归洞”的“口儿”经过艺人的重新创编为：“从前这叫‘三仙归洞’，那是迷信，是封、资、修的说法，是牛鬼蛇神的叫法，现在的叫法是‘三下归一’，就是工农兵大团结，为的是争取更大的胜利。看了我这个戏法，有愁的不愁了，有闷的不闷了，抓革命促生产有劲了。”体现了时代发展变化中的“调弦”，维持了韦小庄杂技艺术的传承。60 年代，全村仍有 4 个杂技班共 26 名杂技演员在外演出。

1970 年以后，中共中央提出“抓革命，促生产”，各行各业都逐步恢复生产，逐渐放松了对艺人活动的种种限制。韦小庄村民韦心民、韦心龙、韦心喜、韦心良等杂技世家，以家庭为载体，各自组团，拉着板车，带着服装道具，走村串巷“撂地”卖艺。在他们的带动下，韦小庄村民开始凭借祖传的技艺，走向祖国的大江南北。70 年代末，全村杂技班增加到 6 个，演员增加到 43 人。

这一时期，韦小庄村民既是艺人又是农民，是一个具有双重身份的社会阶层。无论杂技在这一带多么普及活跃，几千年传承下来的农耕社会的传统观念在韦小庄村民心中仍然根深蒂固。从当时“农忙在家种着地儿，农闲外出耍玩意儿”的民谣可以看出，艺人虽然坚持杂技表演活动，但“耍玩意儿”仍有农忙、农闲之分，仍以务农为主，视土地为根本。艺人外出卖艺，无论到什么地方、有多长时间，从家出发前一定做好计划，返回绝不误农时。

振兴阶段　1980 年以后，韦小庄杂技活动进入活跃时期。各级政府和各级文化部门对杂技表演给予大力支持，只要有杂技团队申请外出表演，村干部便随时为其开具证明，临泉县文化局“一路绿灯”帮助办理证件和演出介绍信。这一时期，韦小庄杂技团队达到 12 个，即韦学武杂技团、韦学忠杂技团、韦学红杂技团、韦学广杂技团、韦学俊杂技团、韦学海杂技团、韦学喜杂技团、韦刘成杂技团、韦学云杂技团、韦学臣杂技团、韦怀超杂技团、韦学付杂技团，全村杂技演员达 86 人。

1990 年以后，韦小庄杂技活动进入历史上的兴盛时期。杂技艺人们因为走南闯北开阔了眼界，从思想上彻底打破了“宁给银子钱，不把艺来传”的传艺禁锢，开始主动加强各门派、团队之间的技艺交流。每年春节前后，韦小庄各杂技

《大武术五把顶》

《水流星》

团趁回乡过年之际，均在老村庄空地举行一次杂技演出交流邀请活动，无论是来自县内、县外的艺人，一律以宾客相待，相互切磋学习杂技技艺。韦小庄人“上至九十九，下至刚会走，韦家要杂技，人人有两手”的名声传播省内外。90 年代末，韦小庄杂技团队已近 20 个，节目也从原来 10 多个增加到 30 多个，杂技技艺也显著提高，演出市场亦迅速扩大。此时期，韦怀彪美猴王马戏团、韦福梅杂技团、韦家杂技团逐渐崭露头角，成为韦小庄具有代表性的优秀杂技团队。通过外出表演杂技，韦学红、韦学武等杂技艺人率先致富，引领更多的艺人加入杂技演出大军。

繁荣阶段 2000 年以后，韦小庄杂技进入艺术提高和市场繁荣时期。为了适应演出市场的新形势，满足观众不断提高的审美品位，韦小庄艺人在表演技巧和高险难度上下功夫的同时，还加大了对杂技服装、音乐、道具、灯光的改革、创新和发展。韦小庄杂技从单纯地追求技巧，向“技”与“艺”并重发展转化，在效仿专业团体的艺术道路上，在增加难度、险度、技巧的基础上，充分调动艺术手段，加强音乐烘托，改革、创新、美化道具，购买制作专门服装，强化灯光的色彩变化，从而提高杂技的艺术性和观赏性，增加了杂技团的经济收入。同时，韦小庄杂技艺人开始参与省、市、县级的杂技艺术交流和竞赛活动，并脱颖而出。

2009 年以后，为扶持发展文化产业，中共临泉县委、县政府先后出台了《临泉县关于鼓励扶持发展民营文艺表演团体意见》《关于加快文化产业发展的若干政策意见》《关于加快建设文化强县的若干意见》。在各级政府的大力扶持下，韦小庄杂技发展进入鼎盛时期。2011 年 11 月、2013 年 12 月，安徽省第二届、第三届民间杂技艺术节在临泉县举办，韦小庄被设为分会场，承担了杂技展演和杂技交流活动，迎接省内外观众达 10 万人次。韦小庄及韦小庄民间杂技开始受到国内各大媒体的关注。2013 年 12 月，韦小庄宏扬杂技有限公司被安徽省文化厅命名为“安徽省文化产业示范基地”。2014 年 8 月 18 日，韦小庄被中国杂技家协会命名为“杂技专业村”。

2015 年，韦小庄杂技团队发展到 27 个，杂技演员 300 多人（包括外聘演员）。27 个杂技团队分别是：美猴王马戏团、韦家杂技团、韦文周杂技团、韦红伟杂技团、张素云杂技团、韦学义杂技团、韦学忠杂技团、韦学俊杂技团、韦福梅杂技团、韦刘成杂技团、韦东亮杂技团、韦九周杂技团、韦永才杂技团、韦永进杂技团、青云杂技团、俊强杂技团、韦文龙杂技团、韦学红杂技团、韦文昌杂技团、文法杂技团、

《太空漫步》

《绸吊》

《魔术变衣》

《车技》

《U 型滑轮手技》

韦学春杂技团、峰峰杂技团、韦伟杂技团、韦海燕杂技团、韦亮亮杂技团、韦磊杂技团、韦猛杂技团。全村 90% 的村民参与杂技活动，几乎达到一户一车一队（团）。

杂技世家

韦小庄人从明、清开始表演杂技，世代传承。至 2015 年，韦小庄有史可查的杂技世家（三代以上从事表演杂技）共 10 个，其中历史最长的杂技世家已近 80 年，传承到了第四代。

韦玉贤杂技世家 自 1938 年建杂技班始，已经有 77 年历史，是韦小庄建班最早、历史最长的杂技世家。至 2015 年，已经传承到了第四代人，先后创办了 6 个杂技班（团）。

韦心堂杂技世家 自 1940 年建杂技班始，已经有 75 年的历史。至 2015 年，已经传承到了第四代人，先后创办了 6 个杂技班（团）。

韦心善杂技世家 自 1942 年建杂技班始，已经有 73 年历史。至 2015 年，已传承到第四代人，先后创办了 6 个杂技班（团）。

韦心喜杂技世家 自 1970 年建杂技班始，已经有 45 年的历史，是韦小庄家族最大的杂技世家之一。至 2015 年，已经传承到第四代人，先后创办了 14 个杂技班（团）。

韦心龙杂技世家 自 1970 年建杂技班始，已经有 45 年的历史。至 2015 年，已经传承到第四代人，先后创办了 9 个杂技班（团）。

韦心良杂技世家 自 1970 年建杂技班始，已经有 45 年的历史。至 2015 年，已经

韦玉贤杂技世家第二代传人韦心民

韦心堂杂技世家第一代传人韦心堂

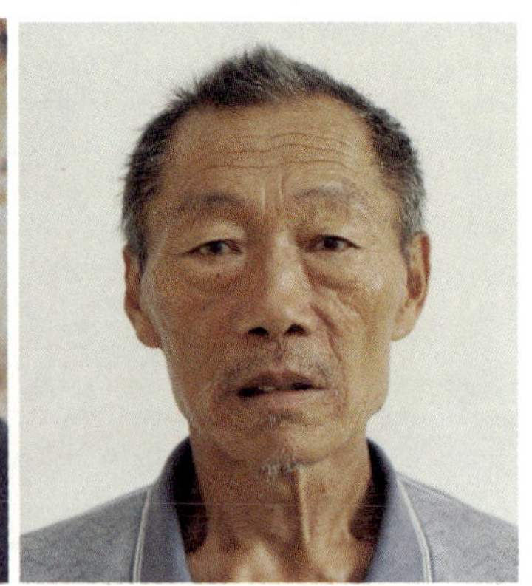

韦心善杂技世家第二代传人韦学连

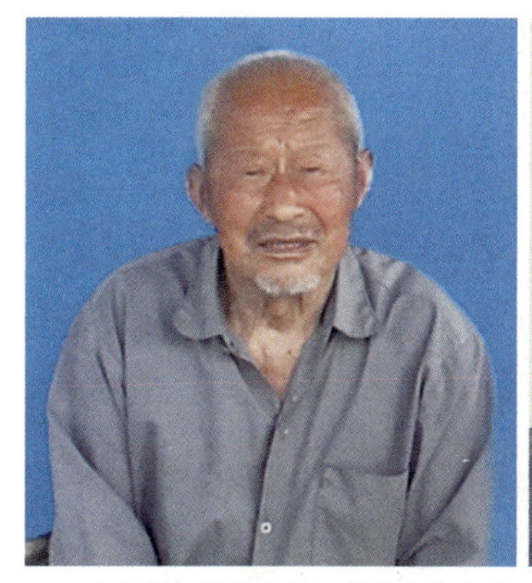
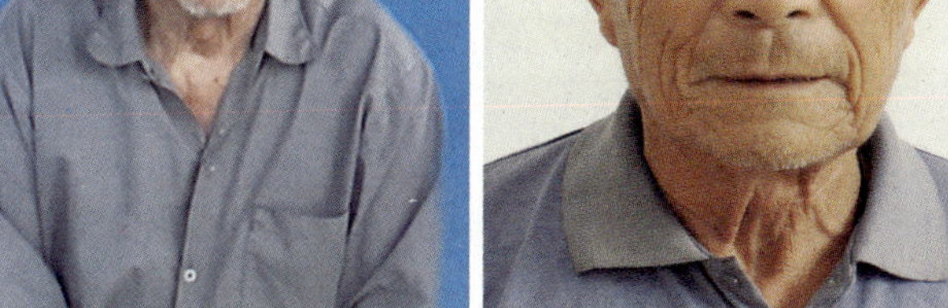
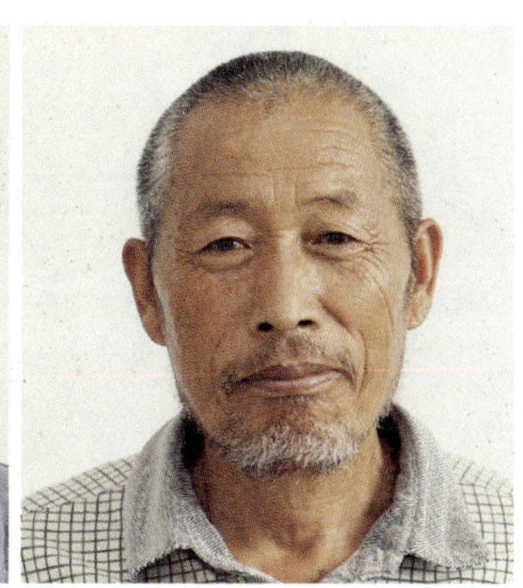

韦心喜杂技世家第一代传人韦心喜　韦心良杂技世家第一代传人韦心良　韦学善杂技世家第一代传人韦学善

传承到第三代人，先后创办了 5 个杂技班（团）。

韦学善杂技世家　自 1970 年建杂技班始，已经有 45 年的历史。至 2015 年，已经传承到第三代人，先后创办了 4 个杂技班（团）。

韦好中杂技世家　自 1970 年建杂技班始，已经有 45 年的历史。至 2015 年，已经传承到第三代人，先后创办了 4 个杂技班（团）。

韦学志杂技世家　自 1972 年建杂技班始，已经有 43 年的历史。至 2015 年，已经传承到第四代人，先后创办了 11 个杂技班（团）。

韦立海杂技世家　自 1972 年建杂技班始，已经有 43 年的历史。至 2015 年，已经传承到第三代人，先后创办了 2 个杂技班（团）。

◉ 当地知名杂技团队

韦心民杂技班　1970 年成立，班主韦心民，是韦小庄第一个杂技班班主韦玉贤的第二代传人。杂技班以家庭为单位，共有杂技演员 6 人，是 70 年代韦小庄最有名的杂技班。杂技班的拿手节目有《蹬技》《咬花》《小武术》《椅子顶》《车技》《顶技》《简单魔术》《鞭技》《抛碗》等 20 多个。当时，杂技班常年活动在韦小庄附近乡村及河南、山西等地，不但经济收入可观，还培养提高了子孙的杂技技艺，成为韦小庄杂技事业的领军团队。

韦心龙杂技班　1970 年成立，杂技班以家庭为单位，共有杂技演员 7 人，班主韦心龙。韦心龙本人精通各类杂技技艺，杂技班的代表性节目《蹬技》《杂耍》《咬花》

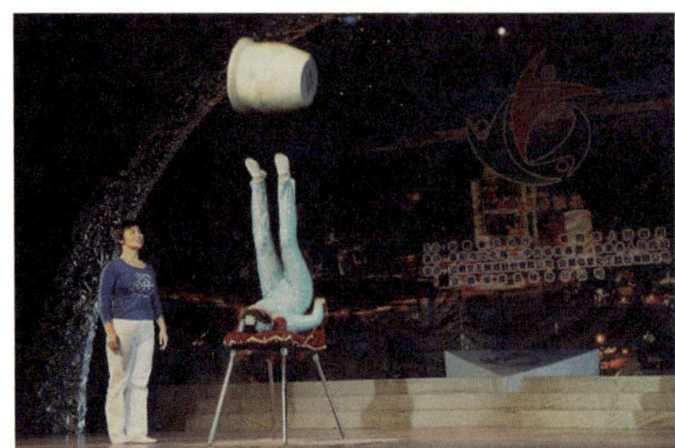
《蹬技》

《滚灯》

《单手顶》

《小武术》《椅子顶》《车技》《顶技》《简单魔术》《鞭技》《抛碗》《滚灯》《飞刀》等十分经典，深受观众喜爱。杂技班常年活动在河南、山西、陕西一带，在 70 年代临泉杂技界名气很大。

韦心喜杂技班　1970 年成立，杂技班以家庭为单位，共有杂技演员 7 人，班主韦心喜。代表性节目有《小武术》《椅子顶》《车技》《蹬技》《咬花》《顶技》《简单魔术》《鞭技》《草帽》等。杂技班常年活动在安徽、山东、山西、河北等地。经过多年的江湖闯荡，韦心喜的 5 个儿子成长为杂技高手，成为韦小庄杂技文化的带头人。

韦心良杂技班　1970 年成立，杂技班以家庭为单位，共有演员 6 人，班主韦心良。韦心良会气功，擅长“腥活”[①]，儿孙均为功夫演员，杂技班的代表性节目有《小武术》《椅子顶》《蹬技》《咬花》《顶技》《鞭技》《草帽》等。杂技班常年活动在安徽各地以及河南的周口、新蔡、商丘、郑州和长城以外的西北村镇，70 年代年人均收入可达 500 元

① 腥活：旧时表演砍斫装卸人体（兼有魔术性）的杂技节目。

《钻筒》

《喷火》

左右。

韦学忠杂技团 1981年成立，团长韦学忠为老艺人韦心龙的第二代传人。杂技团以家庭成员为班底，有6名主要演员。建团初期，杂技团农忙务农，农闲卖艺。外出时拉着板车带着道具、炊具，先是“撂地”卖艺，后积攒到钱，建起围棚演出。节目从小杂耍表演逐步练成《蹬技》《顶技》《咬花》《抛碗》《鞭技》等高难度节目。80年代末，杂技团的运输工具从板车换成汽三轮；90年代从汽三轮换成小货车；2000年以后又换成演出专用车。团队年收入80年代达6000元，90年代达5万元，2000年达10多万元，2015年达30万元。

2011年，韦学忠杂技团参加第二届安徽省民间杂技艺术节，表演的节目《喷火》获得优秀奖。2012年，参加临泉县春节杂技演出展示，荣获演出一等奖。

韦家杂技团 1981年成立，团长韦学武是老艺人韦玉贤的第三代传人。杂技团以师徒为班底，截至2015年有演员16人。韦家杂技团节目最初以“腥活”为主，2000年以后转变为以现代杂技为主。代表性杂技节目有《抖空竹》《高车踢碗》《男女力量》《滑

《晃管》

《肩上芭蕾》

轮手技》《晃管》《高台定车》《肩上芭蕾》等。

杂技团成立以后，三年一个台阶，发展较快。团队外出运输道具从板车起步演变为现在的大型演出车，2015 年又添置了小轿车。演出年收入从建团初期的 6000 元，到 90 年代的 40000 ～ 50000 元，2000 以后年收入近 30 万元。

1989 年，韦学武与村里 3 户村民建起了韦小庄第一个杂技大篷，对外售票演出，收入可观。2003 年，韦学武带领杂技团演员参加县春节晚会，节目《顶梯》《捆指》获得领导和观众的好评。2011 年，韦学武带团参加安徽省第二届民间杂技艺术节，节目《晃板达碗》获得优秀奖。2013 年，参加安徽省第三届民间杂技艺术节，节目《晃管》获银奖。

韦学喜杂技团　1984 年成立，初建时团长韦学喜是老艺人韦心堂的第二代传人，后任团长韦红伟是第三代传人，共有演员 13 人。杂技团成立初期是以家族成员为主，1990 年以后逐渐演变成师徒为主体。杂技团的代表性节目有《捆指》《单车》《顶技》等。

杂技团成立以后效益较好，发展较快，最初是拉板车外出卖艺，2015 年换成了大型演出车，演员还添置了小轿车。80 年代全团年收入 5000 元，90 年代年收入 4 万元，2015 年年收入达 20 多万元。

美猴王马戏团 1990 年成立。团长韦怀超是老艺人韦立海的第二代传人。初建时固定资产 80 万元，有杂技和驯兽演员 12 人。1990 年以后韦怀超将大型驯兽节目引进到团队，让大型驯兽节目登上杂技舞台，极大地丰富了韦小庄传统杂技、马戏的表演内容，增加了大篷票房的收入。2004 年韦怀超改行，其四弟韦怀彪担任团长。2015 年，马戏团演员发展为 35 人，拥有双龙门架大篷，可供千人入场观看，有汽车 6 辆，及马匹、狮子、老虎、狗熊、灯光、音响、服装等各类道具，固定资产近 170 万元，全年演出 830 多场次，年收入 200 多万元。马戏团代表性节目有《高空飞杠》《高空绸吊》《高空走钢丝》《肩上芭蕾》《皮吊》《立绳》《双人吊环》《晃板》《蹬技》《顶技》《柔术》《马术》《驯兽》等。

2007 年 10 月，美猴王马戏团参加阜阳市非物质文化遗产展演，节目《晃梯》获一等奖、《咬花》获二等奖。2009 年，杂技节目《飞杠》参加安徽省首届民间杂技艺

《灯球》　　《皮吊》

术节杂技比赛获金奖。2010年，马戏团获安徽省民营艺术院团“百佳院团”荣誉称号，获奖金3万元。2013年，杂技节目《车技》参加第三届安徽省民间杂技艺术节杂技比赛获金奖。

韦福梅杂技团 1990年成立。团长韦福梅是老艺人韦好中第二代传人。2015年有杂技、魔术演员18人。团里的主要演员李华清、韦小宝、任欢欢、任萍萍、韦慧慧、胡启文、谭黄、韦晴晴、韦丽丽等个个身怀绝技，杂技魔术、滑稽剧、变脸等均技高一筹，多次亮相央视一、三、七套节目。2008年，韦福梅带队参加安徽省民营剧团展演，演员韦慧慧获“十佳演员”称号。2009年，演员韦小宝、李华清被安徽省文化厅选调，到北京人民大会堂汇报演出。2009年，参加首届安徽省民间杂技艺术节，节目《力量组合》获金奖；2014年，演员任欢欢参加安徽省魔术大赛获三等奖。2014年10月，参加安徽省首届“安徽文化惠民消费季·好戏大家看”活动，节目《力量组合》《滑稽小丑》在安徽大剧院演出。

2008年以后，杂技团常年活动在武汉一带。2012年以后，韦福梅杂技团几乎每年都到新加坡、韩国以及中国香港和中国台湾地区演出，年收入100多万元。

韦亮亮杂技团 2004年成立，有演员10人，团长韦亮亮是老艺人韦心龙的第三代传人。韦亮亮杂技团的节目理念现代，服装、道具精致、先进，无论是节目形式还是包装均使人感到华丽、高档。代表性节目有《草帽飞舞》《冰上芭蕾》《晃圈》《柔术》《晃板达碗》。杂技团的演出车是2004年韦小庄村第一辆流动舞台车，配置先进，外观大气，

《力量》

《冰上芭蕾》

灯光、音响齐全，升降全自动，该车价值 30 多万元。韦亮亮杂技团的演出地点主要在大城市和农村接合部，年收入近 50 万元。韦亮亮杂技团的演出模式，被韦小庄各杂技团队借鉴和效仿。

2015 年韦小庄杂技团队基本情况一览表

表 5　　单位：人

序号	团队名称	建团年份	现任团长	性别	建团时人数	2015 年人数	主要节目	知名演员
1	韦海燕杂技团	1979	韦海燕	男	4	10	《顶技》《喷火》《水流星》	韦海燕
2	韦学忠杂技团	1981	韦学忠	男	6	11	《喷火》《驯兽》《魔术》《顶技》	韦学忠
3	韦家杂技团	1981	韦学武	男	4	16	《吞剑》《鞭技》《喷火》《驯兽》	刘　浪　杨金贵 韦学武　京　里
4	韦学红杂技团	1981	韦学红	男	4	11	《顶技》《鞭技》《驯兽》《捆指》	韦学红
5	韦文周杂技团	1987	韦文周	男	5	11	《云碗》《顶技》《驯兽》	韦文周
6	张素云杂技团	1987	张素云	男	3	10	《单车》《驯兽》《顶技》《鞭技》	张素云
7	韦学义杂技团	1987	韦学义	男	4	10	《水流星》《顶技》《吞剑》	韦学义
8	韦刘成杂技团	1988	王素梅	女	4	11	《手彩魔术》《驯猴》《顶技》	王素梅　韦刘成
9	韦红伟杂技团	1989	韦红伟	男	4	13	《驯兽》《顶技》《鞭技》《捆指》	韦红伟
10	韦福梅杂技团	1990	韦福梅	女	5	18	《力量组合》《双人顶碗》《魔术》	韦福梅　韦慧慧 韦文强　李华清 任欢欢　任萍萍
11	文法杂技团	1990	崔文法	男	4	10	《喷火》《鞭技》《顶技》	崔文法
12	韦文昌杂技团	1996	韦文昌	男	3	10	《水流星》《顶技》《驯兽》	韦文昌
13	韦学俊杂技团	1997	韦学俊	男	3	11	《驯兽》《晃板打碗》《顶技》	韦学俊
14	韦学春杂技团	1998	韦学春	男	4	11	《捆指》《水流星》《顶梯》	韦学春
15	韦永进杂技团	2001	韦永进	男	4	11	《驯兽》《单车》《顶技》《喷火》	韦永进
16	韦永才杂技团	2002	韦永才	男	6	1011	《顶技》《鞭技》《喷火》	韦永才

续表 5

序号	团队名称	建团年份	现任团长	性别	建团时人数	2015 年人数	主要节目	知名演员
17	韦九周杂技团	2002	韦九周	男	4	10	《顶技》《抛球》《捆指》	韦九周
18	青云杂技团	2003	李青云	女	5	10	《钢筋刺喉》《鞭技》《驯兽》	李青云
19	美猴王杂技团	1990	韦怀彪	男	12	35	《高空飞杠》《车技》《驯兽》《马术表演》《高空走钢丝》	韦立海　韦喜文 韦志英　韦志美 韦怀彬　韦怀印 韦怀彪
20	韦亮亮杂技团	2004	韦亮亮	男	5	10	《顶技》《窝刀》《鞭技》《喷火》	韦亮亮
21	韦伟杂技团	2006	韦文伟	男	4	10	《吞剑》《窜刀》《钢筋刺喉》	韦文伟
22	韦文龙杂技团	2008	韦文龙	男	5	10	《驯兽》《鞭技》《水流星》	韦文龙
23	韦猛杂技团	2010	韦猛猛	男	5	10	《喷火》《窜刀》《吞球》《鞭技》	韦猛猛
24	峰峰杂技团	2010	韦峰峰	男	5	11	《吞剑》《窜刀》《单车》《喷火》	韦峰峰
25	韦东亮杂技团	2010	韦东亮	男	4	11	《吞剑》《喷火》《驯兽》《窜刀》	韦东亮
26	韦磊杂技团	2014	韦文磊	男	3	10	《吞球》《吞剑》《窜刀》《顶技》	韦文磊
27	俊强杂技团	2015	韦俊强	男	3	11	《吞剑》《驯兽》《顶技》《捆指》	韦俊强

韦小庄杂技团队历年获奖情况一览表

表 6

团队名称	获奖时间	获奖级别	获奖节目	获奖演员
美猴王马戏团	2007 年 10 月	阜阳市非物质文化遗产民族民间艺术展演一等奖、二等奖	《晃梯》《咬花》	韦怀彬　韦喜文
	2009 年 9 月	首届安徽省民间杂技艺术节杂技比赛金奖	《飞杠》	韦怀超　韦怀彬 韦怀印　韦怀彪
	2013 年 12 月	第三届安徽省民间杂技艺术节杂技比赛金奖	《车技》	韦怀彬　韦志英 韦志美　韦怀彬
韦福梅杂技团	2009 年 9 月	首届安徽省民间杂技艺术节杂技比赛金奖	《力量组合》	李华清　韦文强

续表 6

团队名称	获奖时间	获奖级别	获奖节目	获奖演员
韦 家 杂技团	2011 年 11 月	第二届安徽省民间杂技艺术节杂技比赛优秀奖	《晃板达碗》	郭 靖
	2013 年 12 月	第三届安徽省民间杂技艺术节杂技比赛银奖	《晃管》	韦学武
韦学忠 杂技团	2011 年 11 月	第二届安徽省民族杂技艺术节杂技比赛优秀奖	《喷火》	韦学忠
	2012 年春节	临泉县春节杂技演出展示一等奖	《魔术》	韦学忠

◉ 杂技公司

基本情况 2004 年 3 月，韦小庄人韦学东，以韦小庄为基地，成立临泉县宏扬杂技有限公司，注册资金 1000 万元。

公司成立以后，首先打造公司文化产业基地。2009—2013 年，先后投资 2000 多万元在韦小庄建成杂技新村、杂技公园、杂技广场、杂技楼、杂技道具展示馆、杂技会馆，把韦小庄 27 个杂技团队、300 多名杂技演员全部吸纳到公司，实行“公司＋团户”管理模式，统一车型、统一服装、统一包装、统一培训。2013 年，公司改制为临泉县宏扬实业有限公司。公司改制后，整合了全县 142 个杂技团队，通过公司化运营，重点节目统一包装，一般演员轮流培训，尖子演员重点培养，推动了杂技节目水平和演员演出水平的快速提高。

《双人吊环》

2015年，公司总资产3860万元，演出车辆200部，职工460名，主要从事杂技教育培训、演艺、庆典、礼仪、艺术策划及魔术道具产品的研发与制造。公司下辖142个杂技表演团（队）、演员3000多名，有安徽省文化厅命名的“十大名团”2个（美猴王马戏团、迎仙青年杂技团）、“百佳剧团”4个（美猴王马戏团、迎仙青年杂技团、飞天杂技团、韦福梅杂技团）、大型团队40多个。所属杂技团先后在安徽省第一、第二、第三届民间杂技艺术节比赛中获金、银、铜奖项20多个。公司工作人员和杂技演员中有中国杂技家协会会员5人、安徽省杂技协会会员30多人。142个杂技团队年收入达7000多万元。

公司运营

打造杂技精品 2014年，公司抽调艺术特长演员和杂技“非遗”传承人，共同开发复排了10多个杂技、魔术节目，如《梦蝶》《时间都去哪啦》《追梦》《老虎骑马》《美女变老虎》《火龙》《鸟语花香》《钢管舞》等。表现形式新颖流畅，技巧高难独特，表演方式融舞蹈、音乐、服饰、灯光于一体，给观众以美的艺术享受，在国内外比赛中多次获奖。飞天杂技团在国际文化交流和商演中，出访近40个国家及地区，被誉为“一颗艺术明珠”“无愧于来自‘杂技之乡’的杂技艺术团体”。

抢救失传节目 2015年年底，抢救排练《走马上刀山》，开发《空中绸舞》及古典魔术《宫廷戏法》《中国古典戏法》等濒于失传的传统杂技节目，保护了杂技领域非物质文化遗产。

韦小庄艺人登上希腊雅典音乐厅

韦小庄艺人希腊宣传活动

魔术

《钻地圈》

《绸吊》

培训杂技人才 2013 年以后，公司先后在韦小庄培训杂技演员 300 多人次，将韦志英、韦志美、郑俊福等 10 多名尖子演员送到河北吴桥国际杂技艺术学校学习培训，将魔术演员李丽丽、韦怀彪等 8 人送到天津学习魔术，帮助他们学到技术，提高技艺，也增加了各自团队的演出收入。

服务杂技团队 公司成立以后，逐步实行对外演出统一接订单制度，通过网络与旅游景点、剧院、演艺厅、会所等签订演出协议，每年签订出国演出协议 30 多个。2015 年，为迎仙青年杂技团承接到欧洲和新加坡演出 2 次，各开展文化交流和演出 15 天。

公司每年还承接政府送戏下乡任务，使团队获得较好的经济和社会效益。公司为每个杂技演员购买了意外伤害保险，解决各团队的后顾之忧。公司演员在演出途中被撞伤，公司第一时间派人前去慰问，并帮助他们解决了赔偿问题，为杂技团队减轻了风险和困难。

扩大杂技舞台 2011 年 11 月、2013 年 12 月，安徽省第二届、第三届民间杂技艺术节在临泉县举办，韦小庄被设为分会场，公司组织杂技团队承担了艺术节的杂技展演和艺术交流活动。

2014 年，公司投入资金 100 万元，与浙江横店影视联合拍摄了以韦小庄杂技艺人为原型创作的电影《艺魂》，并派出近百名杂技演员参加电影的拍摄。

2014 年 10 月 23 日晚，“首届安徽文化惠民消费季 · 好戏大家看”展演活动临泉杂技专场在安徽大剧院上演，临泉县宏扬实业有限公司 9 个节目参加演出。

2014 年 10 月 24 日，央视一套播出《出彩中国人》节目，临泉县宏扬实业有限公司飞天杂技团胡军父女参赛并成功晋级。

2014—2015 年，公司组织团队参加临泉县文化惠民送戏下乡演出，受到农民朋友的热烈欢迎，取得良好的社会效益。

2014—2015 年，公司先后组织 100 多名演员参加央视四套中文国际频道，央视七套《乡土》《远方的家》《乡约》栏目，央视十套《讲述》栏目的拍摄，并在央视播出。

2015 年 1 月 12 日晚，在央视三套播出的《我要上春晚》栏目中，临泉县宏扬有限公司飞天杂技团胡军、胡思圆父女凭借出色的杂技表演，赢得了观众和评委的一致认可，成功晋级《我要上春晚》年终总决选。1 月 17 日，央视一套《我要上春晚》栏目录制播放公司飞天杂技团节目《时间都去哪啦》。

2015 年 1 月 29 日，央视七套《乡土》栏目组走进临泉县韦小庄采访，恰逢韦小庄的一对新人结婚，婚礼现场，杂技演员进行精彩表演，展现了杂技专业村与众不同的祝福新人的方式。

2015 年 2 月 18 日，除夕下午 15 时 7 分至 18 分，央视四套《传奇中国节 · 春节》在韦小庄向全球现场直播“临泉民俗闹新春　民间杂技过大年”，节目内容包括杂技、舞蹈、

胡军、胡思圆父女参加《出彩中国人》

《艺魂》签约仪式

2012 年中央电视台七套演出

皖豫边界（临泉）农业博览会演出

安徽省第二届民间杂技艺术节韦小庄分会场

安徽省第三届民间杂技艺术节韦小庄分会场

2009 年阜阳市民间艺术节演出

2015 年 2 月 18 日，中央电视台中文国际频道记者在韦小庄现场采访

肘阁、抬阁等“非遗”文化展演。宏扬实业有限公司组织了 12 个团队参加此次活动，其中，韦小庄有 10 个团队，即韦学红杂技团、韦学忠杂技团、韦学俊杂技团、韦学春杂技团、韦永进杂技团、美猴王马戏团、韦猛杂技团、韦刘成杂技团、韦文周杂技团、韦九周杂技团。参加演出的演员年龄最小的只有 8 岁，为韦永进杂技团的小演员韦小雨。

2015 年元宵节之际，由县文广新旅局主办、临泉县宏扬实业有限公司承办的杂技公演活动在韦小庄杂技广场举行，公司各个杂技团队参加了展演，给临泉人民送去节日的欢乐和祝福。

2015 年 10 月 28 日晚，“第二届安徽文化惠民消费季 · 好戏大家看”临泉杂技专场在安徽大剧院上演，开场节目是迎仙杂技团表演的《千手观音》，赢得观众长时间的掌声。

附：杂技广场和杂技楼

新中国成立之前，韦大营艺人平时在外地表演杂技，逢年过节回到家里，也要天天练功夫。为了有个练功的场地，也为满足村里村外人观看需要，1947 年几个杂技班班主发动村民集资，在韦小庄村前[①]堆起个土台子作为杂技台。新中国成立后至 1967 年之前，艺人大多不能外出玩杂技，农闲时仍想伸伸拳脚、练练技能，不愿意丢了技艺，所以土台子一直成为韦小庄人保留的练功之地。由于长时间没有修缮，土台子于 1967 年被毁无存。

1978 年以后，村里的艺人又开始了到外地表演杂技的生涯。杂技越玩越大，逐渐闯出名气后，每逢年节，表演杂技的艺人回到家乡，便在土台旧址场地演练，四周十里八庄的村民都来观看。一到雨雪天，原来的土场地便被踏得泥水一片。

2011 年，临泉县宏扬杂技公司在土台子旧址投资建起韦小庄杂技露天舞台和杂技广场。2013 年，又在杂技露天舞台地址投资建起杂技楼。

杂技广场　位于韦小庄村北、老犍塘南面、杂技楼前（南面）的空地上。2011 年 4 月动工，当年 10 月竣工，共投资 200 万元。广场中间全部为水泥路面，四周留有绿化带，栽植名树名花。整个杂技广场占地 12600 多平方米。

杂技楼　位于杂技广场北部。2013 年 5 月动工，当年 11 月初竣工，共投资 180 万元。杂技楼共两层，楼前建有大舞台，舞台上方加盖顶棚。楼和舞台共占地 600 多平方米。楼内可供演员化妆、上下场存放演出道具等。

杂技楼又为陈列馆，陈列着早年杂技艺人用过的老道具和外出卖艺使用的

① 村前：当时的村北。2011 年之前，韦小庄老宅子的房子都是门朝北，所以当时称村北为村前。

工具，墙上展示着各个时期杂技演员的演出照片、各级领导观看演出时与演员的合影，以及各杂技团队的获奖证书、奖杯图片等。

杂技广场和杂技楼建成以后，被临泉县委、县政府定为安徽省杂技艺术节的分会场。

杂技楼

杂技广场

2015年临泉县宏扬实业有限公司115个杂技团队情况一览表

表7

序号	团队名称	人数（人）		团长	团队地址	资产（万元）	知名演员	获奖节目	获奖演员
		后勤	满员						
1	迎仙杂技团	5	30	李玉凤	迎仙镇李小庄	160	李玉凤 李丽 李海彬 刘凤侠	《呼啦圈》《变脸》《球技》获首届安徽省民间杂技艺术节杂技比赛铜奖；《头顶秋千》《三人力量》《晃圈》《手技》获第二届安徽省民间杂技艺术节杂技比赛优秀奖；《古彩魔术》获厦门市魔术比赛一等奖	李玉凤 李丽 刘凤侠 李海彬
2	艺飞魔术团	2	18	李利利	迎仙镇李小庄	50	李利利 李丹	《闪电变人》《手彩魔术》分获第二届安徽省民间杂技艺术节杂技比赛铜奖、优秀奖，《手彩戏法》获上海五省一市魔术比赛优秀奖	李利利 李丹
3	飞天杂技团	3	17	胡军	工业园区胡马庄	60	胡军 胡四宏 胡思圆	《绳技》获第二届安徽省民间杂技节金奖，《绸吊》《太空漫步》获优秀奖；《吊环》获第三届民间杂技节金奖	胡军 胡四宏 胡思圆
4	神龙杂技团	3	27	曾杰	古城社区	50	曾杰 原国生 李永生 张涛	《双人顶碗》获第二届安徽省民间杂技艺术节杂技比赛优秀奖；《滑轮手技》《软钢丝》分获第三届安徽省民间杂技艺术节杂技比赛铜奖、优秀奖	丁立品 于壮壮 张涛 韦慧慧
5	小黑杂技魔术团	3	27	李广峰	迎仙镇	30	李广峰 刘倩倩 李俊伟	《神奇酒瓶》《漂浮》获第三届安徽省民间杂技艺术节杂技比赛优秀奖	李广峰 刘倩倩 李俊伟
6	红太阳马戏团	3	22	朱东良	田桥乡大朱庄	50	朱东良 朱东才 朱玉荣	《绸吊》《蹬技》获临泉县春节展演一等奖	朱东良 朱东才 朱玉荣
7	临泉俊明杂技团	1	8	韦俊明	韦寨镇韦大营	26	韦俊明	—	—
8	爱心杂技一队	1	7	韦红	韦寨镇韦大营	28	韦红	—	—
9	爱心杂技二队	1	8	韦军委	韦寨镇韦大营	25	韦军委	—	—
10	九华山杂技团	1	7	韦洪军	韦寨镇韦大营	25	韦洪军	—	—
11	临泉文华杂技团	2	8	韦文华	韦寨镇韦大营	25	韦文华	—	—
12	韦寨杂技团	2	8	靳海利	韦寨镇韦大营	26	靳海利	—	—
13	俊华杂技团	1	7	韦俊华	韦寨镇韦大营	27	韦俊华	—	—

续表 7

序号	团队名称	人数（人）		团长	团队地址	资产（万元）	知名演员	获奖节目	获奖演员
		后勤	满员						
14	豫皖马戏一队	1	7	李学士	韦寨镇河西村	25	李学士	—	—
15	豫皖马戏二队	1	7	李学俊	韦寨镇河西村	26	李学俊	—	—
16	花仙子杂技团	2	8	朱美玲	韦寨镇韦大营	27	朱美玲	—	—
17	曹家爱心杂技团	1	8	曹献唱	韦寨镇曹　寨	29	曹献唱	—	—
18	振才杂技队	2	7	李振才	韦寨镇河西村	25	李振才	—	—
19	发扬杂技团	2	9	李洪伟	韦寨镇河西村	30	李洪伟	—	—
20	皖北红星杂技团	1	9	代付峰	田桥乡田桥	26	代付锋	—	—
21	海艳杂技队	1	8	李　影	田桥乡黄庄	27	李　影	—	—
22	长虹杂技队	2	7	李琴英	田桥乡黄庄	26	李琴英	—	—
23	北极星青年杂技团	3	7	朱超伟	田桥乡西任庄	27	朱超伟	—	—
24	红磨坊杂技队	1	7	李建英	田桥乡张柚村	26	李建英	—	—
25	神龙杂技队	1	9	姚仲林	迎仙镇姚庄	27	姚仲林	—	—
26	译龙杂技队	1	8	常明海	迎仙镇车大营	28	常明海	—	—
27	皖北杂技队	1	8	郑绪成	迎仙镇郑寨	25	郑绪成	—	—
28	皖北马戏一团	2	7	郑克桂	迎仙镇郑寨	26	郑克桂	—	—
29	皖北马戏二团	1	8	郑克友	迎仙镇郑寨	27	郑克友	—	—
30	皖北马戏三团	1	7	郑克伟	迎仙镇郑寨	28	郑克伟	—	—
31	皖北杂技驯蛇团	1	8	郑德学	迎仙镇郑楼	27	郑德学	—	—
32	金星杂技队	2	8	李海滨	迎仙镇郑楼	26	李海宾	—	—

续表 7

序号	团队名称	人数（人）		团长	团队地址	资产（万元）	知名演员	获奖节目	获奖演员
		后勤	满员						
33	临泉县杂技魔术队	1	7	郑发云	迎仙镇郑楼	27	郑发云	—	—
34	老达杂技团	2	8	常百桂	迎仙镇前郑楼	30	常百桂	—	—
35	临泉县飞龙杂技团	1	8	张士中	庞营乡庞楼	27	张士中	—	—
36	临泉县腾飞杂技团	1	7	杜庆军	张营乡老杜庄	28	杜庆军	—	—
37	临泉县中前杂技团	1	7	吕中前	张营乡马老吕庄	29	吕中前	—	—
38	临泉县献礼杂技团	1	8	孟献礼	张营乡孟大村	26	孟献礼	—	—
39	临泉县美洪杂技团	1	7	马美洪	张营乡马楼	25	马美洪	—	—
40	临泉县立星杂技团	2	7	马立星	张营乡马楼	27	马立星	—	—
41	巨龙杂技队	1	7	蔡中云	城关镇蔡庄	26	蔡中云	—	—
42	鸿翔杂技魔术团	1	7	陈利华	城关镇大常庄	27	陈利华	—	—
43	小神童杂技队	1	7	王　敏	城关镇幸福巷	25	王　敏	—	—
44	金鸟杂技团	1	9	胡　群	城关镇鲖阳路	30	胡　群	—	—
45	张楼杂技队	1	7	张　峰	城关镇张楼	26	张　峰	—	—
46	风兴杂技团	1	8	李　光	城关镇代桥	28	李　光	—	—
47	飞鹰杂技团	1	7	李付山	城关镇鲖阳路	27	李付山	—	—
48	临泉县鑫龙杂技团	1	8	李志民	迎仙镇耿庄	26	李志民	—	—
49	世纪星杂技团	1	8	刘刚强	鲖城镇小楼村	27	刘刚强	—	—
50	临泉青苹果马戏团	1	7	陶乐德	张新镇陶老寨	25	陶乐德	—	—
51	腾飞马戏团	1	7	马腾蛟	城关镇	30	马腾蛟	—	—

续表 7

序号	团队名称	人数（人）		团长	团队地址	资产（万元）	知名演员	获奖节目	获奖演员
		后勤	满员						
52	飞龙马戏团	1	7	辛国宏	滑集镇刘庄	30	辛国宏	—	—
53	飞虎马戏团	2	7	辛国良	滑集镇刘庄	30	辛国良	—	—
54	田桥杂技团	1	8	任传伟	田桥乡田任庄	26	任传伟	—	—
55	皖北杂技团	1	8	蒋守霖	田桥乡蒋寨	28	蒋守霖	—	—
56	田桥乡杂技马戏团	1	7	张士俊	田桥乡景庄	27	张士俊	—	—
57	金鑫杂技团	1	7	韩文意	庞营乡韩庄	30	韩文意	—	—
58	临泉飞龙杂技队	2	8	李淮彬	庞营乡耿庄	26	李淮彬	—	—
59	庞营乡杂技队	1	7	张钬龙	庞营乡耿庄	27	张铁龙	—	—
60	春良杂技团	1	8	潘春良	庞营乡耿庄	28	潘春良	—	—
61	中州杂技队	1	8	马文举	庞营乡耿庄	26	马文举	—	—
62	华超杂技团	1	7	李华超	庞营乡姚庄	27	李华超	—	—
63	自立杂技团	1	7	李自立	庞营乡姚庄	29	李自立	—	—
64	振振杂技团	1	8	李　振	庞营乡姚庄	30	李　振	—	—
65	战起杂技团	2	7	李战起	庞营乡姚庄	28	李战起	—	—
66	战友杂技团	2	7	李战友	庞营乡姚庄	27	李战友	—	—
67	刚岭杂技团	1	7	于刚岭	庞营乡姚庄	26	于刚岭	—	—
68	福来杂技团	1	8	于福来	庞营乡姚庄	25	于福来	—	—
69	庆超杂技团	1	8	李庆超	庞营乡姚庄	27	李庆超	—	—
70	懂礼杂技团	1	8	李懂礼	庞营乡姚庄	30	李懂礼	—	—

续表 7

序号	团队名称	人数（人）		团长	团队地址	资产（万元）	知名演员	获奖节目	获奖演员
		后勤	满员						
71	临泉大中州杂技团	2	7	陈家福	庞营乡王大庄	27	陈家福	—	—
72	中州杂技队	2	8	李　杰	庞营乡东谷营	25	李　杰	—	—
73	庞营杂技一队	1	7	姚秀英	庞营乡姚庄	26	姚秀英	—	—
74	庞营杂技二队	1	7	王子华	庞营乡孟庄	27	王子华	—	—
75	皖北巡回杂技团	1	7	庞中亮	庞营乡孟庄	25	庞中亮	—	—
76	庆友杂技团	1	7	马庆友	庞营乡马寨	28	马庆友	—	—
77	文利杂技团	2	7	韩文利	庞营乡西寨	29	韩文利	—	—
78	中魁杂技团	1	7	王中魁	庞营乡辛老家	30	王中魁	—	—
79	皖北民间杂技团	1	8	孙高柱	庞营乡孙庄	27	孙高柱	—	—
80	阳光综合杂技团	1	8	顾雪华	庞营乡小李庄	26	顾雪华	—	—
81	红太阳杂技队	1	7	彭玉清	庞营乡前影寨	25	彭玉清	—	—
82	文建杂技团	1	7	潘文建	庞营乡韩杨寨	30	潘文建	—	—
83	宽红杂技团	1	8	潘宽红	庞营乡韩杨寨	27	潘宽红	—	—
84	东北杂技团	2	7	潘昌友	庞营乡韩杨寨	28	潘昌友	—	—
85	庞营杂技队	1	7	潘文东	庞营乡韩杨寨	26	潘文东	—	—
86	小兵杂技团	1	7	耿小兵	庞营乡耿庄	29	耿小兵	—	—
87	新旺杂技团	1	8	耿新旺	庞营乡耿庄	27	耿新旺	—	—
88	来事杂技团	1	7	耿来事	庞营乡耿庄	30	耿来事	—	—

续表 7

序号	团队名称	人数（人）		团长	团队地址	资产（万元）	知名演员	获奖节目	获奖演员
		后勤	满员						
89	耿明杂技团	1	8	耿　明	庞营乡耿庄	28	耿　明	—	—
90	怀礼杂技团	1	7	李怀礼	庞营乡耿庄	29	李怀礼	—	—
91	春伟杂技团	1	7	耿春伟	庞营乡耿庄	28	耿春伟	—	—
92	春亮杂技团	1	7	耿春亮	庞营乡耿庄	27	耿春亮	—	—
93	春强杂技团	2	7	耿春强	庞营乡耿庄	29	耿春强	—	—
94	协灵杂技团	1	8	耿协灵	庞营乡耿庄	30	耿协灵	—	—
95	协春杂技团	1	7	耿协春	庞营乡耿庄	27	耿协春	—	—
96	小武杂技团	2	8	耿小武	庞营乡耿庄	26	耿小武	—	—
97	俊杰杂技团	1	7	耿俊杰	庞营乡耿庄	27	耿俊杰	—	—
98	东风杂技团	1	7	耿东风	庞营乡耿庄	28	耿东风	—	—
99	建设杂技团	1	8	耿建设	庞营乡耿庄	26	耿建设	—	—
100	四其杂技团	1	7	耿四其	庞营乡耿庄	28	耿四其	—	—
101	协贵杂技团	2	8	耿协贵	庞营乡耿庄	27	耿协贵	—	—
102	怀影杂技团	1	7	李怀影	庞营乡耿庄	26	李怀影	—	—
103	华伟杂技团	1	7	耿华伟	庞营乡耿庄	29	耿华伟	—	—
104	继涛杂技队	2	8	耿继涛	庞营乡耿庄	29	耿继涛	—	—
105	皖北阿强杂技队	2	7	耿协岳	庞营乡耿庄	30	耿协岳	—	—
106	临泉飞龙杂技队	1	7	耿继周	庞营乡耿庄	28	耿继周	—	—
107	飞虹杂技队	2	7	韩桂云	庞营乡王庄	27	韩桂云	—	—

续表 7

序号	团队名称	人数（人）		团长	团队地址	资产（万元）	知名演员	获奖节目	获奖演员
		后勤	满员						
108	金龙杂技队	1	8	王　斌	庞营乡王庄	29	王　斌	—	—
109	保林杂技团	1	7	崔保林	庞营乡李庄	26	崔保林	—	—
110	德良杂技团	1	7	李德良	庞营乡李庄	28	李德良	—	—
111	立国杂技团	1	8	李立国	庞营乡李庄	26	李立国	—	—
112	振军杂技团	1	7	李振军	庞营乡李庄	27	李振军	—	—
113	洪源杂技团	1	8	李洪源	庞营乡李庄	30	李洪源	—	—
114	战宏杂技团	1	8	潘战宏	庞营乡韩杨寨	28	潘战宏	—	—
115	潘红旗杂技团	2	8	潘红旗	庞营乡韩杨寨	25	潘红旗	—	—

杂技文化

经历了数百年亦农亦艺的杂技生涯，韦小庄形成了既饱含着南北交融的风情元素，又彰显着淮河岸边韵味的杂技文化。韦小庄民间杂技既体现出中原杂耍的粗犷，又兼含江南技艺的柔美，形成了新、奇、巧、险的艺术特色。

◉ 授艺方式

新中国成立之前，韦小庄民间杂技传授基本形成了“门里出身”“坐科学艺”“拜师收徒”“认领养子、养女”四种传授方式，其中不乏畸形的授徒方法。新中国成立之后，韦小庄民间杂技以“门里出身”为主，收徒、送出学习为辅的授艺方式，培养了一代又一代杂技人才。特别是2004年临泉县宏扬杂技有限公司成立以后，公司统一组织杂技人员到中高级杂技学校学习，有计划地对特殊人才进行培训，使韦小庄杂技艺人的杂技技艺不断提高，杂技表演的观赏性也从一般的民间化、随意化，趋向更高级的专业化、规范化。

传统授艺方式

门里出身 即艺人在从艺的同时，把杂技技艺传给自己的晚辈，艺人对子女、侄辈采取边训练边演出的方式。许多家庭团队带着孩子长年演出，孩子从小耳濡目染，三四岁开始练功并参加表演，因而有“无小不成班”的说法。在年复一年的流浪卖艺中，夫妻、父女、父子、母女或母子配合练功，同场演出，共同扶携。通过这种授艺的方式，台下练功悉心关照，台上演出配合默契，不受“宁给十吊钱，不把艺来传”传统意识的影响，无论是“武活”上“托”，还是“文活”上“门子”，对子女绝不保密，“门里出身，自会三分”，由此创作出了很多精彩的节目、惊险的技巧甚至独门绝技，许多珍贵的杂技技艺得以保存流传。新中国成立之前，韦小庄杂技团队大多为此种传授方式。

坐科学艺 由杂技班的班主或富人出资，招收一批徒弟，成立小科班，聘请杂技师傅授艺，谓之“坐科学艺”。无论富人还是班主，组建科班的主要目的是挣钱，所以一期科班的人数一般在20人上下，旨在能够组织一个中小型班团，力求在最短的时间内排练好能尽快投入演出的一场节目。科班成立后，首先为小徒弟起艺名，然后集中训练3个月或半年。在这期间，首先要进行腰、腿等基本功的训练，然后跟班学艺。跟班期间，徒弟一边练功，一边参加力所能及的演出，或做一些杂役，待基本功稍扎实，便视其条件和功底进行单项节目训练。学徒期一般为3年，3年内班主只管吃喝，不付工钱。这种学艺方式，主要靠师傅教，但更要看师傅和师兄如何演练，自己再用心揣摩领悟，即常说的“师傅领进门，修行在个人”。训练期间，师傅的训练手段十分严酷，惩戒徒弟的手段一是“棍棒之下出高徒”，二是增加练功次数和时间，三是不给饭吃。许多徒弟在训练中受尽屈辱，吃尽苦头。

拜师收徒 师傅收徒首先要由中人介绍，中人一般是由年长的艺人担当，待中人与师傅讲明，师傅同意后，便举行严格的拜师仪式。小徒弟要由父母或亲属带领，有中人和几名长辈参加，先拜吕祖，后拜师傅，立下“生死合同”。合同内容大致是：学徒三年，三年徒弟分文不取。徒弟拜师后便随师到外地演出，除练功外，还要包下师傅一家的全部生活事务性劳动。由于旧时艺人“教会徒弟，饿死师傅”的思想观念十分严重，一般师傅视“玩意儿”为“饭碗”，甚至是生命，授艺中十分保守，徒弟“伺候”好了便多教点。即使这样，所教的也多是普通套路，最为关键的技艺总是“留一手”，致使很多绝活、绝招失传。

认领养子、养女 一些比较富足的班主，在外地演出期间，或是从灾区难民家里以极其低廉的价格买下男童、女童，或是在集市、街头领养弃儿。班主、师傅在认养子女或收徒中，要综合考虑小孩的胖瘦、身高、上下身的比例、身体的柔韧性、弹跳爆发力等因素，条件允许时还要面见孩子的父母，以小孩及其父母的情况判定孩子是否具备习练杂技的条件，进而决定是否收留。这样的孩子一般不超过 10 岁，随后按班主的姓氏为他们更名改姓，认作养子、养女，便开始对养子女进行残酷的训练，待艺成名就后，成为班主的“摇钱树”。有的养子、养女成人后，班主在本班团艺人中按他们的条件为养女择婿，为养子择媳，婚后自然就是一家人，令其永远随自己卖艺。同时按照传统观念，女婿必须承诺“白拉三年磨”。

现代授艺方式 1990 年以后，随着杂技班走南闯北，班主的视野不断开阔，尽管杂技基本功的传授仍以“门里出身”为主，但对杂技基本功已经扎实的子女打开了“家门”，将经常担任特殊节目的表演者或有发展前景的可塑之才，送到专门杂技学校或艺术学校培训深造。2004 年临泉县宏扬杂技有限公司成立后，每年都按照公司的统一安排，派送杂技演员到合适的杂技班进行培训，或通过公司组织的杂技会演，与省内外杂技团体进行技艺的学习交流。截至 2015 年年底，韦小庄 27 个杂技团队的 300 多个杂技演员，先后经过培训深造的约有 98 人次。

◉ 杂技舞台

传统杂技舞台

撂地 “撂地”是一种最原始的杂技表演形式。艺人在走村串镇的路途中，只要是人多、合适的地方，或路边，或街头，或茶馆，或人家门口，均可随时演出。由于道具轻便简单，行动灵活方便，不受演出场地的制约，天地之间皆可做演出舞台，具有很强的生命力。新中国成立之前，韦小庄的杂技班大都采取撂地的演出形式。

抹杆 民间杂技班演出时在街头巷尾、空地或村头场院上围一绳圈，圈内作艺，圈外观众观赏，谓之“抹杆”，主要活动在农村的集镇庙会。新中国成立之前，杂技大车班采用抹杆形式的居多。

圈棚 即在抹杆表演场地周围再围一层布圈，艺人在绳圈中心表演，看客在布圈与绳圈之间观看。20 世纪 60 年代以后，杂技圈棚演出范围从农村集镇庙会拓展到城市公园及游乐场，中小型杂技团多采用圈棚形式演出。

大篷 20世纪90年代，韦小庄杂技场地由抹杆与圈棚发展到“大篷”（又称“盖棚”）演出。大篷演出与圈棚的构成结构大体相同。从里到外依次是中心表演区、里包心子、马道、外包心子、观众区、帷子、网子，能够容纳 1800 名观众。中型大篷

撂地

抹杆

圈棚

大篷

现代化舞台

希腊雅典音乐厅

直径为 26 米（不包括从帷子到网子的距离）。其中，中心表演区直径 12 米，马道 4 米，观众席 10 米，从帷子到网子的距离视场地大小调节，一般在 2.5 ～ 5 米。棚内帷子里，与观众入场门相对的位置，有演艺人员及演出动物的出入场门，门口饰有金龙盘柱、二龙戏珠等民族风格的装饰，门内有大幕、蝴蝶幕，并有大红穗头点缀。门右侧为乐队演奏区，左侧为音响、灯光控制区。乐队演奏区和灯光控制区分别与观众席相连。观众席分甲、乙、丙、丁 4 个区，区间均留有可供人通行的过道。艺人出入场门的外侧，在帷子与网子中间支有三五顶不等的帐篷，既是艺人宿舍，又是化妆间，还是上场前的候场地。因演艺组织有一个不成文的规矩，即凡魔术艺人“攒活”[①] 时，任何人不得窥视。所以，必须留一个帐篷专供魔术艺人攒活之用。在帐篷一侧或两侧，安置锅灶和烧水的锅炉。艺人出入场门对面，沿网子设有观众出场大门，大门两侧各有一扇小门，向外伸出 2 ～ 3 米栏杆，专供观众入场用。观众入场门的上方及两侧，悬挂陈列有演出剧照、演员及节目介绍等广告图板。沿帷子外 3 ～ 5 米处，设有高 2 米左右、用绳编制的绳网或铁栅栏，即网子。 大篷顶上置有五色彩旗和七彩灯泡，白天彩旗飘飘，夜晚彩灯闪烁。大篷的演出收入丰厚，每到一地至少演出 10 ～ 20 天。

现代杂技舞台 20 世纪 90 年代以后，韦小庄杂技从乡村集镇走进城市，杂技舞台从传统的撂地、抹杆、圈棚、大篷，变成了市级、省级、国家级的大剧院和异国他乡的舞台。韦小庄的杂技艺人在现代化的舞台上，把民间杂技演绎得更加绚丽多姿、魅力无穷。

◉ 杂技服饰

传统杂技服饰

清末至新中国成立前后，一般的杂技团队受经济条件所限，杂技艺人的演出服装均为一身彩衣，全场节目一穿到底。规模较大、实力较强的团体则根据不同的节目，会分别借鉴民间武术、体操、舞蹈、戏曲等多种文化元素，制作、购置服装。

形体、平衡、高空类表演者服饰 男性演员服饰多源自戏曲、武术、体操和民间传

---

① 攒活：演出前的准备活动。

统服装，初始上身或穿汗褟[①]或赤膊，腰扎宽带，下穿紧腿灯笼裤，足蹬铲鞋[②]，其色调一般是上白下黑。后来发展为穿武术表演服装，衣饰的颜色有白、黑、黄、橙、蓝等变化，细节上也进行了装饰，其材质均为丝绸。20世纪50—70年代演员还穿过体操服装，上身着长袖或短袖、无领套头上衣，上下服饰均为白色，给人以整齐、明快、潇洒的视觉感。女性演员在表演《叼花》《顶技》《蹬技》《转碟》等节目时多采用民族舞蹈服饰，着大襟、中式偏扣上衣，腰扎短围裙，下穿彩裤，足蹬方口布鞋。服饰的颜色有红、黄、蓝、绿、橙等，色彩不仅变化多，而且更加艳丽。魔术演员一般身着长衫。表演气功的大师上身穿汗褟，腰扎“腰里硬”[③]，下穿灯笼裤，足蹬布鞋。其中赤膊表演者也不在少数。

“重技”[④]表演者服饰 1960年之前，上稍与底座演员[⑤]的服饰衣料不少是用棉线纺织而成的印花棉布制作，底座裤长到脚腕，袖长至手腕，衣褂均显肥大，上稍与底座相比，衣褂不仅瘦小而且衣长至肘部，裤长至膝部以上。1960年之后，上稍与底座演员服饰换为丝绸质地的彩色上下衣，配以不同的色彩，腰扎丝绒小围裙。上衣领口、大襟的边角、裤腿均镶嵌有金银图案，在灯光的照耀下闪闪发光。

“古老中幡”[⑥]表演者服饰 早年上身为源自民间制作十分简单的汗褟，无领无袖，前后三片白布分别用布带串缀而成，下身穿扎口灯笼裤，蹬“双合脸”的千层底布鞋，腰扎黑色宽腰带；中期，衣服两腕套上了镶有铜钉样式的黑皮腕，腰带上也镶上了铜板样的装饰；1960年前后，表演者的服饰演变为上身穿长袖、绣花绲边、紧口丝绸上衣，下身着紧口丝绸灯笼裤，足蹬快靴或薄底靴，腰间袖口上均有金光灿灿的装饰，几人同场表演时，表演者会穿白、黄、黑、红不同色彩的服装。

现代杂技服饰 20世纪80年代以后，特别是1990年以后，韦小庄各团队的杂技服饰越来越考究，材质越来越讲究舒适，款式越来越新潮时尚，色彩、装饰越来越讲究对比变化。其中最大的进步是，服饰越来越适于演员表演，并不断赋予其节目新的思想内涵，反映节目的主题思想也更为鲜明。如《柔术叼花》的服饰借鉴了敦煌壁画中仕女

---

① 汗褟：一种贴身穿的中式小褂。

② 铲鞋：一种民间制作的结实耐穿的、头似铲状的布鞋。

③ 腰里硬：杂技演员特用的较硬且宽的腰带。

④ 重技：指负重的、需要出力气的杂技表演。

⑤ 上稍与底座演员：上稍演员为站在器物或人体上的演员，底座演员为在下面承重的演员。

⑥ 古老中幡：民间杂技中一种利用粗长竹竿表演的节目。

服饰元素，上衣自肘部、下衣自膝部向下均呈开放型喇叭状，其服饰红绿色彩也逐渐变化，长长的彩绸由颈后经两腋下垂随风舞动。《车技》节目设计为孔雀服饰，一人一车表演时，犹如一只只孔雀在雀跃舞动，当众人同骑一车时，随着突然同时亮相，犹如一只硕大美丽的孔雀顷刻间开屏并款款走来。

为了体现整场节目艺术上的协调统一，在不同节目中配以不同的服装，保持节目个性的同时，各类杂技服装还注重整场节目服饰色调的冷暖变化、不同款式的合理搭配，并且还对主持人服装进行精心设计，保证整场节目总体结构上的协调统一。

◉ 杂技道具

传统杂技道具　新中国成立之前，由于社会生产力低下，艺人们为糊口而疲于奔波，加之艺人门派、门户之间壁垒森严，杂技道具改革发展的速度十分缓慢。艺人们“宁帮银子钱，不轻把艺传”的意识根深蒂固，一般杂技古会上只进行一些普通、常见道具的交易与传播，即使有些交流与切磋，也只限于同宗同门范围之内。

传统杂技、魔术道具

清末民国初期，随着部分艺人经济条件逐渐改善，尤其是一些有志于杂技事业的艺人不仅有了改革研发道具的经济条件，而且大胆借鉴东洋、西欧诸国杂技道具的制作原理，将外国杂技道具和使用方法有机地融入中国杂技道具设计之中，从而极大地推动了杂技道具的改革发展进程。

初始艺人表演所用的道具，大都是直接选自日常生活器具和生产工具。传统杂技节目《蹬技》中的座子原是一张普通的八仙桌，而且是在哪里演出就在哪里借用。臀部的垫包也是艺人休息时用的枕头。直至 1980 年以后，才根据人体从头到颈、背、腰的弯曲状态制作了专门的蹬技座子，两肩上设计了立柱，使其更加符合人体结构，不仅使表演者更加舒适、安全，而且提高了腿部的支撑力量和把握平衡的能力。杂技节目《走钢丝》原本是“走大绳”，无钢丝架，更无平台，只是将绳两端系于两棵树或木桩之上。后来大绳换成了金属的“绿豆丝”“油丝绳”，同时，两边又支起了专用的钢丝架，并设有便于艺人表演时调整方向、位置的平台。杂耍类节目更是如此，其道具大都就地取材，如家中的碗碟，院中所取的瓦片、砖头，田地中和果园中的果实等。此类道具价格低廉，取用方便，在杂技表演中具有极强的生命力。

现代杂技道具

新中国成立之后，艺人们对技巧难度的不断追求，加之文化与科技的进步，新技术与新材料的出现，为杂技道具的改革、发展开辟了一片新的天地。艺人们仿照猴子爬树创出了《爬竿》杂技节目，在不断研究、总结中，所用道具竿的数量由一根增至两根，顶端并有横梁连接。爬竿的材质也由铁竿改为合金竿，不仅减轻了重量，便于运输，而且也更加美观。表演中，表演者主要靠手掌、脚掌作为用力的支点做上竿、下竿、扯旗等表演动作。为了增加手掌、脚掌的附着力，表演者都是在手掌、鞋底上抹上松香末。松香末不仅黏，而且附着到衣服和竿上都会变黑，每场下来，演员必须浆洗演出服装。随着一种塑胶材料的问世，制作道具时便在竿上包裹了一层薄薄的塑胶，不仅保证了艺人触竿时的附着力，也提高了舒适度。从此，艺人们告别了使用多年的靠松香末增加附着力的做法。

1980 年以后，艺人们开始用科学、实用的方法进行道具改革。

道具组合　如《晃板》和《晃梯》本是两个节目，通过两个节目中两种道具的组合，便产生了多个新的节目——《晃板晃梯》《晃板口捻子》《蹬板凳叼花》，这些节目在增加难度、提高技巧性的同时，也使杂技“险、美、奇、绝”的艺术特质得以更加充分的展示，成为韦小庄杂技中常演不衰的保留节目。

道具置换 如把《滚杯》中的道具杯改为灯，从此便有了一个新的节目——《滚灯》，滚灯与滚杯虽都是表现艺人的身体柔韧性和技巧性，但与滚杯相比，更具表现力。尤其是当关灭全场灯光时，借助置放在艺人额头、双手、双脚上道具灯的光线，表演者的柔韧性、技巧性不仅得以充分展示，而且创造出了一种美轮美奂的艺术意境。杂耍中的《三把火》《大背件》与《滚灯》亦有异曲同工之妙，原来表演杂耍中《大背件》的道具是酒瓶或木棒，后改为火棒。表演《三把火》《大背件》时，无论是在大篷演出还是舞台演出，都会关灭全场灯光，表演者靠腕力使三把火苗“拧着人，打着滚”地上下翻腾，每表演到此处，都会把全场气氛推向高潮。杂技艺人韦学俊的《三把火》表演了30余年，常演不衰。

道具创新 《地圈》《顶技》《叠椅倒立》《滚杯》等节目原本都是相对静态的，艺人们通过对道具的改革，增加了转动功能，不仅提高了难度，而且改变了节目的表演节奏与形式，使观众对这些传统节目有一种常演常新的感觉。

道具剪裁 如将《蹬伞》道具中的伞柄抽掉，变成了《蹬斗笠》，继而又抽掉了伞骨变成了《蹬毯》。随后一块毯增到两块、四块，表演者手足并用，上下翻飞，绚丽多彩。

◉ 杂技音乐

传统杂技音乐 韦小庄杂技音乐伴随着杂技的形成与发展，经历了从简单到复杂、由低级到高级的发展过程。

用民乐打击乐器中的一面锣伴奏，是杂技最原始，也是最流行、通用的音乐形式。由响铜制作而成的锣，价格低廉、结实耐用、小巧轻便、易于携带，敲击的力度和位置不同还可发出不同的音量与音色。表演时可壮声色，收钱时也可作收纳的器物，夜行时还可击锣壮胆，很适于穷苦艺人流浪卖艺。一面锣在卖艺表演中不仅方便灵活而且用途广泛，驯兽类节目可用锣伴奏；《跟头会》《叠罗汉》等杂技类节目也可用锣伴奏；还可一人敲锣“卖口儿”①，另一人专门表演。表演者可以一边“卖口儿”、一边敲锣，也可以在锣声中一人领说、众人和。既可用于演出前的开场，

---

① 卖口儿：参见本志“杂技文化·杂技‘口儿’”。

又可用于开场后的表演。清末民国初期，大批艺人四处演出，见国内有些表演团体用西洋铜管乐器伴奏声势宏大，效果很好，艺人们便向西洋铜管乐老师求教，拜乐手为师，勤学苦练，随之也就把西洋乐器和演奏技艺带回了韦小庄。从此，杂技音乐中也就出现了西洋乐器的伴奏。因经济条件和人才所限，一般团体只有一面鼓、一副大钹和一支小号，同时由演员兼任演奏小提琴、洋号。艺人充分发挥杂技可一心多用、技巧性高的特质，一手用以吹号，一手击鼓进行演奏，创造出了一人多能的演奏技巧。

随着杂技艺人卖艺收入的提高、卖艺条件的改善，抹杆艺人的乐器增加至锣、鼓、钹三件，后又增加了手锣、小钹。由于各种乐器具有不同的音色，再加上演奏过程中节奏、强弱的变化，演奏效果明显提高。演出前打罢三通锣鼓，以示演出即将开始。演出中，锣鼓与“锣歌子”配合使用，《大武术》《小武术》《马术》等节目发展为也可用锣鼓伴奏。

现代杂技音乐 1980 年以后，随着社会的发展，韦小庄稍具规模的杂技团体，乐手可达 3 ～ 4 人，但专职乐队伴奏者屈指可数，演奏者大都由演员兼任。艺人可自带乐器加入班团，班团对乐器计分入账，带乐器的驻班艺人可按账分红。乐队虽人数不多，但作用很大，不仅能为杂技节目伴奏，还能“拉街”宣传。“拉街”时，乐队演奏着乐曲队首开路，艺人骑着高头大马紧随其后，场面壮观，气氛热烈。正因如此，杂技团（班）对乐器演奏员都十分重视，尤其对吹小号的艺人，一般都以“大把式”论之，无论团（班）收入多少，每场都会抽出一些钱付给乐器演奏员，此举有一专门术语为“抽号份”。

1990 年以后，规模达 30 人左右的班团，一般西洋乐、民乐兼而有之。西洋乐器多为小

90 年代美猴王马戏团铜管乐队

号，民族乐器必有唢呐，而笙、笛、二胡、鼓、锣等乐器则根据班团的经济、人才情况配置。无论是西洋乐还是民乐，其中的打击乐器必不可少。兼任演奏员的演员场上表演完杂技后，便到后台拿起乐器参加伴奏。随着团体实力的增强，较大规模的民间杂技班团逐渐也有了专职演奏人员。90 年代伴奏乐曲大都是苏联舞曲、民间音乐、民歌、流行歌曲等。《高空》《马术》节目多用锣、鼓、号乐器伴奏。技巧类节目多用民乐器伴奏。乐曲采用合奏的演奏形式，节目表演时间长而乐曲时间短时，则采取乐曲反复演奏的方法。

2000 年，美猴王马戏团建立了韦小庄杂技团第一个专职乐队。自 2000 年杂技有了专职杂技音乐伴奏以后，美猴王马戏团曾到黑龙江、辽宁、吉林、山东、河南、山西、陕西、天津、上海等地演出，所到之处，音乐界人士及观众对杂技团乐队均给予了较高评价，称美猴王马戏团演奏的音乐自然奔放、旋律优美，烘托了杂技的艺术形象，突出了地方音乐风格，尤其是民族乐器和铜管乐器的巧妙配合，既坚持了民族风格，又有“海派”特色；既富有传统色彩，又有时代气息，是一支训练有素、富有民族音乐气质的乐队。

◉ 杂技（魔术）节目

韦小庄杂技涵盖的艺术种类有武术、杂技、马戏、驯兽、口技、滑稽、魔术、动物八大门类。至 2000 年，韦小庄杂技艺人在传统杂技的基础上不断创新，发展各类杂技节目近 300 个。

传统杂技节目

钢枪刺喉　需要 2~3 人表演。表演时两人相对，分别用喉部顶住枪杆的枪头，随着

《钢枪刺喉》

两人不断地发力，两人距离越来越近，枪杆弯曲的弧度越来越大，枪杆虽被顶弯，但两人喉部却安然无恙。三人表演时，两人与另外一人面面相对，两支花枪的枪头顶在一人的喉部，另两个枪头分别顶在对面两人的喉部。表演过程基本相同。

钢筋绕脖 一人将粗如小指、长约一丈①的钢筋一头拉住，表演者用手拉住钢筋的另一头，将钢筋置于肩上，然后一圈一圈绕于颈部，可绕五六圈。此时钢筋将颈部肌肉挤出一道道皱褶。表演用的钢筋一般要经过淬火，要把握好淬火的火候，保持钢筋所需要的韧度和硬度。虽经过淬火处理，但表演者也要经过循序渐进的训练，绝不是任何人都能用这样的钢筋进行绕脖表演。

吞宝剑 表演者作箭步或骑马蹲裆式，双手托掌、按掌在身前或两侧发功运气。随后，从桌上或地上拿起长一尺半至二尺、宽寸余的宝剑，用布擦拭，口含水喷洒两面剑身，一手持宝剑的剑首，一手持剑锋，在胸前作剑从口中插入至腹部状。然后采取单膝跪姿或站立姿势，低头手翻护手，将剑锋插入口中。采用单膝跪姿的表演者此时站立，把头扬起。下面的表演分两种形式进行：一种是两手持护手慢慢把剑向下送；另一种是两手松开护手，两臂平伸，靠剑自己的重量由口腔经食管向下滑落至胃部。无论是用手向下送剑还是靠剑身的力量下滑，当剑吞下至设定位置后，都会用双手扶护手将剑上下拉动几次。而后护手稍用力，将剑“噌”的一下从口中拔出抛高三五尺，两手将剑接住，最后运气收功。

锹球 表演者一般赤膊，腰扎板带，足蹬圆口布鞋。上场先发功运气，后取铁球作从口入腹状，随之将铁球含入口中下咽至胃部，张嘴以示口中无球。再拍肚皮以示球已在腹中。此时，“捧买卖的”从场下找小孩，查看表演者口中有无铁球。表演者再抓小孩的手摸其腹部。“捧买卖的”说道：“我们行走江湖跑的是天南海北，吃的是百家粥饭。常言说得好，没有君子不养艺人。今天我们的‘大把式’好功夫、卖力气，那就请大家赏个钱吧。”说着将铜锣、礼帽、簸箩等收纳器物递给表演者，表演者边让人摸其腹部边打躬作揖，向赏钱人表示谢意。此时收钱称“一道杵”。随后表演者再回到场中再将另一铁球吞入口中，做吞咽状，表演者上下跳跃，使铁球在腹中“乒乓”作响。“捧买卖”的再从场中选成人上场问：“听见了吗？”上场的观众喊：“听见了，听见了。”接着表演者到场下，边蹦跳边收钱。如观其神色此人有钱不赏，便在面前跳

① 1丈=10尺≈3.33米。

传统杂技节目组图

动不走，至观者拿钱了为止。表演者绕场转圈后，此时“二道杵”结束。表演者回到场中央运气发功，只听“嘭”的一声，一只铁球落入“捧买卖的”手端的盘中。接着再运气发功，另一只铁球又落入盘中。此时，表演者在前，“捧买卖的”随后，再向场内观众收钱，此为“三道杵”。

生吞活蛇　表演者手提三尺余长的蛇上场。随着蛇尾上下左右地卷尾摆动，表演者在观众面前绕场一周，回到场子中间。几次口含水喷洒蛇身，然后手将蛇头置于嘴前，另一只手向下捋顺蛇身，随后人蛇四目相对，表演者作惊恐状，表演一吞不下、二吞不下的表情。随之轻拍蛇头，理顺蛇身，手捏蛇头，将蛇身卷起，快速吞进嘴里，最后再吐出。

蛇钻七窍　表演者从布袋中取出细如小指、长约十厘米的蛇，蛇从鼻孔进入，随之蛇头从口中翘出，而后手持鼻孔外的蛇尾，手提嘴外的蛇头，来回拉动。接着从布袋中再取出一条蛇，以同样的动作将蛇头从另一鼻孔塞入，口中露出蛇头。两蛇头在表演者的嘴边上下翘动，两蛇尾在鼻孔外来回摆动。

窜刀门与窜火圈 窜刀门道具为八把刀组装而成的“刀门子”[①]。表演者一般赤膊，腰扎板带，下穿紧腿灯笼裤，足蹬快靴或打鞋。表演时，将八仙桌置于场上，八仙桌前铺棉被或布片。第一人助跑后将头顶在八仙桌上，然后一个硬挺下桌；第二人助跑后仍将头顶在八仙桌上，用手扶桌且拨动身体转圈，随即硬挺下桌；第三人助跑后在桌上拿顶倒立，而后两臂支撑两腿由上经两臂间向前平端伸直，随两手左右交替移动，两腿旋转，绕八仙桌一圈；其余表演者翻不同类型的跟头，以展示功夫深厚，过桌表演后，将刀门子置于八仙桌上。表演者助跑后，从刀门子中间鱼跃而过，后逐渐增加刀门子个数，多时可达三个。窜火圈与窜刀门的表演形式和动作大体相同。

劈砖 表演者一手将砖的一半置于凳上，另一半悬空，手起掌落，砖即碎或一分为二。

① 刀门子：杂技道具，即将尖刀的刀尖向中心均匀装在一个圆圈上，供表演者从中穿过。

拍砖 将砖平放于凳面上，有的只用右手掌拍，也有的两手交替将砖拍碎。

滚杯 是中国传统的软功杂技节目。表演时，演员额头及四肢顶着玻璃杯，在一张圆形小台上辗转翻滚，表演出各种优美的造型，表演过程中，玻璃杯始终保持平稳。

滚玻璃 将玻璃碴撒于木板上，表演者在上来回滚动，即为滚玻璃表演。

手技 是用双手熟练而巧妙地耍弄、抛接各种物件的技巧表演。道具是日常生活中的球、棒、盘、刀、圈、球拍等。

吊子（又叫绳吊） 于高空梁柱悬挂两根绳子或铁索，下端系横杠，形似秋千，名为“吊子”。演员在吊子前后摇荡，做出双足倒钩、凌空旋转等动作。吊子节目花样繁多，有《头顶吊子》《空中坐椅》，也有相对悬挂两副以上吊子的，由两个以上演员表演，借摆动之力，凌空飞跃至另一吊子上，或由另一演员接住，叫《大飞吊子》，也叫《空中飞人》。

传统节目还有《蹬人》《蹬坛》《蹬物》等蹬技节目。

传统魔术节目

摔襄子、炸鸡蛋 表演者手拿一面红色、一面黑色的方巾，反正抖摔展示，然后一只手提着方巾，另一只手从上往下捋，以示方巾中无任何物品。随着动作的逐渐缓慢，一个鸡蛋从方巾的下端慢慢滚出。随着一番又一番的表演，方巾中滚出七八个鸡蛋。此段表演名为“摔襄子”。随后，取出顶礼帽，将鸡蛋一个个在帽檐磕破，把蛋清、蛋黄

传统魔术

倒入帽中，随着“呲喇呲喇”的声响，礼帽里冒出了缕缕白烟。表演者便端着礼帽，将炸熟的鸡蛋分发给观众品尝。此段表演名为“炸鸡蛋”或“礼帽炸蛋”。

悬绳走蛋 此表演的道具只有一个椭圆形的木球和一根细线。沿木球横向打孔穿线。表演时，艺人一边表演一边卖口儿：“出门难，出门难，下了火车坐轮船，叫它停它就停，叫它站它就站，走京串卫不花钱，想停想站还很方便，大家要不相信，我就演给你看看。”说着两手各牵线的一头，且一头高，一头低。随着艺人的一声走，木球便在线上向低处按着艺人的口令或行或走。该节目道具简单，表演中再加上艺人的口儿，使表演亲切自然、风趣幽默，尤其是艺人在表演时即兴编口，如在某某地演出，就说“某某地站到了”等口儿，更贴近当地人生活。

木人走线 刻一高 15 厘米左右的木人，从头顶直通脚心打圆孔，自前胸至后背再打一圆孔，上下圆孔与前后圆孔在胸部交叉的孔要大。前后的圆孔插一根竹钉，竹钉插进后面孔交叉处且留有缝隙。取一米半左右的红绳一根，从头顶的圆孔插入，绕竹钉一圈后从脚部孔中拉出，红绳两端各系铜钱一枚。木人的脸谱可根据需要勾画，孩童、老人均可，也可扮头戴官帽、身穿官衣的县官。表演时，艺人脚踩铜钱，一手在上拉一铜钱，松时木人会下行，紧时木人便会停下。如木人反应迟钝，可在竹钉上和红绳上打蜡，并可根据木人的扮相卖不同的口儿。

海里蹦 用比较细密的布缝制一个长方形的布袋，布袋高 6 厘米，长、宽均约 3 厘米，内装胶泥球 1 个，待球放入布袋后缝口。另备一块长 50 厘米左右、宽 10 余厘米，呈凹形槽的竹板。表演时，将布袋放置于竹板内槽的另一端，随着持竹板的手缓缓抬起，布袋如不倒翁般在板槽内接连“站起”“躺下”。

二鬼摔跤 相传清朝末年，有一老一少两个候补知县，在京中同住客栈候缺，由于候补时久，囊中羞涩，焦躁不安，便在饭馆借酒浇愁。两人虽均已身无分文，但都不想显露出寒酸样让对方瞧不起，想让对方垫酒资。待酒足饭饱后，二人穷相毕露，相互奚落，恼羞成怒便摔起跤来。于是，艺人便抓住这一题材创作了这一节目。因二人虽为候补官员，但仍不失贵人之称，所以该节目叫作“二贵摔跤”，后因“贵”与“鬼”谐音，又名“二鬼摔跤”“老少斗”。

表演者一般都有武术功底。表演时，一人身背两个真人大小的道具人物，两个道具人物双手均扶在对方的肩上。表演者两手扶地时，犹如两人站立，手穿鞋好似双脚。扭打时，上边两人用手推搡扭打，下边双方各施绝招，用腿踢、扫，四脚磕碰有声。忽而老者占了上风，忽而少者占了上风，虽尽力撕打，但最终仍分不出胜负。表演风趣幽默，让人忍俊不禁。两人的扮法为脚蹬薄底快靴，身穿清朝官服，头戴清朝官帽。老者清瘦，花白的发辫绕于脖子上。少者脸色红黑，乌黑的发辫亦绕于颈。后因时代变更扮法也随之变化。

砍大腥 表演者掀开盖在盘子上的红布，从盘子上拿起把明晃晃的剔骨尖刀，沿场走一圈让观众看看尖刀是真是假，然后回到场中央，用刀往木板上剁，随着“噔”的一声，尖刀插入木板之上，刀把随之乱颤。接着从木板上拔出尖刀，放到盘中，再从盘子里拿起一把大号的菜刀，并说：“别看这是一把菜刀，它可锋利无比，皇帝老儿的刽子手砍杀犯人用的就是它，你要不信，这皇帝老儿的封条还在上面贴着呐。”边说边向人们展示，刀的两面所贴的带人形的黄封条。接着同样将刀剁向木板，待人们对刀的锋利确信无疑后，便取回菜刀放入盘中。表演者接着卖口儿：“我有一个小孙子，调皮捣蛋，很不听话，还给我惹了个大祸，今天我就‘宰’了他。”这时只见“捧买卖的”拽着个七八岁的孩子上场，小孩一边哭，一边喊叫：“爷爷，爷爷，我再也不敢了。”小孩围着桌子在前面跑，表演者在后面紧追，追到前场，只见小孩的鼻涕垂了很长，眼泪打湿了前襟。这时表演者一手抓住小孩的脖领，下面踢双腿，只听“咚”的一声，小孩平仰在地，伴随着“小小钢刀七寸长”等口儿，表演“杀害”小孩等内容，等观众的钱扔多了、收完了，小孩“咚”的从板凳上站起，摸摸肚皮和脖子，向观众做一个鬼脸，活蹦乱跳地跑下场去。

大卸八块 老艺人手提大刀撵一孩童，孩童边躲避老艺人的追撵边大声哭喊：“爹，爹，以后饿也不敢偷吃饼子了，你就饶了我吧。”老艺人追上孩童，将其衣脱掉，让其钻入一面红色、一面黑色的方毯之内。少时，老艺人揭开方毯，只见有黑色的瓷坛，孩童的头部露在坛口外，身体的其他部分全部入坛。孩童仍大声哭喊求饶，老艺人不为所动，手提着大刀指向孩童：“饶了你好说，赶快给你这些爷爷、奶奶、大爷、大娘、大叔、大姨们磕头行礼，求他们发发善心，赏咱爷俩几个钱。”观众为之心酸，纷纷掷下赏钱。老艺人仍不依不饶：“孩子，爷们是把钱赏下来了，可这些钱我们爷俩仍然吃了上顿没下顿，吃了今天见不到明儿。孩子，对不起了，你就再受点委屈吧。”伴随着孩童一阵紧似一阵的凄惨哭声，仍有人向场子里扔钱。这时只见老艺人把脚一跺，以不得已而为之的样子，手起刀落，随着“咔嚓”一声，坛内发出骨骼的断裂声，观众哗然。少顷，只听老艺人喊道：“我的儿，出来爷们谢赏吧！”孩童自瓦单下赤膊钻出，满脸笑容，打躬作揖向周围观众谢赏。此时，老艺人把瓦单全部揭开，仍是黑釉瓷坛一个。

韦小庄传统杂技节目和演出艺人一览表

表 8

类别	节目名称	主创或主演
形体表演类	《大武术》	韦玉贤
	《小武术》	韦玉贤
	《爬杆》	韦玉贤
	《滚怀》	韦玉贤、韦丽
	《柔术》	韦玉贤、韦丽
	《叼花》	韦丽
	《钻桶》	韦狗蛋、韦小锁
	《对口叼花》	韦丽、韦小花
	《皮条》	韦玉贤
	《车技》	韦红军、韦学武
	《大跳板》	韦心龙、韦心喜、韦立海、韦心民
平衡技项类	《扛杆》	韦小宝
	《顶技》	韦小宝
	《蹬技》	韦大宝
	《中幡》	韦心龙、韦心喜、韦立海、韦心民
	《走立绳》	韦立庆
	《顶灯》	韦金华
	《顶坛子》	韦玉贤
	《高台定车》	韦芝
	《蹬梯》	韦心龙、韦心喜、韦立海、韦心民
	《踩鸡蛋》	韦心龙
	《蹬桌》	韦心龙、韦心喜、韦立海、韦心民
	《单车》	韦心龙、韦心喜、韦立海、韦心民

创新杂技节目

1990 年以后，韦小庄杂技艺人走南闯北，开阔了眼界，不断学习现代杂技表现形式，在传统节目的基础上加以创新，每个团队都增加了现代节目。在现代节目中除保持原有的杂技元素外，还增加了舞蹈、音乐、故事等元素。

钻地圈 将圈置于地上，表演时将圈竖叠起来，演员以轻巧神速的穿越技能，在直径仅比身体宽 10 厘米的圆圈中，飞腾穿跃。熟练地表演翻跟斗、三圈正跳、三圈趴虎、侧翻等各种动作，在圈中进出往返。

爬竿 是一种体育性杂技节目。演员在固定的 6 米多高的长竿上攀上滑下，表演各种杂技动作。演员们先从一竿腾跃到另一竿上，做水平状倒立握竿，然后跃回原竿，又做后空翻跃到另一竿。接着演员们倒垂着从竿上滑下，速度疾似闪电，离地面 50 厘米时，突然刹住，形成水平倒立握旗杆姿势，最后翻身跃起亮相。

爬竿从置竿的形式上区分，大致有两种形式。一般是立金属长竿于地，一人或数人爬至竿的上端，表演各种惊险动作。另有将竹竿竖立于演员肩上的，称“杠竿”“夯竿”“顶竿”。

蹬技 是杂技中的一项技艺，演员仰卧在特制的凳子上，双足向上，用脚尖、脚底

《钢管舞》　《走钢丝》

《蹬伞》　《蹬鼓》

掌握平衡。所演较多的有《蹬缸》《蹬板》《蹬桶》《蹬桌子》《蹬人》等节目。另有《蹬梯》节目，以长梯竖置在演员脚底，让一至数人攀梯表演各种动作。此外还有双人对蹬的《双蹬缸》节目。

走钢丝 表演者 1 ~ 4 人，演员在一根悬空的钢丝上来回走动、坐卧站跳、上梯、骑车、翻筋斗或表演舞蹈和各种杂技等。包括软钢丝、硬钢丝、走大绳等数种表演形式。

耍花坛 演员将各种大小不同的瓷花坛、大缸或酒坛轮番用头顶、手扔、脚踢、臂滚的方式，使之翻滚旋转。亦有双人表演，即两个演员用头互顶花坛，称“对顶花坛”。

碟 也叫“耍花盘”。演员双手各持两三根细竿，各顶一个碟子的底，借腕力使之飞快转动。要求在做翻筋斗、背剑、叼花、单臂倒立等高难度动作时碟子不跌落。技巧高的演员双手能转 10 个碟子。

晃板 道具是一个厚板跟圆桶的组合，板放在圆桶上，人可站立其上。因圆桶会滚

《滚杯》

《耍花坛》

《倒立》

动，站在上面的表演者必须具备良好的平衡感。晃板本身通常是木制，有时会在板跟圆桶上贴上一些用来增强摩擦力的胶带，晃板底部有时也会在两侧加上木条，这么一来晃板就不至于完全从圆桶上滑落。

有些杂技师会在晃板底下叠加多层圆桶，使得晃板不但会左右摇晃，连前后也会独立摇晃。各种类型的杂技表演都可以跟晃板结合，如常见的丢掷技、操控技、体操跟柔术等。晃板也可以同时由多人使用，例如两个表演者可以同时站在晃板上，由他们的默契共同维持平衡。

顶碗 是传统杂技再创新节目。顶碗在表演形式上，分为单人表演和多人（双人或三人）表演两种类型。传统表演中，演员头部顶一摞瓷碗，表演劈叉、“金鸡独立”、“别元宝”倒立等技巧动作。50年代以后韦小庄发展了对手顶碗、软腰顶碗、高梯顶碗、四人造型顶碗等技艺。通过现代创新后，高难动作有拐子倒立脚面夹碗、蹬碗单臂倒立斜拉叉、探海脚举碗变单臂倒立回碗、脚举碗乌龙绞柱、单腿举碗站头射雁、旱地拔葱举单手顶、双尖头脚举碗打滚顶、三尖双重卡脖颈挂人等。

高台定车 在两米高的台架上，停放一辆自行车，四面无挡无靠，演员在车上神情自若地表演平衡技巧，一般由三人表演。三位姑娘站在一辆崭新的自行车上，摆出各种优美的造型。其中“双开花偷梁换柱”新技巧技惊四座。担任“二节”[①] 的演员将她头

《三人顶技》　　《双人顶碗》　　《高台定车》

① 二节：站在中层的演员。

《皮吊》

魔术《漂浮》　　魔术《变脸》

顶上的“尖子”[①] 演员抛向空中，然后自身后空翻一周落在不到30平方厘米的车座垫上，而“尖子”演员也在空中后翻一周准确地落到了底座演员的双肩上。整套动作干净、利索、准确、惊险。

浪桥飞人　也叫“秋千飞人”。在一种名为“秋千”的道具上，把演员从平地上用力推送到十几米高处，并在空中做空翻720度、转体360度、空翻720度倒挂等高难动作。演员一个接着一个倒悬高挂，在半空中形成“猴子捞月亮”的集体形体造型。

创新魔术节目　现代魔术在传统魔术的基础上充分利用现代道具与声光电配合，创造出了更加神奇的魔幻效果。代表节目有《大变活人》等。

---

① 尖子：站在最高层的演员。

韦小庄现代杂技节目和主要团队演员一览表

表 9

类别	节目名称	主创或主演
形体表演类	《大武术》	韦学武、韦红军、韦杯清、韦怀彪、韦怀彬等
	《小武术》	韦学武、韦红军、韦杯彪、韦怀清、韦怀彬等
	《爬竿》	韦怀彬、韦怀彪
	《滚杯》	韦志美、韦志英
	《柔术》	韦志美、韦志英
	《皮条》	韦怀彪、韦怀超、韦怀斌等
	《车技》	韦怀彪、韦学武、韦红军、韦怀清、韦怀彬、韦强、韦大伟、李涛、李贵志、范小虎等
平衡技巧类	《软钢丝》	韦大宝
	《晃管》	韦学武
	《力量》	李华清、韦小宝
	《顶玻璃塔》	任萍萍、任欢欢
	《顶坛子》	韦怀超、韦怀彬
	《晃梯》	韦怀彪、韦怀超、韦怀彬
	《晃板》	韦怀彪、韦怀超、韦怀彬
	《扛杆》	韦怀超、韦怀彬
	《高车踢碗》	韦喜文
	《高台定车》	韦喜文、李玲玲
	《蹬大缸》	韦喜文
	《冰上芭蕾》	韦喜文、韦志美
	《蹬车轮》	韦文强
	《顶板凳》	韦文强
	《高空含花》	韦志美、韦志英
	《蹬梯子》	韦怀彪、韦怀超、韦怀彬
	《排椅倒立》	韦怀超、韦怀彬

续表 9

类别	节目名称	主创或主演
耍弄表演类	《顶球》	李华清、韦小宝
	《飞叉》	韦家杂技团
	《台圈》	韦家杂技团
	《杂耍》	韦学武杂技团
	《三人顶技》	韦红伟杂技团
	《立绳》	韦红伟杂技团
	《呼啦圈》	任欢欢杂技团
	《雨伞骑车》	美猴王马戏团
高空表演类	《飞杠》	韦怀彪
	《空中飞人》	韦怀彪
	《浪桥飞人》	韦怀彪
	《上刀山》	韦怀彪
	《蒙眼走钢丝》	韦怀彪
	《飞表》	任欢欢
魔术类	《巧接继绳》	任欢欢、任萍萍
	《大搬运》	韦二宝
	《小搬运》	韦二宝
	《硬币魔术》	韦学章
	《扑克魔术》	韦学章
	《手巾打扣》	任欢欢
	《逃脱魔术》	任欢欢、任萍萍
	《捆指》	韦学武
	《九连环》	韦红军
	《钓鱼》	韦怀彬
	《绳索魔术》	韦学武
	《魔法》	任欢欢、任萍萍
	《魔幻》	李广峰
	《解索》	任欢欢、任萍萍
	《银球腾飞》	韦学武

续表 9

类别	节目名称	主创或主演
气功表演类	《手捻石头》	韦磊
	《蹬技》	韦喜文
	《鞭技》	韦东亮
	《抛碗》	韦学义
	《躺钉板》	韦学中
	《钢筋刺喉》	韦文周
	《汽车过人》	韦刘成
	《铁板石桥》	韦刘成、韦学俊
	《五马分尸》	韦刘成、韦学俊
马术表演类	《马上射箭》	韦怀彪、韦怀彬
	《马上倒立》	韦怀彪、韦喜文
	《马上翻滚》	韦怀彪、韦喜文
	《马上探海》	韦怀彪、韦喜文
	《马上探（踩）》	韦怀印
	《倒骑马》	韦怀印
	《站双马》	韦怀彪
	《二人一马》	韦怀彪、韦喜文
	《三人一马》	韦怀彪、韦喜文、韦志美
	《就地拾钱》	韦怀彪
	《马上滑稽》	韦怀彪
驯兽类	《驯熊》	韦怀彪、韦怀彬
	《熊拿大顶》	韦怀彪、韦怀彬
	《熊要马叉》	韦怀彪、韦怀彬
	《黑能晃板》	韦怀彪、韦怀彬
	《驯猴》	韦怀彪、韦怀彬
	《猴子放炮》	韦怀彪、韦怀彬
	《猴媳妇回娘家》	韦怀彪、韦怀彬
	《猴子数数》	韦怀彪、韦怀彬
	《猴走钢丝》	韦怀彪、韦怀彬
	《猴子过桥》	韦怀彪、韦怀彬
	《猴子挑水》	韦怀彪、韦怀彬
	《猴骑单车》	韦怀彪、韦怀彬

续表 9

类别	节目名称	主创或主演
滑稽类	《猴骑羊》	韦怀彪、韦怀彬
	《驯狗》	韦怀彪、韦怀彬
	《顶气球》	李华清、韦小宝、任欢欢
	《滑稽球》	李华清、韦小宝、任欢欢
	《抢椅子》	李华清、韦小宝
	《小丑》	李华清、韦小宝
	《滑稽打枪》	李华清、韦小宝
	《滑稽小妞》	任欢欢、任萍萍
	《扔钉子》	韦小宝
	《吃苹果》	韦小宝

◉ 杂技“口儿”

自古以来，杂技艺人在杂技表演前或杂技表演中均有道白解说，形成独特的解说艺术，称“口儿”。艺人们在演出中进行道白解说的表演，俗称“卖口儿”。

艺人“卖口儿”的目的有三：其一为节目的表演进行解说，尤其是魔术艺人表演时，讲究口儿到手到，口、手配合得严丝合缝，以烘托表演气氛；其二为了向看客收钱；其三以口儿传情达意，引导、转移观者视线，诱引观者的心理变化，以此掩护杂技表演中的托儿和魔术中的秘密窍门。

在长年累月的卖艺途中，杂技艺人对口儿的内容和形式也不断地进行改革创新。但内容的增删、形式的变化，总离不开当时的社会背景和现实生活。如抗日战争时期有“扛起钢枪打东洋”的口儿；土地改革时有“斗了地主分了地”的口儿；新中国成立之初，有“毛主席领导人民把身翻”的口儿；“文化大革命”期间，艺人们创编了大量的打倒封资修、抓革命促生产、工农兵大团结的口儿。在大量的口儿中，也有一部分是艺人们根据演出地点的人文景观、风土人情即兴创作的口儿。

白口儿

道白为说话形式，称“白口儿”。

开场白口儿　即一开场招揽观众后，自报家门的介绍。

众位师傅，人过留名，雁过留声。人不留名，不知道张三李四，雁不留声，不知道春夏秋冬。在下学徒的姓韦，名某某，临泉韦小庄人氏。只因家乡夏旱秋涝，颗粒不收，不得不流浪江湖，撂地卖艺，混口饭吃。今日学徒的来到贵方宝地，一是来看望各位父老，二是撩个场子耍上几套把戏，孝敬众位朋友，讨口饭吃。常言说得好，在家靠父母，出外靠朋友。恳求各位父老乡亲多多捧场，有钱的捧个钱场，没钱的捧个人场。今天我抬头一望，都是老师傅、财神爷、公子哥哥大小姐，青山不改，绿水长流，穷则要强自信，富则行善积德。没说的，下面就让学徒的先给大家练几套把式。

头道杵口儿　即表演进行到关键时刻，第一次收钱时，艺人的道白口儿。

在家千日好，出门时时难，在外一里不如家里。在下父子二人只因家乡夏旱秋涝颗粒不收，不得不流浪江湖摞地卖艺，混口饭吃。刚才我们小爷俩也辛苦了一阵子，恳请各位父老乡亲赏口饭吃，有钱的捧个钱场，没带钱的你帮个人场。请你站住脚，稳住神，也算帮俺站场助助威，无论钱物多少你给撂下点，你可千万别走。下面我还想方设法变出老酒一坛，烧鸡两只孝敬诸位。好，在下我这里谢了，还有这边的，我这里也谢了。

“六连环”口儿　即拿着六个圆圈变戏法的道白口儿。

今天我带了六个圈，一个、两个、三个、四个、五个、六个。大家不要小看这六个圈，这可是我爷爷传下来的。大家看，这六个圈一个一个不挨不靠，不蒙不盖。你看我左手拿个圈，右手拿个圈，挤不进、蹭不进、砸不进，骨碌一下就进去了。拉，拉不开；搓，搓不开；挤，挤不开。慢、慢、慢，哎哟，它就这么开了。哎，太快了，那咱就慢点，我是左手拿个圈，右手拿个圈，一、二、三，哎，它又进去了。我这里还有四个圈，让它一块进。你仔细看，仔细瞧，哎，它就全进去了。一个圈、两个圈、三个圈、四个圈、五个圈、六个圈，这六个圈连成串。这有的说了，这是一溜长蛇阵。你说得不错，等我这举起来，你再瞧，这就是张果老倒骑驴的赵州桥，可我这里还塌一孔。打个圈下来，拿上这个，碰上那个，又变成了康熙年间的老钱一枚。里边这个圆圈挡成了铜钱中间的四方眼。哗啦，散了，拿起这个，荡进那个，敲进这个，这就是关公关老爷赤兔马上的马镫，关羽关二爷手提青龙偃月刀，纫镫上马，说的是三英战吕布。我再把这个拿过来，碰上这个，敲进那个，这就是八仙里的蓝采和手提的宝花篮……

“三仙归洞”口儿　即拿着三个红布球表演的道白口儿。

这套戏法就叫‘三仙归洞’。诸位别看这是套小戏法，这戏法可有来头。它是祖师爷吕洞宾老祖传下。你们看，这一、二、三,三个小布球，这可不是普通的布球，这是我们请来的三位仙人。这两个碗就是仙洞。别小看我手里拿的这根筷子，我们称它为‘仙人指路’。变这套戏法就全靠它了。你仔细看着、仔细瞧，我这碗里放上一个球，你再看看这个碗里我什么也不放，我从中间这么一划，哎——过来。这个碗里就没了。那你再看看这个碗里。噢，它原来上这里串门来了，你要问它是怎么过来的，这就全靠我这根仙人指路了。那位师傅说了，变过来了。你还能再变回去吗？那我得试试，这戏法都是变来容易变回去难。好，那你再仔细看着，仔细瞧着，我从这里往那边再划一道，哎，你给我再回来，你看这边碗里没有了。那咱再看看那边碗里。你看，它又上这边来了。那位师傅说了，你这个碗是不是有毛病，那好，今天我们就不用碗了，就请你过来招招仙气。我就把这个小球放到你手里，你可看准了，攥严了，拿紧了，心里光想我要发财，我要发财，我就叫你一个变俩，两个变仨……

“文化大革命”期间艺人根据当时的政治环境又创编了另一个“三仙归洞”口儿。

这是什么东西？一、二、三，是三个红布球，从前这叫‘三仙归洞’，那是迷信，是‘封、资、修’的说法，是牛鬼蛇神的叫法。现在叫的是‘三下归一’，就是工农兵大团结，为的是争取更大的胜利。看了我这个小戏法，有愁的你不愁了，有闷的你不闷了，抓革命、促生产就更有劲了……

“团黏子”口儿　即演出中间进一步招揽观众的口儿。

在家千日好，出门一时难。在外一里，不如家里。风吹日晒雨淋，受冻忍饥挨饿。一有个头疼脑热，连个端汤送水的也没有。诸位福大命好，常年蹲在家里，老婆孩子热炕头，当然不知道我们的辛苦。将心比心，望各位多包涵。兄弟初来宝地，人生地不熟。心笨眼拙，不知哪位是我们的同门师傅，若是知道了师傅的家乡住处，我一定登门拜访。兄弟学艺不精，敬师不到，若有不周之处，还望众位师傅多多谅解，给兄弟一碗饭吃。

“拴马桩”口儿　即演出中用来“拴住”（吸引）观众的“口儿”。

到这里了，他脚底下擦油——溜了，他这一走不要紧，还把愿意为我花钱的主儿给挤走了。我说这些诸位不要误会，我可不是钻到钱眼里，只认钱不认人的主儿，我们打把式卖艺就是让人看、让人瞧的，也不恼你白看白瞧。家有万贯，总有一时不便，今天凑巧正赶上你身上没带钱，这你只管放心，只要你为我们站场助威，仍旧是我们的朋友。

锣歌子　道白为带韵押辙形式的，称为“锣歌子”。

“刀山”口儿

要罢一番又一番，
唐朝有个绿牡丹。
午朝门外跑过马，
金銮宝殿上刀山。
男的搬了个朝天蹬，
女的就把腰来弯。
皇帝一看心欢喜，
宝殿以内要封官。
封上高官他不做，
流落江湖把艺传。

“窜刀门子”口儿

四口铜铡八口刀，
刀坐南阳似老包。
判官抱着生死簿，
鬼门关前走一遭。

“中幡”口儿（一）

要罢一番又一番，
南边来了两只船。
大船载的高粱米，
小船载的青竹竿。
要问竹竿做何用？
姜太公钓鱼缺少一根钓鱼竿。
五尺高竿八尺线，
一钓周朝八百年。
高祖兴汉两百载，
后续刘备坐西川。
刘备坐了西川地，
人民百姓乐安然。

“中幡”口儿（二）

要罢一番又一番，
毛主席领导人民把身翻。
天下穷人得了地，
立时就有发言权。

“小梯子”口儿

一个梯子七根台，
能工巧匠做起来。
女人脚上又蹬起来，

蹬起来，蹬起来，
左转右转一个脚尖又颠起来。

“钢丝”口儿

师徒逃难到北平，
不为卖艺为扬名。
八仙庆寿来祝贺，
蟠桃会上显神通。
铁拐李葫芦神通大，
蓝采和手提竹篮走如风。
曹国舅竹板打得响，
汉钟离扇子呼呼风。
吕洞宾老祖舞双剑，
何仙姑驾云又腾空。
张果老骑驴绳上走，
韩湘子吹箫把风迎。

“蹬磨盘”口儿

耍罢一回又一回，
石匠背着个打磨的锤。
要问石匠哪里去，
打个磨盘耍把戏。

“蹬桌子”口儿

小小方桌四根台，
能工巧匠做起来。
今日把式把它耍，
桌子会飞跑得快。

“蹬坛子”口儿

小小花坛窑里烧，
车子推来担子挑，
瓷坛落在把式手，
放在脚上蹬起来。

“驯猴”口儿

手牵猴儿走四方，
今日来到贵宝庄，
先给诸位磕个头，
再为祖宗敬炷香，
猴儿猴儿别着慌，
戴上官帽穿上装，
做官要把清官做，
贪赃枉法理不当。

“罩子”口儿

罗圈一上一下，
原本洞宾老祖留下。
里面藏龙卧虎，
不敢当场玩耍。

“海里蹦”口儿（一）

人见了海里蹦，
一辈子不生病，
他生病就不轻，
不轻就哼哼。

“海里蹦”口儿（二）

一字飞天飞过海，
二仙传道转回来。
三仙归洞快如风，
神仙居住柳巷中。
尊声列位看仔细，
左右腾挪两手空。

学套把戏走江湖

天苍苍，地茫茫，
蝗遮日，碱荒荒，
蛇蝎豺狼齐挡道，
穷人的日子遭了殃。
天地之间无所求，
无所求，拜吕祖，
学套把戏走江湖。

想起几位古人来

铜锣一响似招牌，
南边的燕子飞到这里。
鸟为食粮飞天下，
人为糊口跑世界。
昨日要把悬梁尽，
想起几位古人来。
刘备西川卖草鞋，
关公蒲州把豆腐卖，
朱买臣无奈把休书写，
朱文正午时赶过斋。
几辈古人受过罪，
慢慢等来慢慢来……

人穷大街卖艺

出马挑枪定计，
五鹤楼盖世夺魁。
龙取三江好水，
虎登万丈高山。
人穷大街卖艺，
虎恶拦路伤人。
远看一座山，
近看好平川。
要想看怪物，
还得到眼前。
带来的什么怪物阿？
我们有三条腿的小毛孩……

走南闯北耍把戏儿

不掏本儿，
不误事儿，
自制几件家把式儿，
农闲走出庄稼地儿，
走南闯北耍把戏儿。

手牵猴子走四方

柴归垛，粮归仓，

手牵猴子走四乡。
走四乡，四乡走，
江湖道上交朋友。
一把杆子撒出去，
吃喝穿戴不发愁。

出门不捎盘缠

韦小庄，
鸡毛变蛋。
走南闯北，
不捎盘缠。

人人有两手

上自九十九，
下至才会走，
要论耍玩意，
人人有两手。

会演与会说

会演不会说的是傻把式，
会说不会演的是嘴把式，
会演又会说的才是好把式。

没有麦子吃白面

没有麦子吃白面，
没有芝麻吃香油，
没有棉花穿新衣，
没有高粱喝辣酒，
天地之间无所求，
生意人磕头拜吕祖。

小小铜锣圆悠悠（一）

小小铜锣圆悠悠，
学套把戏走江湖。
南京收了南京去，
北京收了北京游，
南北二京都不收，
黄河两岸度春秋。
财主纵有千顷地，
老子玩耍不伺候。
黄金有价艺无价，
铜锣一响夸海口。
别听艺人夸海口，
玩命受罪在前头。

小小铜锣圆悠悠（二）

小小铜锣圆悠悠，
五湖四海交朋友，
南边去来北边走，
又来运河贵码头。
各位父老财神爷，
众位兄弟老朋友，
凤凰不落无宝地，
学徒来此把饭求。

◉ 行内语言

因为杂技行业经常有风险，早期杂技艺人表演时又缺乏安全措施，为了取意吉利，回避禁忌，在长期的表演生涯中，杂技艺人之间交流形成了一些特有的词汇和语句。

生活行话

衣

布 —— 板头子

衣裳 —— 叶子、挂洒

马褂 —— 飞蛾子

大褂 —— 通天洒

马甲 —— 缺袖儿

短衫 —— 霍血

官服、铠甲 —— 龙鳞章

帽子 —— 顶罗

官帽 —— 翅子顶罗

围脖 —— 护梗子

衬衣 —— 罗围

裤衩子 —— 小叉

行李 —— 归帐

被子 —— 裹裸子

棉袍 —— 大篷子

上衣 —— 大衫子

裤子 —— 蹬空子、三眼子

袜子 —— 熏筒子

鞋 —— 踢土子

食

水 —— 壑沟

喝水 —— 抿壑沟

吃饭 —— 上啃、啃散、填仓

保住有饭吃 —— 保住啃

吃不上饭 —— 蔫啃

饿了 —— 槽头空、存里嚷嚷了

茶壶 —— 青壳子

酒壶 —— 山吊子、矬子

小勺 —— 羹池

饭勺 —— 水鸭子

大碗 —— 汤钵子

喝 —— 搬、抿

酒 —— 山

烧酒 —— 火山子

啤酒 —— 水山

洋酒 —— 色糖山子

买酒 —— 肘山

喝酒 —— 抿山、搬山、奔火山子

喝醉了 —— 搬窜了、搬高了

醋 —— 忌讳

盘子 —— 可山子

筷子 —— 错把、顺子、画十字

点心 —— 春汉

面条 —— 挑罗

碗 —— 碴罗

肉——错齿子、措实
菜——苗心
饭店——啃窑
茶馆——牙淋窑
茶——牙淋
拿筷子——搬梁子
擦脸——黏映
吃饱——眩里圆
鸡蛋——滚子
馒头——气罗子
包子——穴空子
饼——翻张子
粥——稀里散
烧鸡——老西子
狗肉——捞孙子
米——碾细子
饭——马牙、散儿
姜——辣黄
大米饭——千金散
小米饭——星星散
水饺——漂洋、掐边
高粱米——红粒
大棒碴子粥——黄粒
黄瓜——麻条
茄子——紫皮
猪肉——老亥
红焖鱼——苗须条
油——漫水
盐——海沙
秤——挑横梁子
菜刀——大青子
大缸——海托
沿门乞讨——化锅
吃酒席——对火
辣椒——狠心子
偷豆角——摘青虫
偷棉花——捏白蛾
偷高粱——请关爷
中途到饭馆吃饭——打尖

住

店——窑
住——扎、垛
客栈——琴头
租房子——拔阳地
开房——爆马栏
房子——塌笼
旅店——明窑、流水窑
民房——阳地
不花钱的住处——暗窑
按指定的位置住宿——杜琴头、扎琴头
房钱——窑包
住宿——趴窑儿
安排好了或住下了——按根
上床——蹦台
跳墙——遛狗
烤火——零甲
跨门槛——迈基
住何处——趴哪了

住店 —— 趴流水窑

住医院 —— 趴白窑

住学校 —— 垛蛤蟆窑

住澡堂 —— 趴池子、扎池子、垛换水窖

住自己的家 —— 垛家窑

蹲火车站票房 —— 扎大轮窑

公安局 —— 刺儿窑

睡觉 —— 塌条

点灯 —— 闪亮子

关门 —— 闭扇、落灯

抄家 —— 掏窑

用

照明用具 —— 亮子

夹头发的发卡 —— 编彩

装东西的包裹、盒子 —— 啃包

木凳 —— 棱角子

洗脸 —— 净招牌

镜子 —— 影子

木梳 —— 抿子

刷牙 —— 清清裁子

吸烟 —— 蹦火

收容所 —— 闷子

香烟 —— 草啃儿

烟叶 —— 草散儿

火柴 —— 蹦星子、红头

打火机 —— 火蹦子

旱烟袋 —— 熏筒子

抽旱烟 —— 抿草散

行

方向 —— 埝

东 —— 倒

西 —— 窃

南 —— 阳

北 —— 没

东方 —— 倒埝

西方 —— 窃埝

南方 —— 阳埝

北方 —— 没埝

左侧 —— 码下

右侧 —— 码上

骑马 —— 跨着疯子

骑驴 —— 逼金扶柳

离开 —— 扯滑

快跑 —— 溜溜的扯滑

徒步行走作艺 —— 拉旱

走 —— 接地

看看 —— 巴巴、巴何巴何

问 —— 底根

船 —— 底子

地图 —— 摆子

桥 —— 悬梁子

车 —— 轮子

小车 —— 简轮子

大车 —— 海轮子

开车 —— 驾轮子

开汽车的 —— 驾色糖轮子的

乘车 —— 蹬轮子

套车 —— 扯轮子

骑车、坐车 —— 追轮子

车票 —— 轮符子

马鞍 —— 元宝

医

生病 —— 蔫啃

疼 —— 吊

老 —— 苍

药 —— 汗

膏药 —— 脱汗

药丸子 —— 酱汗

中药 —— 碴子汗

拔火罐 —— 三光罐子

病 —— 祸

腿疼 —— 金刚吊

病不愈 —— 抹不作

诊脉 —— 粘弦

治病 —— 搬科

打针 —— 插末

用蛇泡的药酒 —— 溜水汗

按家传秘方制作的药 —— 祖上宝

老鼠药 —— 长尾汗

虎骨 —— 老坎

化食丹 —— 火粒

眼药 —— 照汗

治疗牙疼的药 —— 裁丹汗

牛马等牲口用药 —— 半角汗

药糖 —— 汗子王

给狗用的药 —— 娄金汗

说不明性质的药 —— 外来汗

重病 —— 尖刚

串户治病 —— 科推包

做手术 —— 动青子

腰部有病 —— 弯弓子祸

病愈 —— 抹作

去世 —— 麻点、仙游、土了点了

演艺行话

干哪一行的 —— 贵包口

江湖人自称 —— 相夫

江湖同道 —— 合吾、同相

同辈人相称 —— 老合

从事算卦、相面、扶乩、看风水等江湖行当的 —— 巾门

从事看病、卖药等江湖行当的，也称“挑汗的”—— 皮门

从事杂技、魔术、马戏、驯兽、口技、杂耍等技艺的，也有人称“抹子行”，后又专指魔术表演 —— 彩门

从事打把式卖艺的 —— 挂门

走街卖唱的 —— 平门

从事说唱评书、大鼓、相声等曲艺行当的 —— 团门

从事扎彩、鼓吹手、杠房营生的 —— 调门

梨园戏班 —— 柳门

从事表演杂技、跑马戏、变戏法、打把式、驯兽、卖狗皮膏药、大力丸等行当的—— 耍生意的

算卦、相面等不用锣鼓乐器的江湖行当 —— 文生意

凡打把式、耍猴等用锣鼓乐器的江湖行当 —— 武生意

班主 —— 掌穴的、正点子

分管外事联系的人 —— 开边的、打地的

男演员 —— 男把式、外把式

女演员 —— 女把式、里把式

乐队 —— 声点

乐器演奏员 —— 扁轰子的

专为铜管演奏员支付薪金 —— 抽号份

徒弟 —— 抄牌儿，也有人称“抄范儿”

卖票 —— 挑幅子

看门收票的 —— 站把的

喂马的马夫 —— 马号的

用来围演出场地的布 —— 围子

用来阻挡观众随便进出的线网或铁栅栏 —— 网子

固定道具的立杆 —— 戳

连接、固定两立杆顶端的棕绳或油丝绳 —— 漫头绳

固定棚绳、杆绳的地扭 —— 坠子

棚门口的宣传画 —— 摆子

四处张贴的宣传品 —— 报子

马术表演区 —— 马道、马趟子

观众 —— 黏子

招揽观众 —— 团黏子、圆黏子

组织、宣传观众 —— 点黏子

使用手段吸引观众 —— 调（diào）黏子

开场观众自发地围了过来 —— 自来黏子

观众挤满了演出场地而无法演出 —— 滚黏子

用沾满土的毯子上下扇动，观众为躲闪扬起的灰尘而后退，以此腾出演出场地 —— 扯黏子

“扯黏子”后，让观众坐下 —— 安黏子

收钱时走了的观众 —— 流水黏子

用口儿、节目表演或其他方法，把别的场子的观众吸引过来 —— 拉黏子

观众长时间不走 —— 黏子不酥

观众将表演场地围得密不透风 —— 黏子火炽

较大型的演出且观众围观较多 —— 海黏子

因观众分布不匀而出现的人群 —— 疙瘩黏子

撵走还想看演出的观众 —— 扁黏子

向观众作揖 —— 甩圈子

走街串巷的宣传 —— 广巷

从甲演出地到乙演出地 —— 过帐

因演出的班团、艺人多而争夺演出地盘 —— 撞码头

演出地点 —— 穴眼

调整表演地点或演出路线 —— 调（tiáo）穴眼

选择固定的演出场地 —— 定相、定穴

艺人因无固定的演出场地和无固定的演出团体而赶场演出 —— 走穴

演出完毕，艺人离开演出场地 —— 开穴

又回到原来的地点演出 —— 打回头穴

下一个演出地点与上一个演出地点的距离很远 —— 打飞穴

两伙以上的艺人搭伙演出 —— 联穴

联穴结束后分伙 —— 劈穴

外出撂地或抹杆 —— 出穴

罢演 —— 扣棚

演出前的候场地 —— 后海

到剧场、影剧院、茶社演出 —— 上园子

生意有人照顾 —— 不土

愿意出钱的观众 —— 点儿

事先曾说过要表演，可后来不演了 —— 扣腥

弄巧使假做成的表演道具样品 —— 样色

配制狗皮膏药、大力丸等药品 —— 攒弄啃

配制狗皮膏药、大力丸时，所用的真正发挥作用的药 —— 底啃

展示人体内脏的图像 —— 张子

按照“张子”讲解病因 —— 点张子

撂地行医者摆放的拔下的牙齿、真假虎骨、真假熊掌等样品 —— 戏头

撂地行医者为人讲解病因、病原 —— 捋蔫啃条子

先说白送，后又巧妙的要钱 —— 鬼缠腿

推翻前面说好的价格再成倍涨价 —— 翻钢叠杵

虽夸大其词说大话，但能让人相信 —— 神仙口儿

转移话题 —— 翻天印

赌咒起誓 —— 霹雷子

先说高价后降价 —— 海开减买

生意能多挣钱 —— 买卖成块

到豪门、富户的家里演出 —— 上堂会

撂地的定好表演地点 —— 定锅

撂地的打场子 —— 化锅

演出场地处于热闹繁华地带 —— 地正

演出场地离繁华的集市会场中心较远 —— 地吊

观众不断地围在场地周边观看演出 —— 鞭点数

用手段把观众拴住，使他们舍不得离开 —— 拴马棒、拴马桩

挣钱的方法 —— 杵门子

看看观众肯不肯向场子里扔钱 —— 杵门子清

向观众要钱的方法、手段高明 —— 杵门子硬

向观众要钱的方法、手段不高明 —— 杵门子软

演些小戏法、小节目来吸引观众 —— 点买卖、提溜买卖

向观众要钱 —— 托杵

观众向场子里扔钱 —— 抛杵、撇把

演出才开始，观众就向场子里扔的钱 —— 迎门杵

门票钱 —— 迎门把

散场时，出门向观众要钱 —— 回头把

收第一遍钱 —— 头道杵、头道啃

收第二遍钱 —— 二道杵、二道啃

沿着外围观众收钱 —— 托边杵、托杵边

演出过程中不断地向观众要钱 —— 退杵、过杵

用一短杆把小孩的双臂从头顶绕过别在背后，以哀怜的向观众要钱 —— 别把

一再用哀怜的手段，迫使观众把身上所带的钱全掏出来 —— 绝户杵

观众额外赏钱 —— 疙瘩杵

观众向场上的演员身上扔钱 —— 打彩

演员躲闪观众投来的钱 —— 闪彩

暗中想办法制止观众起哄 —— 暗拖

用办法把场上的小孩哄走 —— 别铃铛

门票涨价 —— 叠杵

退票或观众要求退钱 —— 治杵蔫作

没完没了要钱 —— 逼杵

向场子上的所有观众要钱 —— 逼齐杵

不出力而分别人的钱花 —— 票杵

当场拆同行的台 —— 刨杵

演出完毕后分钱 —— 均杵、劈把

花了冤枉钱 —— 抛空杵

冤枉钱花了后才明白 —— 醒杵

冤枉钱花了后仍不明白 —— 不醒杵

被骗者往回要钱 —— 倒烂头子

收钱人偷钱 —— 悟杵

挣的钱多 —— 杵头海

挣得洋人的钱 —— 把色糖杵

演出完毕后散场 —— 起棚

不让演出的地方 —— 毛地

生意难干或收入不好 —— 殉地、地殉

因主客观因素而无法演出，被困当地 —— 睡了

问题解决后且离开演出地 —— 解地

当地地痞、恶霸、士绅、官府到演出场地制造麻烦，甚至勒令停止演出 —— 卯地

演出完毕，散场 —— 苏吟闷

收入好 —— 火了、火了穴了

收入少 —— 水了、殉了、水了穴了

通过各种方式咒骂不给钱的观众 —— 刮钢绕脖子

让小孩站在板凳一头的两条腿上，向前弯腰，让头顶在板凳的另两条腿上，以此逼杵 —— 躬牛子

小孩向后弯腰，把头顶在板凳的另一端腿上，以此逼杵 —— 反躬牛子

本钱太多 —— 夯头海

包银 —— 合

一月的包银 —— 柳个合

压压价 —— 砸砸浆

虽人流不断，但人很少停下来看演出的场地 —— 流水地

游人、看客不易找到的演出场地 —— 死角地

找不到下一个演出地，只好在原地维持演出 —— 靠地

官方扣押了人或演出设施 —— 翅上卯了

大生意、阔生意 —— 火作

愿出钱的主顾 —— 点儿

辨别人的穷富 —— 把点儿

有钱的主顾 —— 火点儿

没钱的主顾 —— 水点儿

强拉硬拽主顾 —— 叫点儿

光顾两次以上的主顾 —— 回头点儿

稳住主顾 —— 安托、平点儿

踢了场子，抢了东西 —— 笑棚

当着局外人的面说了本行当的机关、秘密 —— 透腥、露托、卖门子

偷学艺 —— 捋叶子

半真半假 —— 半尖半腥

鼓 —— 软轰子

锣 —— 硬轰子

动作要领 —— 范儿

动作要领正确 —— 归范儿、范儿正

动作要领不正确 —— 不归范儿

思想犹豫不决时做动作 —— 二乎范儿

往回抽功 —— 回范儿

预备动作 —— 起范儿

表演过程中掌握不住要领 —— 跑范儿

动作做得很到位 —— 保范儿

演员表演时的保护者 —— 保托的、捧买卖的

魔术 —— 文活，也称立子活

杂技 —— 武活，也称扦子活

手彩戏法 —— 抹子活

道具魔术 —— 门子活

高空杂技节目 —— 吊子活

气功表演 —— 大腥活

驯兽的代称 —— 玩嘴子的、嘴子活

口技表演 —— 口迷子

马术表演 —— 马趟子、风子功

编排节目 —— 查活

排练 —— 播演

看家护院者学练的武术 —— 支挂子

保镖学练的武术 —— 拉挂子
士兵教场中学练的武术 —— 戳挂子
拉场子卖艺者学练的武术 —— 点挂子
下过功夫而得到真传的武术 —— 尖挂子
花拳绣腿、蒙骗外行的武术 —— 腥挂子
只靠耍把式（武术）挣钱的 —— 干清挂子的
盗贼学练的武术 —— 黑挂子
行侠仗义之士学练的武术 —— 明挂子
靠卖戏法挣钱的 —— 挑厨供的
靠变戏法挣钱的 —— 干彩立子的
装道具的箱子 —— 啃包
魔术节目“罗圈献彩”—— 拉罩子
外国魔术 —— 洋立子
魔术表演中变出来的道具 —— 彩
魔术表演中预先准备好的地面上的洞 —— 地门子
以光学原理研制的魔术 —— 光子活
带线的魔术 —— 苗子活
手技魔术 —— 手彩活
古彩戏法 —— 落活
机关秘密 —— 门子
门子中的机关 —— 拨眼
魔术表演中的主演 —— 使活的
魔术表演中的助演 —— 量活的
魔术表演前的准备工作 —— 掐活
魔术表演中使用的道具 —— 托
魔术表演中把道具挂在身上 —— 黏托
魔术表演时转移观众注意力，以快捷灵巧的手法变出道具 —— 抢托
魔术表演时把道具亮给大家看 —— 亮托
魔术表演时把道具再变回去 —— 回托

假装观众 —— 裁托

把“门子”在道具上装好 —— 上托

魔术表演时把道具变出来 —— 出托

魔术表演中，出托前向观众展示，没有挟带藏掖道具 —— 漂托

魔术表演中，出托前使口儿向观众交代 —— 谝托

魔术表演中主演忙不过来时，助演协助传递道具 —— 续托

魔术表演中掩护变出道具的“门子”—— 护托

魔术表演中，将一个道具变为另一个道具 —— 换托

魔术表演中，出托时表演失败，但没让观者看出破绽 —— 失托

魔术演员失败，并让观者看出了破绽或是杂技演员失手没完成预定规定的动作 —— 抛托

出其不意地做危险动作 —— 闪托

快一点儿 —— 马前点儿、念古六

慢一点儿 —— 马后点儿、稀着点儿

魔术表演用的彩桌子 —— 过梁

魔术道具上藏彩品的洞 —— 海

魔术道具上用的铁丝 —— 硬苗

魔术道具上用的线 —— 苗子

魔术道具用的纸条 —— 帘

魔术道具用的口袋 —— 囊子

表演魔术用的布制方巾 —— 符子

演古彩戏法时演员披在身上的大方巾 —— 挖单

魔术道具中的铁棍 —— 把子

魔术表演前在身上挂道具 —— 摆

魔术表演中挂道具的钩子 —— 合

魔术表演中放水碗的口袋 —— 月

魔术表演时碗上蒙的隔水布 —— 幔子

幔子上的小绳头 —— 揪子

魔术表演中放道具的口袋 —— 过儿

魔术表演中挂道具的插销 —— 别

魔术表演中控制变出道具的工具 —— 开

魔术表演中关键性的要领 —— 拨眼

魔术中变出来的人 —— 瓤子

主演向助演进行交代 —— 棒

吞宝剑的表演 —— 抿青子

吞铁球的表演 —— 丹、摁滚子、海啃

吞剑吃蛋表演 —— 对包立子

鼻孔出火表演 —— 火烧中堂

“仙人摘豆”表演 —— 豆、小苗子

巧套连环的表演 —— 环

用手将瓷碗捏碎 —— 捻瓷儿

用头把酒瓶撞碎 —— 脑镗子

单手击石的表演 —— 开山根

用手或头打碎砖头的表演 —— 开方子

用手在砖头上钻洞的表演 —— 拧方子

鼻孔中插刀的表演 —— 鼻青子

鼻孔中钻蛇的表演 —— 鼻丁子

变红球的表演 —— 大苗子

大变活人的表演 —— 海军儿、闷子活

变大海碗的表演 —— 海青

割头换相的表演 —— 换模儿

吃纸吐火的表演 —— 晃花儿

吃糖吐火的表演 —— 炼子

变鸡蛋的表演 —— 翻囊子

平地抠杯的表演 —— 亮摔

变红豆的表演 —— 亮瓷

瓷碗中变出老鼠、麻雀等小动物的表演 —— 转碴子

一只小碗变水的表演 —— 半截山

两只小碗变水的表演 —— 拉拉山

小碗变花的表演 —— 磕花子

小罐中变出彩品的表演 —— 藏粮罐子

空壶中变出水来的表演 —— 气壶

空壶中变出酒来的表演 —— 偏心子

一只球变来变去的表演 —— 单球子

两只球变来变去的表演 —— 二仙传道

三只球变来变去的表演 —— 三仙归洞

小布包变来变去的表演 —— 倒包子

扇蝴蝶的表演 —— 扬起子

“大武术” —— 码活儿、叠罗汉

“小武术” —— 跟头会

“水流星” —— 水碗子、烧木带了

杂耍 —— 杂拌子

杂耍中的大盘子 —— 长短竿子

“马叉” —— 三股子、开路

“吊小辫” —— 老薅

“上刀山” —— 架子

“古老中幡” —— 大执事

“耍花坛” —— 小执事

蹬技 —— 蹬活、滚仗口

蹬技中蹬磨盘的绝活 —— 趟地盘儿

蹬技中蹬人的绝活 —— 蹬梢子

蹬技中蹬桌子的绝活 —— 平面子

“油锤贯顶” —— 双封

用铡刀砍肚子的表演 —— 海剁

用刀砍小孩的表演 —— 砍大腥、刺腥子

“空中翻杯” —— 米簸子

口中衔一小棍，棍的另一端置刀、叉等物并随之转动的表演 —— 口捻子

把长枪抛至空中，枪尖冲头部向下刺的表演 —— 撇青子

高约 1 米左右的竹竿顶端置直径约 40 厘米的瓷盘，并拨瓷盘转动，连接 3 ~ 5 节竹竿、瓷盘，最后一节的竹竿末端，置于演员的额头或嘴巴上，演员扭秧歌的表演 —— 高竿子

表演大钹 —— 大叶

驯蛇表演 —— 条子功

车技表演 —— 土轮子

踩钢丝表演 —— 大线

以口叼为主的杂技表演 —— 口捻子、十样杂耍

“钻地圈”的表演 —— 地圈

蹬大车轱辘、大缸的表演 —— 蹬大活

钻坛表演 —— 闷子活

花棍表演 —— 拨拉棒子

倒立技巧 —— 木砖顶、拐子顶

头戴皮碗，以各种姿势把大小球抛至空中，最终球落皮碗中的表演 —— 脑蛋子

将直径约 3 厘米的玻璃球吞于口中，再从耳、眼、肛门中取出的表演 —— 蛋球子

单人“空中体操”—— 小吊子

“空中飞人”—— 飞箭

双人“空中体操”—— 双吊子

荡秋千的表演 —— 悠吊子

空中转人的表演 —— 转吊子

钻刀圈的表演 —— 刀门子

钻火圈的表演 —— 火门子

马术镫里藏身的表演 —— 卷荒

用手抓住马鞍随着马跑，身体与马身左右交替跳跃的表演 —— 撩梭

踢场子 —— 砸窑

其他

名词

天 —— 顶、乾宫

地 —— 躺、坤宫

日 —— 阳光

月 —— 玉兔
风 —— 千里赶
大雾 —— 漫天子
庙 —— 鼓子
树 —— 刁枝子
墓地 —— 阴地
坟 —— 阴德子
山 —— 架子
河 —— 水横子
塔 —— 锥子、土堆子
白天 —— 啃天
黑夜 —— 浑天
彩虹 —— 云桥
月全食 —— 天狗饿
伞 —— 开花子、雨轮子
扇子 —— 摆风子
手帕 —— 汗条
表 —— 转芯子、转机子
纸 —— 花花
银子 —— 老鸹、勾迷柞
银圆 —— 色糖迷柞
钱 —— 兰头
玩具 —— 花娃
磨刀石 —— 滚轮
钢丝锯 —— 拉细条
缝衣用针 —— 钢叉
刀 —— 青子
玻璃刀 —— 亮青子
剪刀或铡刀 —— 对口青子
假话 —— 左钉子
丑话 —— 上复苏
唱片 —— 戏片儿
字 —— 垛儿
笔 —— 戳子
书 —— 册子
对联 —— 字
钢笔 —— 笔水叉
语言表达能力强 —— 钢口儿
印章 —— 垛子
扇子 —— 折子
旗子 —— 摆风
眼镜 —— 双光子、照饼子
人家 —— 窑上
门 —— 扇
厕所 —— 抛山窑
传单 —— 符子
广告 —— 幌幌
告示 —— 先声
鬼 —— 委罗子
当铺 —— 拱页瓢子
当票 —— 器
火枪或鸟枪 —— 喷子
长兵刃 —— 蛇儿
暗器 —— 黑青子
弹弓 —— 甩绷子
斧头 —— 旋砍子
子弹 —— 硬丸子
匕首 —— 挺子

洋枪 —— 小黑驴
戟 —— 月牙锋
长矛 —— 花条子
箭 —— 飞气子
瓦 —— 飞片子
砖 —— 方子
网 —— 捕子
赶集的 —— 闹子
赶会的 —— 凑子
赶庙会的 —— 顶神凑子
要生意的本钱 —— 笨头
无本生意 —— 空手道
能挣钱的生意 —— 硬生意
做生意的用具 —— 啃把
真货 —— 尖啃
假货 —— 里腥啃
要害 —— 七寸子
官府 —— 鹰爪孙
妓院 —— 书馆
花匠 —— 色狼
头目 —— 舵头
年龄 —— 丈码
草丛 —— 棵子
狂风 —— 哨子
刮风 —— 摆丢了、斗包子
阴天 —— 插棚、丢子吊角
下雾 —— 挂帐子、起地烟
下雨 —— 摆金
下大雨 —— 海摆
下小雨 —— 简摆
下雪 —— 摆银、飘叶子
打雷 —— 扁轰儿、鸣天鼓
打听 —— 耳目
天黑 —— 墨
天明 —— 覂

动词

说 —— 团
唱 —— 柳
打 —— 扁
借 —— 统
分 —— 劈
骂 —— 唧、钻钢
给 —— 抛
笑 —— 咧瓢儿
哭 —— 撇诉、洒珠
卖 —— 挑
买 —— 肘
撵 —— 淤
带 —— 挂
要 —— 馈
画 —— 描
杀 —— 倾
翻（过来）—— 滑（过来）
狠打 —— 折扁、囚扁
恼恨 —— 吾攻
上当了 —— 挨腥了、受腥了
放火 —— 窜红子
嫖妓 —— 挂码、码牵

官府取缔 —— 卯喽

坐牢 —— 收把

害怕 —— 攒稀

行礼 —— 丢千儿

作揖 —— 甩圈子

醒悟 —— 醒攒儿、醒杵

挣钱 —— 治杵

推销 —— 催啃

开张仪式 —— 破台开荒

不会做生意 —— 控买卖

分析来人带的钱多少 —— 把把杵门子

把钱存起来 —— 杵头子挂起来

攒钱 —— 擀杵头

借债 —— 展杵头子

合伙 —— 扯帮

分开单干 —— 撤星

赢了 —— 上手

输了 —— 伤手

翻脸 —— 鼓牌

见面 —— 碰牌

照镜子 —— 对牌、对光子

丢脸 —— 抹牌了

传授 —— 博

吵架 —— 扁钢、对掐

说人好话 —— 团细妥纲

说人坏话 —— 团丑纲、针纲

彼此之间不一心 —— 个已

不管行内行外，逮住谁坑谁 —— 吃空挖相

谎话连篇、忽悠骗人 —— 晃典坑人

以话引话、套问对方的情况 —— 过簧

打死人了 —— 打麻点了

敲诈 —— 挖

敲诈人 —— 挖个点儿

作假行骗 —— 放腥

假的被人识破了 —— 露腥、放腥

不受敲诈 —— 挖不下来

见人要钱 —— 避柳琴

官家、军警轰撵 —— 淤喽

陷害人 —— 叩斜瓜

中计了 —— 中托了

冒险 —— 顶瓜

磕头 —— 叩瓢

发生意外事故 —— 出蛊毒儿

纠缠 —— 乞磨

训导、训练 —— 夹磨

做亏心事 —— 伤攒子

叫嚷 —— 升点

说话 —— 团纲

答话 —— 答纲

大声说话 —— 长夯

忍着 —— 蔫着

写字 —— 戳垛儿

吹牛 —— 海喷

说大话忽悠人 —— 晃晃点

不把话说明白、彻底，说半截留半截 —— 露八分

赌钱 —— 控銮

买枪 —— 窜蔓子

放枪 —— 喷子升点儿

没钱花了 —— 蔫了杵、蔫兰

打架 —— 扁托

狠揍 —— 秋扁

骨折 —— 老敲粉

动手 —— 招呼

放屁 —— 抛熏

拉屎 —— 抛山

怀孕 —— 挎宝

生孩子 —— 撇了

男人小便 —— 窜挺

女人小便 —— 摆柳

不要再说 —— 念纲、念短

保持沉默，不说话 —— 念搁

别说了 —— 搁念

打他 —— 开扁

不该这么办 —— 搁意

叫人害怕 —— 顶了瓜

被狗咬 —— 皮子串了

流血 —— 爆浆

分析、研究、推敲 —— 攥楞

送红包 —— 顶盘

告状 —— 盯鼓

打官司 —— 朝翅子

打死人了 —— 扁屠

把人带到别处讯问处理 —— 牵码

被拘留 —— 吃闷子

入狱 —— 进册

出狱 —— 出册

判徒刑 —— 吃海闷子

杀头 —— 摘瓢

自报家门 —— 报蔓儿

更名改姓或更换师门 —— 拧了蔓儿

初次见面的寒暄 —— 通相

用“春典”相互套话、盘问 —— 盘道

江湖上讲行话 —— 展言子、叫春儿

精通行话 —— 满春满典

祖传 —— 父子海

师传 —— 情义海

官匪勾结 —— 掌红吃黑

得罪了人或结下了仇 —— 结梁子

计较 —— 差纲子

懂不懂 —— 转不转

行不行 —— 得不得

夺人家的饭碗 —— 端锅

抢人家的地盘 —— 撬杠

入土为安 —— 黄金入柜

交朋友 —— 对红心

开玩笑 —— 涮狠心坛子

说下流话或没用的话 —— 臭包袱

形容词

少 —— 减

多、大 —— 海

小 —— 简

真 —— 尖

假 —— 腥

狠 —— 杀

快 —— 溜点儿
疼痛 —— 刁酸
想得周到，做事情让人放心 —— 细妥
不好或没有 —— 蔫
事情办坏了 —— 蔫作
形容人品行差、良心坏 —— 灰
心里明白、办事机灵 —— 船亮
逢事则迷 —— 簧点不清
清空紧急 —— 风紧
穿得阔绰 —— 挂洒火
穿得破旧 —— 挂洒水
名声好 —— 蔓儿正、蔓儿做派
名声不好 —— 蔓儿蔫、蔓儿蔫作
功成名就 —— 立了蔓儿
客气 —— 重阳
运气不好 —— 章年不正
时来运转 —— 火穴大转
讨人嫌 —— 郎不正
娇气 —— 宝气儿
叫人佩服 —— 响了
长相魁梧 —— 人式压点
相貌丑陋 —— 人式不正、牌儿蔫作
不土不洋、四不像 —— 十三点
恶贯满盈 —— 天仓满了
五官俊美 —— 牌儿蔫啃
五官丑陋 —— 影儿念撮
形体匀称 —— 条儿撮啃
形体不匀称 —— 条儿念撮
一知半解 —— 半开眼
艺术高超 —— 艺不错转
看戏 —— 搬天王
嗓子好 —— 夯头儿正
口齿好 —— 碟子正
口齿不清 —— 碟子浑
通俗易懂 —— 皮薄
深奥难缠 —— 皮厚
嗓子坏了 —— 夯头鼓了
闷热 —— 阳气大
寒冷 —— 阴气大

数量词

一 —— 柳
二 —— 月
三 —— 江
四 —— 载
五 —— 中
六 —— 申
七 —— 兴
八 —— 张
九 —— 爱
十 —— 足
百 —— 尺 / 挂
千 —— 丈 / 干
万 —— 方
分 —— 青
角 —— 甲
元 —— 皮锦
毫 —— 星
尺 —— 百
丈 —— 才
类 —— 念系子

《柔术》

农业经济

韦小庄的农业经济主要是种植业。粮食作物有小麦、红薯、玉米等，经济作物有棉花、芝麻、花生等。数百年间，无论农村经济体制如何变革，无论人们生产、生活方式如何变化，故乡的农业收获、故乡的田野土地，永远是村民们难以割舍的牵挂。

数百年来，韦小庄人一直把农业收入视为最基本的生活保障，无论艺人们的杂技技艺传承多少代，无论艺人们的收入有多高，仍把韦小庄视为技艺传承、血脉传续的根基。新中国成立之前，杂技行里有“玩大棚，受大穷，十凶一吉”之说，艺人外出卖艺收入高但风险也大，尤其是具有一定规模的班团，一旦遇上天灾人祸，所有资产便会荡然无存，家中若有房有地，还能为其提供最基本的生存保障，还可从耕地开始，重整旗鼓，若无田地，便会难以为继。新中国成立后，韦小庄艺人仍然坚持亦农亦艺的传统。1980 年之前以务农为主，1980—1990 年半农半艺，即使是 1990 年以后韦小庄杂技走向了职业化道路，艺人们也不愿放弃田地，或让在家的父母、亲戚耕种，或转给种粮大户耕种。韦小庄的农业生产一直跟随着中国农业发展的步伐，从生产关系到生产方式不断发生着变革。

体制变革

地租制和雇佣制　新中国成立之前，韦小庄隶属韦大营村管辖，土地集中在少数地主手中。地主与农户的经济关系分为两种。一是收地租，地主把土地租给农户耕种，收取地租，一般按三七分成或四六分成，地主占大头，农民收获的粮食按定好的比例向地主交送地租。二是地主雇佣本村或周边村庄的贫穷农户耕种土地，雇佣方式有两种，一种是短工，只是在种、收农忙季节临时雇佣；另一种是长工，即长年为地主家耕种土地、收割粮食。韦小庄村民只有几户人家拥有不到 1 亩的土地，多数村民常年租种韦大营地主的土地或给地主家打短工，风调雨顺年景尚能饥一顿、饱一顿度日，若遇旱涝天灾，庄稼歉收，多数人家交租、交税后生活用费所剩无几，只能流落外地，或表演杂技，或逃荒要饭。

1947 年临泉县解放，中共临泉县委、县政府开展“减租减息”政策，韦大营（包括韦小庄）废除了地租制。

土地改革和互助组

土地改革　1951 年年初，临泉县人民政府土改工作组到韦大营村进行土地改革。首先在清查各农户经济状况的基础上划分阶级成分，韦大营村（含韦小庄、砖井沿）被划为地主成分的村民有 12 户，富农 8 户，中农 30 户，其余为贫农或雇农，其中韦小庄住地的村民全部为贫雇农。然后按照“中间不动平两头”的政策，依据“抽多补少，抽肥补瘦，就近分配”的原则进行了生产资料的分配。韦小庄 9 户 52 名村民，共分得土地 127.05 亩，人均 2.44 亩，另有 40 亩荒地作为公用地，韦小庄村民第一次实现了“耕者有其田”的梦想。面对自己所有的土地，村民们爆发出前所未有的耕种积极性。

1952 年韦小庄村土地改革政府发放土地房产所有权证情况表

表 10

姓名	人口（人）	可耕地（亩）	非耕地（亩）	宅基地（亩）	荒地（亩）	房屋（间）
韦化堂	5	11.70	0.80	0.80	0.93	5
韦玉林	6	12.66	0.84	0.84	0.70	4
韦玉秀	5	9.37	0.83	0.67	1.23	4
韦心堂	4	11.76	0.57	0.47	0.47	3
韦玉贤	6	16.25	0.37	0.37	0.37	5
韦玉琢	10	26.84	0.31	0.91	0.49	7
韦心龙	6	15.22	0.46	1.55	6.61	7
韦玉明	5	12.30	0.36	0.84	1.00	5
韦心良	5	10.95	0.37	0.37	0.56	3
合计	52	127.05	4.91	6.82	12.36	43

互助组 土地改革完成以后，由于劳动力、畜力和机械工具的缺乏，农户独自完成耕种困难很大。1951 年年底，农户开始在自愿的基础上，按照家族“三小门派”组合成 3 个临时互助组。组内成员之间根据劳动需要互换劳动力、畜力。1952 年春，政府开始引导村民成立常年互助组，韦小庄原来 3 个自发性、临时性互助组合并成 1 个互助组。互助组内组员互相帮忙，共同劳动，优先解决无牲口、劳动力弱或无劳动力农户的困难。没劳动力、没牲畜的农户农忙时主动给互助组成员送茶、送饭、照看孩子、喂牲口、修理农具，甚至把自己家里的柴草送给有牲口的人家。互助组的成立，协调了劳动力、畜力，促进了农业生产。小麦亩产从 1949 年的不足 40 千克，提高到 1952 年、1953 年的 44 千克左右。

初级社和高级社

初级社 1954 年，韦大营（包括韦小庄）成立两个初级社，韦小庄属于韦怀影初级社。村民入、退社自由，集体劳动，按股分红。成立的模式是各互助组农户将土地、农具、大牲畜作价入股，并入社内，劳动力实行按劳分配与按股分配相结合的分配方式。初级社的劳动组织是以自然庄或生产组为单位（韦小庄自然庄为一个单位），统一安排生产，通知村民下地干活。从此村民的称呼改为社员。1955 年，韦大营的两个初级社合并为一个初级社。

高级社　1956 年，韦大营（含韦小庄）、砖井沿、韦小营、韦周庄、大崔庄、孟庄等初级社合并为延河高级农业生产合作社（高级社）。生产资料全部收归集体，实行按劳分配。高级社时期，粮食产量有所提高，小麦平均亩产达到 48.5 千克。这一时期开始出现“出工不出力”的现象，劳动生产效率逐渐降低。

人民公社化

1958 年 10 月，农村成立人民公社，韦小庄隶属迎仙公社韦周大队韦大营生产队。后为适应“大跃进”的需要，实行军事化管理称为韦大营连。韦大营连归庆华营管理，设东、西、南、北排，韦小庄属东排。在“大跃进”形势推动下，韦大营（包括韦小庄）农业开始“大干快上”。

“放卫星”　1958 年，韦小庄小麦平均亩产量仅 48.5 千克，但在公社要求下，各连都开始“放卫星”，韦大营连各排（包括韦小庄）相互攀比，农作物产量越报越高，小麦单产最高虚报到 80 ~ 100 千克，超出实际产量的一倍还多。

“力争上游”　1958 年，按照公社要求，韦大营（含韦小庄）开展土地深翻运动，男女劳动力齐上阵，刨地 3 尺有余，大量生土被翻上来。致使当年小麦生长不良，造成小麦产量不增反减，但红薯产量大增。当年秋，收割大豆时为响应号召，各排盲目攀比，“抢进度、比速度、争上游”，收割下来的大豆，未经晾晒，直接碾压脱粒，一遍而过，结果脱下的大豆籽粒没有豆棵上剩余的多，造成浪费。当年，按照上级要求，韦大营连各排都有一块旱田改水田的任务。韦大营东排（含韦小庄）在白土洼西侧种植水稻 3.5 亩，派 20 个劳动力轮班负责灌溉水田，一日两次，浇满为止。由于土壤存水性极差，只好天天灌溉。20 名劳动力吃住在田，循环往复，直至稻熟。因投入很大，收入甚微，次年弃种。

“一平二调”　1958 年刮起“共产风”。韦大营连推行“一平二调”，连里把各排粮食、资金进行平均、无偿调配，激化了基层矛盾，伤害了农民的劳动积极性。当年，韦大营西排的粮食较多，就被平调往东排。次年，各排纷纷弃种。

盛开的黄蜀葵

“三自一包”[1] 1961年10月，韦大营分为9个小生产队，土地到队，独立核算，韦小庄自此独立成生产小队。当年，实行“三自一包”，按照政策规定，以耕地5%～7%的比例给群众划出自留地。韦小庄以“猪粮田”[2] 的形式为村民每人划出3分自留地，生产队队长又先后把河坡地（人均1亩）划分到户，土地产出迅速提高。1963年，因超面积分自留地，在公社被当作反面典型批斗，除“猪粮田”外，土地又全部收归集体。从此，开始“以阶级斗争为纲”，农民的生产积极性迅速下降，农村经济徘徊不前。

“农业学大寨” 1967年，开展“农业学大寨”，大队组织各生产队打井、挖沟、修渠，开挖很多“大口井”，修建地头沟、田间渠等，对农业生产起到一定的促进作用。

家庭联产承包责任制 1978年秋，临泉县召开县、公社、大队三级干部会议，传达了中央农业工作精神——大队可以选择试点分地到组，个别试点到户。韦大营（含韦小庄）所在韦周大队不在试点之列，但群众得知中央精神以后，强烈要求效仿。1979年春，

---

① 三自一包：自负盈亏、自由市场、自留地和包产到户。

② 猪粮田：种植猪饲料作物的耕地。

韦小庄所属的韦周大队偷偷将土地划分到组，韦小庄90名村民分成3个小组，有的组一分到底，直接到户。时县委组织部、县委党校联合派人对韦大营书记分地行为进行联合调查。

1980年春，韦小庄实行土地承包到户，按实际人口分地，人均分地1.5亩。土地到户，村民农业生产积极性大增，并开始重视精耕细作，施用肥料，粮食产量迅速提高。当年虽然遭遇春季霜冻、夏季淫雨灾害，小麦亩产仍接近1979年，平均亩产达130多千克。其中，最高亩产达228.6千克。1980—2015年，由于农村政策稳定，全村粮食、油料收成持续增长。

1980年以后，韦小庄村与周边村庄比较，缺少商业和加工业人才，经济仍处于落后位置。于是，利用杂技人才优势发展杂技事业，成为韦小庄人的必然选择。

土地二轮承包和土地流转

土地二轮承包　1993年，韦小庄进行土地二轮承包，农户承包的土地集中起来按人口再次平均分配到户，以村委会名义发放土地经营权证书和耕地承包合同书，土地承包产权30年不变。2004年，韦寨镇对韦小庄农户耕地进行实地电子测量，再次确权，实行土地保持稳定、承包关系长久不变的政策。

土地流转 2009年以后，农村开始实行土地流转政策。韦小庄杂技艺人常年在外，土地一直交给在家的老人或亲朋好友代为耕种。直至2015年，韦小庄开始流转承包周边村庄土地350亩，其中包括韦小庄8户村民土地36亩。时任村主任韦红伟通过与外地药厂、外贸公司签订订单，规模种植生姜40亩、黄蜀葵150亩、辣椒100亩。土地流转后，农忙时雇佣周边村民，最多达60人。当年，韦小庄成立了种植专业合作社，建立了黄蜀葵、青豆、辣椒种植基地。

◉ 税费与补贴

农业税费 新中国成立初期，临泉县执行农业税暂行条例，对土地进行等级评议，在夏季前分批次进行评产，因地、因时、按收成进行核算，分夏秋两季缴纳。1950年，当地执行最低税率，将常年产量60千克降至10千克为起征点，10.5 ~ 40千克抽3%，40.5 ~ 60千克抽5%,60.5 ~ 75千克抽7%,75.5 ~ 85千克抽8%,85.5 ~ 92.5千克抽9%，93 ~ 107.5千克抽10%。在正税的基础上另加15%的附加税。

从互助组开始，韦小庄税费主要是缴公粮，按照常年产量的7%征收。公粮按小麦3千克/亩、红薯30千克/亩的标准征收。1959年夏季改为按平均产量的13%征粮。

20世纪60年代，根据全县税负水平，正税加附加税每亩负担11.84千克。70年代，韦小庄常年产量总计12975千克，按11%的负税率，纳税总额达1427.25千克。平均每亩年产量为102.2千克，平均每亩负担11.24千克，加15%的附加税，合计每亩缴公粮12.93千克。1979年实行起点征收，起征点以生产队为单位人均150千克，按人均平均收入核定计征点。1980年实行免税三年的办法，促进了农民休养生息和生产的恢复。1983年，对困难户按社会减免标准予以照顾，韦小庄一直是重点照顾对象。

20世纪80年代以后，按照国家农业政策，原则上以乡镇为单位，农业税费控制在上年人均纯收入的5%以内。村集体提留和乡镇统筹费各占2.5%。80年代后期，地方开始出现乡统筹和村提留等名目多样、收费不断增多的情况。90年代以后，农村乱收费现象日益严重，农民负担不断加重。1996年全村人均各项税费101.88元，1998年全村人均各项税费141.61元。农民负担的加重，导致生产积极性低落，韦小庄越来越多的村民放弃农田，外出表演杂技，农业生产愈加落后，韦小庄成了远近有名的穷困村和落后村。当时镇里流传着一段顺口溜："家中都是老弱残，提留收费老大难。突击队再会玩，遇到小庄没法缠。”

1997 年春季，《阜阳市农业税费征管办法改革方案》与细则出台实施。2001 年开始，农业税费改革开始实行“三取消、两调整、一改革”[①]，农业税费大幅度下降，韦小庄村民人均税费负担也逐年下降。2006 年 1 月 1 日，国家彻底取消农业税。

种粮补贴 2003 年 5 月 28 日，安徽省人民政府下达《安徽省扩大粮食补贴方式改革试点方案》。2005 年，临泉县执行安徽省人民政府下发《关于认真做好 2006 年粮食直接补贴工作的通知》精神，增加的资金重点向粮食主产区倾斜，向农民发放平均每亩 5 元的补贴。从此，韦小庄村民开始享受种粮补贴。

2005 年，韦小庄 125.55 亩种粮土地共发放直补资金 627.75 元，由镇财政所直接发放到户。2006 年，临泉县执行安徽省人民政府关于粮食直接补贴工作的精神，直接补贴每亩增长到 10 元，韦小庄发放直补资金 1255.5 元，同时发放小麦良种推广补贴每亩 8 元。根据规定，针对使用良种推广的农户给予补贴，不使用良种推广的农户不予补贴，当年韦小庄使用良种推广的共 11 户、32.25 亩农田，补贴资金 258 元。同时对农民给予农业生产资料价格综合补贴，每亩补助标准为 11.49 元。2007 年，直补标准不变，农资综合补贴标准为 20.71 元 / 亩，补贴资金合计 2100.15 元，实行一户一卡，由省财政直接打卡发放到户。2008 年，直补标准不变，农资综合补贴为 6.10 元 / 亩，全村共享受补贴资金 765.86 元，与直补资金一起打卡发放到户。2009 年，直补标准不变，综合补贴资金为 35.11 元 / 亩，全村享受综合补贴资金合计 4408.06 元，良种种植补贴小麦 10 元 / 亩，玉米 8 元 / 亩。2010 年，直补标准不变，综合补贴资金为 46.22 元 / 亩。2011 年，直补标准不变，综合补贴资金为 55.71 元 / 亩。2012 年，直补标准不变，综合补贴资金为 56.63 元 / 亩。2013 年，直补标准不变，综合补贴资金为 69.59 元 / 亩。

2015 年，财政部、农业部下发《关于调整完善农业三项补贴政策的指导意见》，安徽省政府办公厅下发《关于印发农业三项补贴合并改革试点第三个实施方案的通知》，临泉县政府办公室下发《关于印发临泉县农业三项补贴合并改革试点实施方案的通知》，将原农业三项补贴合并，设立农业支持保护补贴，并调整补贴方向和支持目标，重点支持耕地地力保护。根据省财政厅《2015 年中央村庄农业支持保护补贴资金的通知》精神

① “三取消、两调整、一改革”：取消乡统筹和农村教育集资等专门向农民征收的行政事业性收费与政府性基金、集资，取消屠宰税，取消统一规定的劳动积累工和义务工；调整现行农业税政策，调整农业特产税政策；改革现行村提留征收使用办法。

和分配指标，乡镇对韦小庄农户所占耕地面积进行重新核定确权，并以此作为补贴的依据。截至 2015 年年底，实施方案尚在完善之中。

◉ 种植业

粮食作物

小麦 数百年来，小麦是淮北农民亦是韦小庄村民种植的主要粮食作物，被称为“当家粮食”。一般情况下，小麦的收成决定了农民当年的生活质量。

面积、产量 民国年间，韦小庄小麦种植面积占耕地面积 40% ~ 50% 左右，由于生产水平低下，抗灾能力差，年亩产 40 千克左右，最高 50 千克。

新中国成立后，政府把小麦生产放在重要位置，引导农民科学种田，小麦产量逐渐提高，特别是通过小麦品种的更新换代，小麦产量节节攀升。1951 年，小麦平均亩产只有 46 千克。1953—1957 年，受生产水平限制，加之旱涝灾害频繁，平均亩产极不稳定。1959 年，小麦种植面积下降，是新中国成立后韦小庄小麦种植面积最少的一年，平均亩产减少到 43.5 千克；1961—1963 年，平均亩产下降到 35 千克左右；1963 年以后，在中央调整恢复政策指导下，农民生产积极性有所提高，粮食产量开始回升；1965 年，小麦平均亩产达到 71 千克；1966—1975 年，小麦平均亩产一直在 75 千克以内；1976 年，

丰收在望的麦田

韦小庄小麦平均亩产第一次突破 100 千克大关。

1978 年中共十一届三中全会以后，随着家庭联产承包责任制的推行，小麦种植面积逐年扩大，单产产量逐年提高。1982 年，小麦平均亩产由 1981 年的 165 千克增加到 231 千克，第一次突破 200 千克大关，创历史最高水平；1984 年突破 250 千克；1986 年突破 300 千克；1992 年突破 350 千克；2007 年突破 400 千克。之后除灾年外，韦小庄小麦平均亩产多在 350~400 千克之间，高产地块部分突破 500 千克。

品种　1946 年前后，韦小庄种植小麦品种有“五爪麦”、“大洋麦”、“三白麦”（又名“白芒白”）、“三月黄”等。1953—1985 年，引进几十个小麦新品种。1953 年，引进“中农 28”“碧玉 1 号”“丽英 1 号”等品种；1955 年以前，韦小庄良种有“蚰子头”“三白麦”“红芒白”“五爪麦”“糙红麦”“三月黄”等，其中“蚰子头”“三白麦”“五爪麦”为最优品种，“三月黄”“三白麦”连续种植 20 多年；1956—1957 年，引进“南大 2419”“矮粒多”“吉利麦”3 个新品种；1963—1965 年，引进了 9 个新品种，即“阿夫”“阿勃”“早洋红”“内乡五号”“石家庄 407”“阜农 4 号”“阜农 11 号”“安徽 3 号”“北京 8 号”，其中“阿夫”“阿勃”“早洋红”“内乡五号”产量高，抗灾保收，品质好；1966—1972 年，引进“毛颖阿夫”品种；1972—1975 年，引进“郑引一号”“7023”“墨他”“蚰包”等品种；1976—1982 年，再次引进 12 个新品种。

1961—2015 年若干年份韦小庄小麦生产情况一览表

表 11

年度	面积（亩）	平均亩产（千克/亩）	最高亩产（千克/亩）	总产（千克）	年度	面积（亩）	平均亩产（千克/亩）	最高亩产（千克/亩）	总产（千克）
1961	85	31	35	2635	1980	92	130	228.5	10960
1963	87	33	40	2871	1981	92	165	225	15180
1965	90	71	80	6390	1982	99	231	250	22869
1966	99	58	70	5742	1983	91	220	260	20020
1967	90	43	50	3870	1984	90	256	280	23040
1968	89	72	100	6408	1985	89	236	310	21004
1971	99	75	90	7425	1986	91	308	350	28028
1976	91	103	120	9373	1990	95	312	348	29640
1977	93	56	60	5208	1991	97	32	50	3104
1978	95	119	130	11305	1992	97	381	400	36957
1979	97	133	150	12901	1997	98	398	425	39004

续表 11

年度	面积（亩）	平均亩产（千克/亩）	最高亩产（千克/亩）	总产（千克）	年度	面积（亩）	平均亩产（千克/亩）	最高亩产（千克/亩）	总产（千克）
2000	101	380	420	38380	2010	115	388	450	44620
2007	109	405	500	44145	2015	114	351	400	40014

红薯 1990 年以前，红薯是韦小庄村民的重要粮食作物，有着数百年的种植历史。特别是在灾荒年景，成为韦小庄村民的主要口粮。

面积 1961 年以前，韦小庄及周边村庄红薯种植面积基本保持在耕地面积的 50% 以上，特别是 1980—2000 年，韦小庄“三粉”① 畅销省内外，红薯种植面积一度占秋季种植面积的 80% 左右，甚至更高。2000 年以后，随着“迎仙三粉”的衰落，加上主要劳动力外出经营杂技，村里基本无人再种植红薯。

产量（红薯干） 1949 年，平均亩产 100 千克；1956 年，平均亩产 120 千克；1959 年，平均亩产 300 千克，达到 50 年代最高产量；1960—1969 年平均亩产 170 千克左右；1970—1979 年平均亩产 200 千克左右，由于品种退化，1979 年平均亩产仅为 160 千克左右；1983 年，平均亩产 159 千克左右，最高亩产 230 千克左右；1984 年以后，引进新品种，推广实用技术，产量上升，1985 年平均亩产达 267 千克；1996 年秋季平均亩产达到 562 千克，春季亩产最高达到 810 千克。

1961—2000 年若干年份韦小庄红薯生产情况一览表

表 12

年度	面积（亩）	平均亩产（千克/亩）	最高亩产（千克/亩）	总产（千克）	年度	面积（亩）	平均亩产（千克/亩）	最高亩产（千克/亩）	总产（千克）
1961	50	171	256	8550	1985	100	267	454	26700
1965	55	185	288	10175	1990	105	312	626	32760
1970	60	201	305	12060	1996	105	562	810	59010
1975	70	204	326	14280	2000	45	580	860	26100
1980	80	160	230	12800					

品种 1961 年以前，主要种植从东北引进的“胜利百号”，其特点是秧子短、结薯早而集中、产量高、淀粉含量高、粗纤维少、皮薄、甘甜适口，群众称之为“饿死

① “三粉”：粉丝、粉皮、粉面。

玉米地

狗”[①]。1979 年左右因为红薯根腐病发生严重，“胜利百号”红薯混杂退化，产量降低；1979—1980 年，陆续引进“徐薯 18”“宁薯 2 号”“丰收白”“北京 553”等品种，代替“胜利百号”；1984 年，引进“烟薯 11 号”“烟薯 3 号”“烟薯 77-600”等品种，其中以“烟薯 77-600”为佳，产量高、口感甜、品质高；1996 年，产业结构调整，红薯采用脱毒技术，平均亩产和总产值均大幅度提高。

玉米 1953 年以前，韦小庄一带极少种植玉米，人们只在菜地里种上数棵，作为孩子们的零食。1954 年开始普遍种植玉米，至 1956 年玉米种植面积扩大为 4 ~ 5 亩，平均亩产约 49 千克。1964 年，引进“白马牙”“金皇后”等新品种，村民开始成片种植，占总耕地面积的 5%，亩产达到 120 千克。1977 年玉米平均亩产达到 168 千克，1983 年平均亩产达到 201 千克。1984 年，引进“郑单 2 号”“烟单 14 号”品种。1985 年，又引进“掖单 2 号”，产量进一步提高，但种植面积仍然不大，约在 15 亩左右。

20 世纪 90 年代末，随着良种和新技术的采用，玉米种植面积迅速上升，产量不断提升，平均亩产由 80 年代末的 200 千克左右，快速提高到 400 千克以上。2000 年开始，红薯、棉花、大豆、芝麻的种植逐步被玉米取代。2005 年，玉米种植面积进一步扩大，占麦茬面积[②]的 80%，平均亩产达到 500 千克以上。2010 年，引进“先锋 355”“隆平 206”，全村玉米种植面积接近麦茬面积的 90%，平均亩产达到 600 ~ 700 千克，最高接

① “饿死狗”：形容红薯口感好，人连皮都吃完，舍不得给狗留一点。

② 麦茬面积：麦子收割后的土地。

近 800 千克。2015 年，韦小庄土地流转给种植大户发展经济作物，玉米种植面积大幅度减少到 82 亩。

1961—2010 年若干年份韦小庄玉米生产情况一览表

表 13

年度	面积（亩）	平均亩产（千克 / 亩）	最高亩产（千克 / 亩）	总产（千克）	年度	面积（亩）	平均亩产（千克 / 亩）	最高亩产（千克 / 亩）	总产（千克）
1961	8	49	56	392	1990	18	370	450	6660
1964	10	120	177	1200	2000	102	510	660	52020
1977	12	168	198	2016	2010	107	640	710	68480
1983	15	201	280	3015					

大豆　1948 年，全村大豆种植面积约在 50 亩左右；60 年代，大豆种植面积下降较多；70 年代恢复到 30 亩左右；80 年代，种植自主权下放，大牲畜增多，作为饲料的大豆种植面积略有增加，但总体面积不大；90 年代以后，受农业产业结构调整和“三粉”加工业兴起等影响，红薯种植面积扩大，大豆种植面积由麦茬面积的 40% 迅速下降到 5%；2000 年后，受玉米产量、效益提升的影响，除种粮大户外，一般农户基本不再种植大豆。

新中国成立前，大豆平均亩产约 45 千克；1954 年，引进“平顶四”品种；1965 年，引进“颍上红”“颍上大绿豆”“陈赓大黄豆”“友谊 2 号”等新品种，平均亩产上升至 70 千克；1982 年，引进“跃进 5 号”，亩产达 100 ~ 150 千克；之后又引进“科技四号”“短棵旱”等品种，均以失败告终。

高粱　新中国成立前后，村民将高粱作为主食，也做家禽的饲料，同时又可作为酿酒、酿醋的原料。完整的秸秆可用于织箔[①]；靠近穗头的细秆叫“秫葶”，可用于做锅拍（锅盖）或盛东西的小筐；上穗去粒后当地称作“秫秒子”，可用于制作扫帚、炊帚。土地改革前后，高粱的种植面积占耕地总面积的 10%，平均亩产 35 ~ 40 千克；1969 年以后逐步减少种植。1975 年，引进“千斤红”品种，扩大了种植面积；1980 年后，种植面积又逐步减少；1990 年后，村民不再种植高粱。

大麦　新中国成立前后，大麦的种植面积占耕地总面积的 10%，平均亩产 100 千克左右，主要作为牲畜家禽的饲料。土地改革后，引进了新品种“西引 2 号”，平均亩产

① 织箔：将秸秆用麻绳织成席状，用于建房时铺在房顶的铺草，也可铺在地上晾晒物品。

芝麻地

为 350 ～ 400 千克。1980 年以后，大麦的种植逐步减少，1990 年后基本无人种植。

豌豆 土地改革前后，豌豆作为村民的主要粮食，种植面积较大。70 年代前后，主要用于制作豌豆糕、凉粉，作为副食，种植面积逐步减少。80 年代初，由于经济效益较差，村民不再种植豌豆。

油料作物

芝麻 芝麻早收，有利于耕地晒垡子[①]。新中国成立前后，当地芝麻种植面积约占麦茬面积的 10%，平均亩产 25 ～ 30 千克。1970 年以前，种植品种主要是"霸王鞭""八大叉"。1976 年，引进了"驻芝 1 号""驻芝 2 号"，平均亩产达 30 ～ 35 千克。1984 年，引进"中芝 7 号""熊芝 1 号""宜阳白"，平均亩产上升到 40 ～ 65 千克。1985 年，引进"平芝 7627"，平均亩产为 50 ～ 100 千克。1990 年以后，芝麻的种植面积越来越少。

油菜 新中国成立前后，当地油菜种植极少。70 年代中期，有零星种植，品种主要有白菜型和甘蓝型，不抗病，产量仅为每亩 50 千克。70 年代后期，引进"宁油 5 号""油菜 7 号"品种，亩产 100 ～ 200 千克，效益不高。90 年代末不再种植。

经济作物

韦小庄历史上种植的经济作物有棉花、甜菜、苔干、烟叶、蚕桑等，由于效益较差，大多以失败告终。

棉花 韦小庄棉花种植历史较早。1949 年以前，农户分散种植，种植品种有白棉、

① 晒垡子：犁过后的土地，经过太阳照射，土质变得松软。

紫花棉（淡黄色）两种，产量较低，白棉平均亩产籽棉 60 千克，紫花棉平均亩产籽棉 40 千克。1961 年韦小庄从韦大营正式分离以后，按照上级指导任务要求，种植棉花 20 亩，由于改进品种，加强管理，棉花产量有所提高，平均亩产籽棉达 100 千克。至 1978 年，种植面积一直在 20 亩徘徊，亩产不断提高，平均亩产籽棉最高达到 200 千克。1980 年以后，棉花种植逐年减少。2015 年，村民不再种植棉花。

甜菜 1957 年，韦小庄种植甜菜，面积达 6 亩，由于缺乏市场，一年后弃种。

苔干 1977 年，韦小庄村民引进种植苔干，面积 3 亩，由于当年苔干的产量、质量不高，销路不好，一年后弃种。

蚕桑 1971 年，按照上级要求，韦小庄栽种 2 亩桑树，发展养蚕产业。由于种植面积较小、桑叶产量不高，两年后弃种。

烟叶 韦小庄烟叶种植历史较早，一般是自种自用，多为零星种植，面积甚小。1988—1989 年，全县大面积推广烟叶种植，韦小庄烟叶种植面积达 6 亩，平均亩产 200 千克，但由于缺乏市场，烟叶滞销。1990 年弃种。

其他 1997 年韦小庄有村民试种生姜，2000 年有村民试种西瓜，但面积都不大，虽然经济效益较好，由于劳动强度大，于次年弃种。2015 年，经过土地流转，村主任韦红伟带头开始大面积种植生姜。

植树造林 韦小庄村由于土地少，自古以来以种粮为主，树木种植较少。树木主要集中在住宅及道路两旁。树木品种主要有刺槐、桐树、国槐、椿树、楝树、白杨、楸树、梓树、柳树、桑树、褚树、桃树、梨树、柿树、枣树、杏树、梅树、樱桃树、松树、柏树、麻栗树。

20 世纪 70 年代，政府号召植树造林，引进白杨。90 年代中后期，随着附近木板厂的发展，白杨需求量大增，农民扩大白杨栽种面积，除房前屋后、沟边路旁之外，部分村民还在耕地边种植白杨。2005 年，随着木板厂的衰落，白杨价格下滑，加上春天杨絮过多，影响村民生活，白杨种植急剧减少。

畜禽水产

畜禽养殖 有史以来，韦小庄畜禽养殖一直处于散养状态。传统养殖畜禽有牛、马、骡、猪、羊、鸡、鸭、鹅等。

实行家庭联产承包责任制后，韦小庄家家户户都喂牛，既作为耕牛使用，又产牛犊出售。1983 年韦小庄小队养牛数量达到 20 头，户均 1 头以上。

2000 年以后，韦小庄村民大多外出经营杂技，留守家里的老人和孩子没有精力饲养牛羊，只能散养一些鸡鸭。

水产养殖 韦小庄水产养殖主要依托村里的古老水塘 —— 老犍塘（面积 10.5 亩）。新中国成立前，老犍塘属于韦大营官塘，为全村共有，但主要归保长私人使用。保长可以随时捕鱼自用，只有每年“三节”（端午、中秋、春节）前夕，保长集中捕鱼后，村民方可少量捕鱼自用。

新中国成立后进行土地改革，老犍塘划归韦小庄村民所有，渔业养殖全部自产自用，不计入村民收入。1965 年以前，村民凑钱购买鱼苗，粗放粗养，每年“三节”前夕，集中捕鱼，捕鱼量在 500 千克左右，每年每人可获 10 千克左右。1965 年以后，水塘加强管理，不再允许私自摸鱼、钓鱼，产量有所提高，年产鲜鱼约 600 千克，全年人均可获 15 ~ 20 千克。1975 年洪水之后，水塘面积增大，鲜鱼产量猛增。1982 年，“三节”期间共捕鱼 1600 千克，人均分鱼 15 千克左右，村民们除自家食用外，还可赠送给亲朋好友。

1990 年以后，水塘经常干涸，村民不再集中投放鱼苗和种鱼。

副业

加工业

“三粉”加工 数百年来，韦小庄村民精通于“三粉”制作。20 世纪 70 年代，家家户户从事“三粉”加工，然后到市场上零售。进入 80 年代，随着小麦产量的增加，曾经作为主粮的红薯虽成为生活中的调剂品，但却成为加工“三粉”的主要原材料。韦小庄和周边村庄加工的“三粉”，因质量高、口感好、营养丰富，创出了“迎仙三粉”的品牌（因韦小庄曾属于迎仙公社得名），名扬临泉县内外。90 年代以后，村民大多外出表演杂技，很少再加工“三粉”。

服装加工 1995 年，筹资 5 万元，租赁村内 600 平方米的楼房，建起服装加工工厂。主要生产校服和周边集市服装销售商定制的服装，常年用工 12 人，年加工服装 1 万套，年收入 12 万元。2005 年服装厂停业。

砂石加工 2005 年，开始经营砂石场，主要销售建筑、修路用砂石，辐射周边 15

千米。建场初期占地 2666.68 平方米，固定资产 100 万元，流动资金 70 万元，有汽车 2 辆、铲车 2 辆、雇用运输车辆 67 辆，常年用工 7 人，年销售砂石 40 万立方米，年均纯收入 30 万元。2007 年异地扩建，占地 5333.36 平方米，固定资产 45 万元，流动资金 50 万元，有汽车 2 辆、铲车 1 辆、雇用运输车辆 30 辆、地磅 1 台、筛机 1 台，常年用工 6 人，年均纯收入 25 万元。

运输业 1999 年，经营韦寨至北京、天津客运，年均收入 11.5 万元。2001 年，客运行业竞争日益激烈，为方便组织客源，又增添卧铺客车 1 辆，年收入 13 万元。至 2015 年，年纯收入近 70 万元。

◉ 农田水利

延河修整 新中国成立前，村庄一带沟河长期失修，旱涝发生时村民束手无策。新中国成立后，1958 年 3 月，迎仙区出动 5 万名民工对韦小庄南侧延河开展加深加宽工程，修整堤坝。韦小庄 20 多名主要劳动力全部参加整修工程，历经 3 个月，共挖土 71.58 万立方米。整修以后的延河，下口宽 11.8 ～ 34.8 米，水深 3.1 ～ 3.5 米。经过治理，延河既可行洪排涝，又可蓄水灌溉。2011 年，临泉县水利局又拨付资金对延河开展第二次治理，出动数十台挖掘机，历经 6 个月时间，彻底改变了延河堵塞淤滞现象。

斜沟疏通 斜沟位于砖井沿西边，南起延河，北至韦楼，全长 2.1 千米。1959 年，韦周大队出动 1200 名民工，历经 20 天进行疏通。整修后的斜沟下口宽 7 ～ 15 米，水深 1.5 ～ 3 米，成为韦小庄及周边村庄农田主要排水灌溉渠道。

机井灌溉 1953 年，韦小庄尚未从韦大营分离，全生产队挖井 2 眼，其中 1 眼位于韦小庄的耕地。这时期挖井还是人力直接掏土凿井，因此口径很大，人们称之为“大口井”。井口砌砖，防止坍塌，灌溉时主要采取人力提水灌溉。

1958 年，韦小庄开挖大塘，利用水车灌溉水稻。1967—1968 年，韦小庄用锥状钢柱凿水井 1 眼，又称“锥子井”，主要用畜力拉动或人力推动水阀提水灌溉，利用这种方式取水的水井又被称为“马拉井”“推井”“洋井”。

20 世纪 70 年代中期，韦小庄人采用机械旋转钻井，取土挖井 1 眼，因取土的设备称为“锅子”，这种方式打的水井又叫“锅子井”。这一时期，由于过去的马拉提水设备易损坏且配件难买，灌溉方式又恢复为人力提水。1976 年在村北修建水渠一条。

80 年代土地包产到户以后，集体经济相对削弱，水利设施无人管理，大部分损毁。90 年代初，韦小庄利用黄淮海开发项目打井 4 眼，主要采取柴油机或电力抽水灌溉。但由于水位下降，泥沙淤积，坍塌严重。1990 年之前的水井多已干涸，废弃不用。

2015 年，国家实施农村水利工程统一配套建设，韦小庄再次打井 3 眼，主要采取电力灌溉，基本满足抗旱的需要。

◉ 生产技术与机具

生产、贮藏技术

茬口　新中国成立之前，韦小庄农作物一直按传统方式耕种，多为简单重复劳动，生产技术落后。一年之中分为春耕春种、夏锄夏种、秋收秋种等几个农忙季节，以秋收秋种最为繁忙。除了一年一茬或两茬庄稼轮回耕种外，还沿袭传统的套种模式，如豌豆、小麦，小麦、西瓜，红薯、南瓜，芝麻、豇豆，麦、棉等套种模式。80 年代以后，不再套种。

肥料　直至 1967 年，韦小庄农业种植肥料均只使用农家肥，或直接施用，或沤制待肥料分解发酵后使用。

1967 年，国家拨给韦大营化肥指标 0.5 吨，村民还不懂使用，只在部分地块少量使用。当年使用地块面积 10 亩，亩产量提高 40%，从此群众开始认识到化肥的重要性。由于当时是计划经济，化肥靠划拨供应，难以买到，韦小庄村民使用化肥较少，主要还是以农家肥为主。

1974 年，韦小庄开展“家土换野土”活动，即农户把庭院土挖出沤肥，用于农业生产，用新土回填院落。同年，开展高温堆肥，将杂草、作物秸秆、人畜排泄物混合，进行高温堆肥。韦小庄在村头塘边堆成 2 米高、6 米宽、10 米长的肥料堆，年产农家肥约 200 立方米。

1980 年以后，国家化肥生产量大幅度提升，化肥供应也由计划供应过渡到市场供应，化肥成为韦小庄种植作物的主要肥料，粮食产量大幅度提高，小麦平均亩产从 1970 年的 100 千克，增加到 1990 年的 300 多千克。

植物保护　病虫害一直是当地农业生产的大敌，历史上曾多次发生各类庄稼病虫害。特别是 1944 年秋，韦小庄一带发生严重蝗灾，蝗虫成群成堆、遮天蔽日，所过之处，高粱、玉米、甘蔗叶穗皆被吃光。

1961 年秋，全县发生豆天蛾灾害，国家统一使用飞机喷洒“六六六”粉治蛾，这是韦小庄农业生产中第一次使用农药。1972 年，全县开展棉花技术员培训，农药使用开始普及。2000 年，韦小庄开始使用除草剂。

粮食贮藏 1970 年以前，韦小庄农户粮食贮存主要是用土囤[①]。70—80 年代，农户一般使用土囤和陶制大缸，只有生产队才有茓子。80 年代粮食增产之后，土囤、大缸逐渐被淘汰，代之为草茓子。90 年代，塑料茓子、塑料大缸取代草茓子，有效地防止了鼠害。红薯等生鲜品种采取地窖贮存，但仍有腐烂现象。80 年代后期，韦小庄开始对贮存红薯喷洒杀菌药品，腐烂问题得以控制。

生产机具

传统机具 1970 年以前，韦小庄村民农业耕种收获全部依靠人力，劳动工具较为原始。耕地农具主要有犁、耙、锹、钉耙，种植农具主要有耧，收割农具主要有镰刀，脱粒农具主要有石磙、木叉、木锨等，运粮工具主要是太平车、独轮车。

犁 是 1980 年以前村民耕地翻土的传统生产工具。犁把和犁底为木制，上装弯型的铁弓为犁身，犁底套着铁制的犁面、犁铧，犁铧的尖头能够钻到地下，犁面把犁起来的土翻开。犁地的深浅，靠犁楔子（尖型木头）来调整。农民十分重视保护犁，上田犁地或收工回家，如果没有拖车，都用肩膀扛着犁。1980 年以后，普遍使用拖拉机、旋耕机后犁被逐步淘汰。

耧 是 1980 年以前村民用于播种的传统生产工具。木质，有三条腿，耧腿上边是一个耧斗，用来盛粮食种子，耧斗后面板的中间凿一长方形的孔，安制一个闸板，用以调整下种量；耧斗下边有三根空心的木棒通过三个耧腿，耧腿中间是空的，种子顺耧腿播种到地里；耧腿下边是铁制的耧铧，耧铧可以钻进土里；耧斗后方形孔中有一根竹片做的芯，芯上拴一根线绳，线绳下有的拴一个铃铛，有的拴一块砖头，耩地时耧一晃，铃铛便左右摇摆，发出“叮叮”的声音，铃铛摇动带动芯子，用以拨动种子入耕地。小麦、豆子、黍子、谷子、芝麻、高粱种植都是用耧耩。80 年代后，传统耧被机械耧代替。

石磙 是 1980 年以前村民用于粮食脱粒的传统生产工具。麦子、高粱、谷子、黄豆

---

① 土囤：用泥巴做成的类似于缸的器物，用于贮存粮食。

等庄稼，脱粒时都离不开石磙。石磙是用石头凿成的圆柱体，质地有青石及紫花石，外表分为光滑与粗糙的两种，有的石磙身上还凿有长条的小槽。石磙两头中间凿有圆形或方形的小窝，由四根木头构成磙罗框。磙罗框两边木头中间掏两个洞，用两个一头尖的小木头插进洞里，对准石磙中间的圆窝，叫磙脐。由磙罗框带动石磙转动，用来碾压需要脱粒的庄稼。1980 年以后，石磙被脱粒机、联合收割机所代替，成为古董。

太平车　亦称为“大车”。由桑槐树等硬质木料制造，用桐油油漆而成。两边有车帮，中间是车厢，下边有四个车轱辘，车轱辘还镶上铁边，前边车抬杆上设置铁鼻，用来挂牲口套，一般套三头牲口，如果车上东西不重，也可以套两头牲口。新中国成立之前，大户人家有自己的大车，贫穷人家几户合买一辆，共同使用。1980 年以前，太平车一直是农村的主要生产运输工具，拉庄稼、运粮食、接送人等都用此车。1980 年以后，太平车逐渐被木板车和机动车取代。2000 年以后，太平车基本难以见到。

独轮车　是 1960 年以前村民的传统运输工具。分“小土牛”和“红车”两种。“小土牛”是一个平板车，两边带帮，下面装一个独木轱辘，易推动，一般人家的妇女、小孩走亲戚或赶集上店就用此车。“红车”的个头比“小土牛”大，较为笨重。上面中间是帮，两边空着用来装东西或坐人，下面有个独木轱辘，后面两边是车把。推的时候，用一个布带子或麻辫子作绊，背在肩膀上。此车不好驾驭，推不好便会往一边歪，推车的人要扭动身体，保持车子的平衡，俗语云“推小车不用学，全凭屁股扭得活”。1960 年之前，做生意运货物，杂技班外出装运道具、服饰和生活用品，从地里往家运送庄

太平车

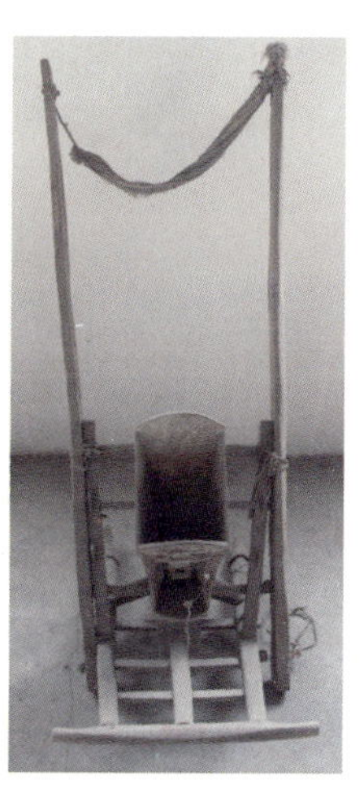

耧

红薯切片机

独轮车

稼，都要用独轮车。1960 年以后，独轮车基本被淘汰。

现代机械 70 年代以后，韦小庄村民逐步使用各类农业机械。80 年代以后，韦小庄村民越来越重视杂技事业的发展，忽略了对农业生产的投入，农业机械添置很少。截至 2015 年，全村只拥有小型灌溉机械，耕种、收割、脱粒等大型农业机械均以租赁为主。

2004 年开始，国家实施购置农业机械补贴政策，对农民购买的拖拉机、收割机、大篷车等农用车辆给予补贴。至 2015 年，韦小庄村民购买大篷车 30 多辆，农业运输车 28 辆，其他车辆 5 辆，享受惠农补贴 17.6 万余元。

村务民生

新中国成立之前，韦小庄村民依靠土地收入微薄，杂技艺人背井离乡，通过卖艺勉强糊口。新中国成立之后至1979年，韦小庄村民生活水平有了较大提高，但仍保持在温饱阶段。改革开放以后，韦小庄的杂技事业蓬勃发展，村民收入亦逐年增加。进入21世纪以后，韦小庄成了远近闻名的富裕村。

村政组织

韦大营保、甲 民国初期，韦小庄所在地属安徽省阜阳县第十区西三镇的秦小庄保韦大营甲。1935年，临泉建县，为加强防匪、防患，地方实行联保连坐。韦大营设保和甲（办公地点在老庙），韦大营保又属韦寨大联保（大联保设在韦寨集）。韦小庄村民各类事务归属韦大营保管理。

韦大营农会 1951年3月，韦大营成立了农会，开展土地改革，作为韦大营的村民，韦小庄归属韦大营农会管理，韦小庄人均分得土地，部分农民分得大型农具和牲畜。这一期间，农会发挥了重要的组织领导作用，农会主要领导成员是韦大营人和砖井沿人。

互助组组织 1952年，韦大营开始组建农村生产互助组。韦小庄大部分群众是佃户出身，劳动力不均衡，生产工具差异大，十分拥护成立互助组。韦小庄的11户52人，按“老三门”[①] 组成3个互助组。

1952年韦小庄互助组情况一览表

表14

组别	户数（户）	人口（人）	土地（亩）	牧畜（头）
韦玉贤	3	22	48.65	2
韦玉林	4	11	24.95	2
韦心龙	4	20	53.45	3
合　计	11	53	127.05	7

初级社和高级社组织

初级社组织 1954年，韦大营成立两个初级社，分别是韦怀影社和韦学政社。韦小庄11户村民被编入韦怀影社，全社共50多户、200多人。

① “老三门”：门，指乡村的血源门派。“老三门”即是指最早延续下来的三支血源门派。

高级社组织 1956年，原迎仙区韦寨乡成立庆华营，韦大营周边的7个村庄（韦周、韦大营、韦小营、韦小庄、孟庄、崔庄、砖井沿）合并为一个高级社，称庆华营延河社。

韦周大队 1958年10月，农村人民公社化，全县成立11个人民公社，韦小庄归属韦寨人民公社韦周生产大队，实行军事化管理，成立营、连、排、班。韦周大队分成4个连，即砖井连、韦大营连、韦周连、崔庄连。韦小庄属韦大营连。

韦小庄生产队（村民小组） 1961年10月，韦小庄独立为韦小庄生产队。1980年以后，农村实行家庭联产承包责任制，韦小庄为韦周村委会的一个村民小组。村民小组又按“老三门”划分为3个作业组，分设3名作业组组长，具体负责农业税费的核算和征收。1992年年底，取消3个作业组。

附：韦小庄中共党员

新中国成立初期，韦大营属临泉市城南区韦寨乡党支部，乡设指导员，村级无党组织。1949年2月，韦大营村属迎仙区秦小庄乡，乡设党支部指导员。1949年10月，韦大营村中共党员属李铁集乡中共党支部。1950年9月，韦大营村中共党员属中共李靖庄乡、仁和乡党支部。1952年10月，韦大营村中共党员属于中共韦寨乡党支部。1958—2015年，韦小庄中共党员隶属韦周大队党支部。1949—2015年，韦小庄共有中共党员6名。

村务纪略

行政管理

村务行政 1961年10月以后，生产队队长主持韦小庄生产队的日常事务，队长、会计“一肩挑”。队长的职责主要是参加社队召开的各种会议，传达上级会议精神，负责生产指挥、调度劳动力，全面掌握农作物生长状况，保管集体财产和物资，下达生产任务和种植指标。

韦小庄队人少，没有集体经济和副业收入，核算比较简单，生产队只有出售余粮的收入款项，购买牲畜和农具、农药、化肥之后基本没有积蓄。因此村里财务收支十分简单，账务清楚、明了。较复杂的村务是年终决算，要计算一年总收入、除去上缴的粮食和留存的种子饲料，分给社员的所有粮食、油料、柴火按国家统购价格计算出总产值，再把社员的工分收到一起，按全劳动力计算，折成劳动日，用产值除以劳动日，算出每个劳动日的价值，粮食分得多、挣得工分少的便要向生产队补交钱，挣得工分多、分得粮食少的即可获得分红。可获分红的农户多是劳动力多的家庭，需补交钱的农户一般是劳动力少的家庭，所以脱产干部、教师、小孩多的劳动力较少的家庭便年年出钱，全力种田的农民或者是大人多、小孩少的人家便可获得分红。当时所有劳动力一律不允许外流，否则就是破坏“农业学大寨”。个别手艺人不愿在家死守挣工分，设法往外地跑，被称为“外流”。生产队实在挡不住，就要求“外流”户向队里交钱，一般一天交钱 5 角便记一个满劳动力的工分。韦小庄农业收入低，一个劳动日收入不足 3 角，收 5 角还多得 2 角，可以贴补集体需用。这些事情首先需生产队队长批准，经群众大会通过，被视为当时村民管理和监督的一项重要内容。

劳动管理按工计酬。一般男劳动力一天 12 分，早晨 2 分，上午、下午各 5 分；年轻妇女按大半劳动力计算，一天 8 分（早晨 2 分，上午、下午各 3 分）；年龄大的小脚妇女按半劳动力计算，一天 5 分（早晨 1 分，上午、下午各 2 分）；18～20 岁的小伙子，结过婚的按全劳动力计分，没结婚的经社员大会评议按大半劳动力或半劳动力计分。社长及社里干部参加劳动，与社员一样记分，参加上级会议、外出检查工作按参加劳动记同等工分。召开集体会议或集体活动均由社长决定。

1979 年实行家庭联产承包责任制后，韦学志任生产队队长兼会计，韦心龙任政治队长。农业税和集体提留由队为基础、三级所有改为乡村队分级核算、分户征收，提留表的数据全部来自乡、村（行政村）两级分配的任务，乡、村（行政村）将挖沟修渠、植树造林、社会治安管理、吃喝招待等支出“层层加码”列入征收任务，很少公布于众。每年夏收前夕，生产队干部把填好的售粮本发到各家各户，麦收一结束，大批乡村干部进村催粮，在干部家里或者村口架起高音喇叭，宣布售粮等数据及其完成时间。

1980—1991 年，韦学善任韦周行政村村民委员会委员兼韦小庄村民组组长，主要负责税费核算和义务工摊派工作。由于此时期生产队队委会没有自主权和支配权，丧失管理职能，村里很少召开村民会议，有时通过放一场电影，或者开一次广播会的机会宣布任务分解情况。

80—90 年代，由于农业税费款项增多，加上乡村政务不公开，农民负担加重，村民与乡村干部的关系十分紧张。许多韦小庄村民放弃了家里农田，各自组织家庭杂技团队，到异地演出。

民主选举 1998 年 12 月，农村贯彻《中华人民共和国村民委员会自治法》，村委会领导班子实行村民选举，韦小庄的村民开始参加韦周行政村的村民选举大会。2002 年 5 月至 2014 年 4 月，韦小庄的村民分别参加了第五届、第六届、第七届、第八届韦周村委会换届选举。

政务公开 2000 年 10 月，全县开展村务公开和民主管理工作，韦周行政村在各个自然村设置村务公开栏，定期将各项指标和数字进行公布，实行民主监督。此后，村里“一事一议”工作步入正常化轨道。2012 年 3 月，村主任韦红伟召开村民会议，临泉县宏扬杂技有限公司董事长韦学东参加会议，共同商定开发筹建韦小庄新村复式楼、杂技广场、杂技楼、韦氏祠堂，同年又连续召开会议，商量修铺村庄道路等事宜，由于是惠及全体村民的工程，方案又是通过民主商定，村民积极性高，均实施顺利，迅速落实。

民政

军属优抚 1960 年以后，党和政府重视对军属的关心和照顾。政府为军属家挂军属牌，上书“军属光荣”。每年春节，大队杀一头猪，给每户军属送 1 千克肉、1 千克糖和 1 本挂历。组织学生到军属家里慰问，帮助打扫院子、挑水。生产队派人给军属推磨，派妇女给军属蒸馍、洗衣服。大年初一干部集中到军属家里拜年。

1980 年以后，农村实行土地联产承包责任制，对正在服役的军人，村里仍旧分给承包地，在免除义务工的同时，由乡政府按照上级文件规定对军属、烈属发放优抚补贴，每年向每户军属发放 70 ～ 150 元补贴款。

政府救济 1953 年春，一场霜降冻死了正抽穗的小麦，小麦减产，平均亩产只有 30 千克左右。村民靠政府每人每天 3 两 [①] 的救济粮，得以渡过难关。

1955 年夏季小麦、豌豆成熟前，天降暴雨，小麦、豌豆受灾发霉，当年打机井、制砖、烧砖时，因粮食不足，人们只得食用发霉的豌豆。其间，政府供给救济粮，有豆子、红薯片，规定每人每天 4 两。

1975 年 8 月大水灾，政府发放救灾帐篷 6 顶、救灾棉被 85 床、大米 250 千克、面粉 250 千克，并拨救灾款近万元帮助村民修缮房屋、恢复生产。

---

① 1 两 =0.05 千克。

兵役、民兵

兵役 新中国成立前，韦小庄人贫穷又无势力，每次壮丁都被摊派到韦小庄。若摊上壮丁不愿意去，保长、甲长便借机捞财，让壮丁家人出钱买壮丁，没钱买就要通过卖地的方式。韦小庄许多人家因年年摊上买壮丁，变卖了手中的全部土地。

新中国成立后，参加中国人民解放军成为一件光荣的事情，每年招兵时，韦小庄青年都纷纷报名，踊跃参军。

民兵 新中国成立初期，地方成立民兵队伍，民兵必须是农会的积极分子和有一定政治觉悟的青年，由县武装部按全村总人口的 1.5% ~ 2% 分配给村内民兵指标。韦心龙是韦小庄第一个民兵，与韦大营的韦怀影、韦学政、韦学芝、韦本学、韦学海，砖井的韦崇贤、韦玖贤等人组成韦大营的第一支民兵队伍。1963 年，全国响应毛泽东主席号召，大办民兵师，村里的贫下中农子弟基本上都参加了民兵组织，经常参加军事训练。每年的征兵时，基干民兵报名优先。“文化大革命”期间，基干民兵参加会议、集训和开展各类活动，生产队照记工分。2015 年，韦小庄村村主任担任韦周行政村民兵营营长。

民兵除参加正常的训练任务外，还担负着维护乡村治安的任务。韦小庄一带几十年未出现偷盗和动乱情况，社会环境安定。

村民生活

经济收入

农业收入 新中国成立之前，韦小庄村民主要靠种田谋生，少地或无地的村民靠租地、打工养家糊口。在小农经济状态下，一年收种两茬庄稼，基本靠天吃饭。村民劳累一年，扣除地租、杂税，以及种子、饲料等生产费用，口粮所剩无几。如是正常年景，仅能维持生计，“半年糠菜半年粮”为韦小庄村民生活的常景。若是遇上灾荒，日子难以为继，便只能背井离乡、逃荒要饭。村民们常年节衣缩食，穿戴“补丁摞补丁”，住的是土屋、草房、草棚。买不起灯油的农户，只好摸黑过夜。韦小庄村民多有常年在外租地种田，年终家里却没有余粮，只好到地里剜野菜、到河里捞杂草掺着吃的情况。更有借被子、轿子结婚和祖辈靠逃荒要饭为生的情况发生。

新中国成立初期，经过土地改革，村民生活有了改善，但是生产发展缓慢，收入低，生活依然贫困。20 世纪 50 年代末至 60 年代初，韦小庄村民生活十分艰难。1966 年以后，韦小庄村民把主要精力放在了农业生产上，人均收入逐渐稳定。1971 年，全村人均口粮 177 千克，人均纯收入 62 元；1975 年遭受特大洪水灾害，全村人均口粮下降到 106 千克，人均纯收入下降到 28 元；1978 年全村人均口粮达到 196.5 千克，人均纯收入 67 元。

1980 年，全村总人口 101 人，农业总收入 7171 元，人均 71 元；1990 年，全村总人口 141 人，农业总收入上升到 36096 元，人均 256 元；2000 年，全村总人口 169 人，农业总收入 278343 元，人均 1647 元；2010 年，全村总人口 184 人，农业总收入 558256 元，人均 3034 元；2015 年，全村总人口 196 人，农业总收入 998816 元，人均 5096 元。

1970—2015 年韦小庄农业经济收入情况一览表

表 15　　　　单位：人、元

年份	人口	种植业	人均	养殖业	人均	其他	人均	综合人均
1970	51	2907	57	204	4	102	2	63
1971	54	3078	57	162	3	102	2	62
1972	59	34422	58	177	3	59	1	62
1973	63	3591	57	189	3	126	2	62
1974	67	3886	58	268	4	67	1	63
1975	70	1960	28	0	0	0	0	28
1976	77	4620	60	154	2	77	1	63
1977	84	5124	61	168	2	168	1	65
1978	91	5733	63	273	3	91	1	67
1979	96	5376	56	96	1	192	2	59
1980	101	6464	64	404	4	303	3	71
1981	105	7350	70	420	4	210	2	76
1982	108	7884	73	540	5	216	2	80
1983	112	9632	86	896	8	448	4	98
1984	116	11368	98	1392	12	464	4	114
1985	120	18720	156	1800	15	600	5	176

续表 15

年份	人口	种植业	人均	养殖业	人均	其他	人均	综合人均
1986	126	23562	167	2772	22	630	5	214
1987	129	26832	208	3870	30	645	5	243
1988	133	26068	196	2660	20	532	4	220
1989	137	26715	195	2740	20	685	5	220
1990	141	31020	220	4230	30	846	6	256
1991	144	40752	283	4320	30	720	5	318
1992	149	53640	360	5215	35	894	6	401
1993	152	65360	430	5320	35	1216	8	473
1994	155	75640	488	6200	40	930	6	534
1995	157	106760	680	7850	50	1570	10	740
1996	160	143200	895	10400	65	1600	10	970
1997	163	205380	1260	13040	80	2445	15	1355
1998	165	230175	1395	18150	110	2475	15	1520
1999	167	239144	1432	20040	120	2505	15	1567
2000	169	254683	1507	20280	120	3380	20	1647
2001	171	285570	1670	22230	130	2568	15	1815
2002	172	332476	1933	22360	130	3440	20	2083
2003	174	337038	1937	24360	140	3480	20	2097
2004	175	351750	2010	26250	150	3500	20	2180
2005	177	369045	2085	26550	150	3540	20	2255
2006	179	381986	2134	32220	180	3580	20	2334
2007	180	425340	2363	33300	185	5400	30	2578
2008	182	457912	2516	23660	130	3640	20	2666
2009	183	478362	2614	32940	180	5490	30	2824
2010	184	523296	2844	29440	160	5520	30	3034
2011	186	577716	3106	39060	210	5580	30	3346

续表 15

年份	人口	种植业	人均	养殖业	人均	其他	人均	综合人均
2012	189	740313	3917	34020	180	6615	35	4132
2013	191	788830	4130	28650	150	5730	30	4310
2014	194	924410	4765	29100	150	5820	30	4945
2015	196	967456	4936	25480	130	5880	30	5096

杂技收入 新中国成立之前，韦小庄的杂技艺人为了生存背井离乡，靠卖艺勉强糊口。新中国成立之后至 1979 年，韦小庄杂技艺人的杂技收入微乎其微。80 年代以后，在各级政府的关心和扶持下，韦小庄的杂技事业一年比一年红火，杂技收入一年比一年多。进入 90 年代，韦小庄从事杂技表演的家庭年收入全部超过万元。

1980—1990 年，一般杂技班（团）在外表演杂技一年，除去吃用花销，年底能盈余 3000 ~ 5000 元，收益好的人家能够盈余上万元，占家庭总收入的 70%；1990—2000 年，杂技团队年经济收入平均达 2 万 ~ 6 万元，占总收入的 80%；2009—2015 年，一般杂技团队年经济收入 20 万 ~ 40 万元，占总收入的 90% 以上，其中 5 个中型的杂技团队平均总收入达到 50 万 ~ 60 万元。

2015 年，全村 27 个杂技团年收入总计达 1000 多万元，其中，小团收入达 20 万 ~ 40 万元，大团收入达 100 万 ~ 200 万元。全村仅杂技收入人均达到 5 万元，远远超过农业收入，部分艺人家庭的杂技收入要高于农业收入的几倍至几十倍。“没有麦子吃白面，没有芝麻吃香油，没有棉花穿新衣，没有高粱喝辣酒”的民谣，成为 21 世纪韦小庄杂技艺人以艺养农的生存状态。2015 年，全村家家有存款，存款在 20 万 ~ 30 万元的家庭很多，拥有存款 40 万 ~ 50 万元的家庭有 10 多户。韦小庄村成为远近闻名的富裕村。

1950—2015 年韦小庄杂技人均年收入一览表

表 16

时　间	人均年收入（元）
1950—1969 年	200 ~ 300
1970—1989 年	400 ~ 500

续表 16

时　间	人均年收入（元）
1990—2000 年	5000 ~ 10000
2001—2015 年	30000 ~ 50000

衣食住行

衣　新中国成立之前，村民都是节衣缩食，穿戴简陋，衣服鞋袜的布料是自家棉花土纺土织，一般都要穿个十来年，补丁摞补丁。

新中国成立初期，农民冬夏着装变化不大。20 世纪 60 年代以前，人们所穿的衣服式样仍然很少，一般没有换洗衣服，“新三年，旧三年，缝缝补补又三年”，冬天单改棉、夏天棉改单是常事。“文化大革命”期间，全国学习解放军，男女青年爱穿军装。1980 年以后，农村经济不断繁荣，村民的生活水平不断提高，农村的土粗布基本消失，各种布料和式样的服装进入韦小庄，特别是年轻人，衣着打扮开始像城里人一样讲究起来。男青年先是脱下中山装，穿上西服、风衣或雪花呢大衣，接着换上休闲服、皮夹克；姑娘们的装束更是绚丽多彩，喇叭裤、牛仔裤、长大衣、短西服，裙子花样不断翻新。1990 年以后，韦小庄杂技走向全国，杂技表演的收入一年比一年多，韦小庄年轻人的衣着更是越来越新颖，赶时髦、比档次成为他们的服装追求，真丝褂、羊绒衫、裘皮衣、羽绒服等服装已在村庄普及。

新中国成立初期，村民穿的鞋主要还是手工制作。60 年代开始穿机制布鞋、球鞋、塑料鞋、胶鞋。80 年代以后，各类单棉布鞋、绒鞋、皮鞋、皮靴等成为村民的日常穿着。

食　新中国成立之前，正常年景，韦大营一带只有地主家才能吃上细粮，贫苦老百姓多是半糠、半菜、半粮，一天两顿饭。如遇灾荒，穷人家纷纷外出要饭、干苦力，卖儿卖女、卖地卖房的情况屡见不鲜，饿死人现象经常出现。

新中国成立后，韦小庄村民远离了吃糠咽菜、逃荒要饭的日子。1958 年，推行“一大二公”，当年秋季全村开始生活集体化，办起了大食堂。韦大营有东西 2 个大食堂，韦小庄农户吃饭地点在韦大营东大食堂。大食堂有专门负责人 1 人、炊事长 1 人、会计 1 人、炊事员 4 ~ 5 人。大食堂打饭时由炊事长掌勺，社员 12 家为一组，分组按人口打饭，一人一份。大食堂取代各家各户自己做饭，村民吃饭不花钱，责任意识逐渐淡化，村里道路或田里掉的麦子、红薯等粮食无人收捡，造成极大的浪费。后来粮食越来越少，村民开始吃不饱。为了多打一份饭，有的村民家中小孩病亡仍隐瞒不报，照样打饭。因粮食不足，村民被迫挖野菜、烂红薯果腹，甚至逮老鼠烧烤充饥。1960 年，大食堂被迫解散。

1980 年以前，村民生活刚达温饱，饭碗里仍然是粗粮多、细粮少。平时吃的面条是红薯片掺黄豆磨的面，有时掺高粱面。面条里下的菜，春天多是地里的野菜，夏天为苋菜、茄子等，秋冬天则是干芝麻叶、红薯叶等。馍和锅饼子多数是红薯面制作，春秋季离不开煮红薯、烧红薯块汤，只有过年，才吃两顿白面馍，多数家庭还按数发放。来了客人才用麦面擀白面面条，或做烙馍、油馍，并且只给客人吃。吃肉的机会更少，有的家庭一年也吃不上一次肉，过年也舍不得买肉，有的家庭来了客人，只能向别人家借一块用油炸的、四方的肥猪肉（称为裤腿面子），客人一般不吃，等客人走了再还回去。那时过年割肉都是要肥的，肋条肉卖得快，猪坐板（后大腿肉）则是因为太瘦少有人购买。一到过年带着孩子走亲戚，临出门前大人都要嘱咐孩子："吃饭要守规矩，主人家陪客的叨（用筷子夹菜）哪碗菜你才能叨哪碗菜，主家人不吃你不准吃，肉（裤腿面子）只能看，不能吃。"

推行家庭联产承包责任制以后，全村农业生产迅速发展。1985 年，全村人均口粮达 224 千克，人均纯收入 176 元。1990 年以后，小麦产量大幅度提高，村民吃的面条、馒头全部为小麦面，鸡鱼肉蛋成为饭桌上的日常菜肴，杂面慢慢成了稀罕食物。

住　新中国成立之前，韦大营只有几户大地主家有几间瓦房，韦小庄全村村民住的都是土坯房，麦秸秆铺在房顶，麦糠掺泥巴糊墙，外罩麦秸或苇草防雨雪侵蚀。

60 年代初，村民住的仍是茅草房，每逢雨雪便四处漏水。1962 年秋，村民家新建的 4 间"砖跟脚、瓦坎脊"（五层砖基，屋脊盖瓦）草房，结束了韦小庄土房无"砖跟脚"的历史。

1970 年以后，村民翻盖房屋，也只是八九层砖基，上面依然为土坯、茅草、麦秸。

1990 年后，大多数村民住上了砖瓦结构的房屋。至 2000 年，因为大多数村民表演杂技常年在外，没有时间在家设计住宅，韦小庄村民住房也一直没有明显的改变。

2011 年，临泉县宏扬杂技有限公司董事长韦学东（韦小庄人），依托宏扬杂技公司在韦小庄开发商品房。经与村民协商，拆除村中心的几十间老房、危房，在旧址上建了 4 栋复式、33 套带阁楼的商品房，每户为一栋两层半楼房带一个院（户均 230 平方米），以每平方米 980 元的价格卖给原住户。2012 年楼房竣工，33 户村民

村民别墅（2011 年）

搬入新居，像城里人一样住上了设备齐全、环境优雅的别墅。一些老人住不惯楼房，韦学东在村西又盖了 10 余套砖混平房，供老人选择居住。至此，韦小庄村容村貌焕然一新。

行　1960 年前，村民外出走亲访友、赶集上店主要靠步行；短途运输主要是人力肩挑背扛；远行运输货物主要以手推车为主，或用马骡驮运，每次运输量在 100 千克左右。1964 年，县农村公共汽车开通，韦寨设公交站点，距离韦小庄 3.6 千米。1980 年后，农村公共汽车班车增多，停车地点在韦大营，距离韦小庄只有 500 米。

1960 年以前，村民外出表演杂技多为挑“挑子”步行，积累了一点资本后，便购买独轮车或两轮板车推拉道具，大人孩子仍然靠两条腿行走于乡村集镇，许多演员从舞台上辛苦地表演一场下来后，又要步行很远到下一个演出地点，即使是少儿演员也不例外。韦小庄老艺人一生中大部分时间都是在表演杂技的路途上奔走。“北大荒，北大荒，三十里路一个庄”成为艺人们生命里永久的记忆。由于年轻时的奔波劳累，许多老艺人留下了腿疾。

1970 年以后，村民开始购置自行车，作为短途出行的交通工具。1980 后，农村经济不断繁荣，村民收入迅速增加，电瓶车逐步成为韦小庄家家户户必备的交通工具。1990 年后，各类客货运输车、小轿车走进了韦小庄村民家庭。1997 年，一辆昌河小货车成为韦小庄有史以来的第一辆汽车。此后，村民开始购买各类型号的运输车，结束了

韦小庄的杂技车队

“流动舞台”

用两轮架子车运输的时代。截至2015年，韦小庄传统的运输工具完全被现代车辆所代替，全村拥有各种型号运输车辆达50多辆、各种型号的小轿车达到12辆。

民生变迁

用水 2009年，县政府在韦小庄立项并实施民生工程。村里用2万元在村西征地1亩，政府投资260余万元用于打井、建泵房、铺管道及入户设施。1月启动，4月开建，10月1日通水，惠及周边7个村庄，从此韦小庄村民用上了自来水。

2014年11月，临泉县落实农村“三改”（改水、改厕、改灶）配套工程，在村西韦大营投资兴建日供水2000立方米的自来水厂，全村居民用上了水厂的自来水，生活质量进一步提高。

用电 60年代以前，临泉县农村均没有通电。农村村民夜晚主要用煤油灯照明，夜晚外出时用手提马灯。

1971年，韦寨公社开始从长官供电所代电。1976年，韦周村建了第一台200千伏变压器，当时仅供打面机房动力用电。1985年，县供电所在韦周增设一台250千伏变压器，并在韦寨设立了电管站，韦周乡属于韦寨电管站分管。韦小庄20%的村民用上照明电，入户费200元，电价为0.08元/千瓦时。

2002年，由于村民用电量增加，由村委会出面申请，由村民集资（每家农户15元），村庄进行大规模电网改造。韦大营东队和韦小庄共同增加1台100千伏变压器，农村电网被纳入国家电网管理，电路停电可事先通知，电力故障可直接拨打电管站电话及时解决，保证了用电质量和服务，彻底改变了电工自管的历史。时电价为1.20元/千瓦时。

2010 年进行第二次电网改造，由于用电量增加，将 100 千伏的变压器升级为 200 千伏，实现了一户一表。村民用电告别了收费人员到各户查表收电费的历史，改为由农户直接到韦寨电管站交纳当月的电费。时电价为 0.58 元 / 千瓦时。

2010 年以后，随着经济水平的提高，村民生活步入电气化，60% 左右的农户用电做饭，并且安装了空调。用电量的增加，致使韦小庄村一到用电高峰期，经常出现断电情况。2015 年进行第三次电网改造，基本上满足了村民生活用电需求。

通信 新中国成立前，村民远途传递信息主要靠熟人朋友捎信、捎话，近距离的靠步行告知。60 年代，生产大队办公室装上大喇叭，通过广播通知村民开会或出工干活。

1995 年，韦小庄装上村里第一部数码式的电话机，为村民接打电话，接一次电话费用 1 元钱，打电话每分钟 0.5 元。1999 年，安装了全村第一部家庭电话。此后，韦小庄村民陆续安装电话，初装费为 1500 元。后来改用程控电话，初装费降到 600 元。2000 年以后，安装电话的人家渐渐增多，至 2009 年，全村电话普及率达到 100%。

90 年代以后，村里表演杂技的村民开始使用 BP 机，部分富裕户、杂技团的班主开始使用“大哥大”。至 2000 年以后，手机进入寻常百姓家。2015 年，村民几乎家家有手机，30% 左右的成年人人手一部手机。

用品 1980 年之前，韦小庄村民家里除了做农活的农具以外，就是纺花织布的纺车、织布机，磨面的磨盘和厨房里做饭的锅碗瓢盆。大多数村民家里甚至没有一张像样的床，只是用土坯垒砌个底座，上面铺上秫秸就当床而卧。家里饲养的鸡鸭下蛋，舍不得吃，到集上换回急需的煤油、火柴和食盐等日常生活用品。

纺车 是 1980 年以前韦小庄村民不可缺少的传统生活工具。纺车由木架、锭子、绳轮组成。转动右边的绳轮，左边的铁锭便被带动快速旋转，将棉条拉成细线。70 年代以前，村里农户平时用的线和织布，基本都是纺车纺出的，当时韦小庄村民每家至少一部纺车。80 年代以后，纺车逐渐闲置，不再使用。

手工织布机 是韦小庄村民家中贵重的家当，一般只有富裕家庭才能置办。新中国成立初期，韦大营 179 户人家，只有 12 部织布机。60 年代以后，机织布逐渐代替土织布。80 年代以后，手工织布机成为古董。

石磨 是由石头凿成的圆盘，分上下两扇，两扇圆盘凿出一道道斜纹，称磨齿。上扇磨盘凿有上孔与下盘咬合，固定在一个架座上，下扇中间有一个短的立轴，用铁制成，称为磨脐。上扇中有一个空套，两扇相合，下扇固定，上扇绕轴逆向转动，将粮食磨碎。石磨有水磨和旱磨之分，水磨用来磨豆腐、磨粉面，旱磨用来将粮食磨成面粉。

改革开放以后，韦小庄农民富裕了，家庭用具开始与现代社会接轨。1983 年开始，韦小庄村民陆续用上了各类电子产品。1983 年，购置全村第一台黑白电视机（用电瓶供电）。2010 年，购置全村第一台电脑。2011 年，购置全村第一台笔记本电脑，当年韦小庄电脑联通互联网。截至 2015 年，全村有 20% 的村民家里添置了电脑，各杂技班为外出演出方便，基本都购买了笔记本电脑；许多年轻村民利用电脑或手机开展网络商务，洽谈杂技演出合约等。

2007 年 12 月开始，国家实行财政补贴，促进家电下乡。截至 2015 年，韦小庄村民家家户户购买家用电器，电视机、洗衣机、冰箱（冰柜）、手机、空调、电脑、热水器、微波炉、电磁炉、电动车等家用电器均享受家电下乡补贴政策，政策普及率达到百分之百，韦小庄村民受益近 10 万元。

纺车

手工织布机

石碾

1980—1995 年韦小庄村民耐用消费品拥有量一览表

表 17

年度	自行车（辆）	缝纫机（台）	钟表（部）	手表（只）	收音机（台）	录音机（台）	照相机（部）	电视机（台）	洗衣机（台）	电风扇（台）
1980	5	6	1	2	2	0	0	0	0	0
1985	12	11	0	4	6	2	0	1	0	0
1990	22	15	0	10	12	6	0	4	0	2
1995	28	15	0	12	10	9	1	12	1	7

2000—2015 年韦小庄村民耐用消费品拥有量一览表

表 18

物品 \ 年度	2000	2005	2010	2015
自行车（辆）	26	20	9	3
缝纫机（台）	12	8	6	2
收音机（台）	6	6	4	0
录音机（台）	0	0	0	0
电风扇（台）	10	28	40	70
电视机（台）	16	20	30	50
洗衣机（台）	3	10	20	36
照相机（部）	1	3	5	8
冰　箱（台）	1	3	6	18
空　调（台）	0	1	5	16
热水器（台）	0	0	0	20
摩托车（辆）	0	0	0	35
手　机（部）	10	20	50	90
电　脑（台）	0	0	1	38
轿　车（辆）	0	0	2	12
运输车（辆）	3	7	38	52

社会保障

养老保险　2011 年年底，临泉县试行新型农村养老保险制度，“新农保”强调以政策的优惠吸引农村适龄居民自愿参保。“新农保”基金由个人缴费、集体补助、政府补

贴构成。为适应农村居民收入较低、差异大且不稳定的特点，缴费标准设为一年100元、200元、300元、400元、500元、600元、700元、800元、900元、1000元十个档次。农村居民自愿选择、自主缴费，原则上每年缴费一次。年满60周岁的农村老年人，可以按月领取养老金。

2012年起，韦小庄村民参加了新型农村养老保险，全村村民普遍按照100元缴费。起初，由于对政策认识不足，群众参保有所顾虑，每次村里集中收取养老保险金时，有些村民不愿意交，往往由村干部先予垫付。两年后，看到参加养老保险的好处，村民参保积极性提高。2014年，全村除去60周岁以上老人和在校学生，有50人参保；2015年有70人参保。2015年，全村有20位老人享受养老生活保障金补贴（每人每月70元），其中有5位80岁以上老人每年增加200元补贴，另有8位老人享受最低生活保障金补贴。每年春节时，政府会按照每人200元标准慰问特困户，韦小庄没有五保户，便优先发放给低保老人。

2015年，韦小庄70岁以上老人合影（前排左起：韦学善、韦心喜、严秀英、韦心民、韦学连；后排左起：王支云、秦兰敏、韦李氏、于世美、张兰英、韦心良）

医疗保险 2007 年，临泉县实施农村居民医疗保险，即新型农村合作医疗制度。饱经“看病难、看病贵”磨难的韦小庄村民积极响应、踊跃参加。随着“新农合”各项政策的实施，村民看病报销越来越方便，参保意识越来越强，韦小庄村民参合率逐年提高。2007 年，全村每人筹资 10 元；2008 年，每人筹资 20 元；2009 年，每人筹资 30 元；2010 年，每人筹资 30 元；2011 年，每人筹资 50 元；2012 年，每人筹资 60 元；2013 年，每人筹资 70 元；2014 年，每人筹资 100 元；2015 年，韦小庄“新农合”参合人数为 193 人，每人筹资 120 元，全村参合率达 96%。

没有实行“新农合”政策时，村民是“小病拖，大病挨，重病才往医院抬”，一场大病几乎要花掉家里全部积蓄。参加“新农合”后，看门诊、住院费都能报销，大大减轻了重大疾病给普通农民带来的沉重负担。

2015 年，“新农合”筹资标准由 2014 年的人均 390 元提高到 460 元，其中，参合农民个人缴费标准由 2014 年的人均 100 元提高到 120 元，财政补助水平由人均 320 元提高到 360 元。同时，住院补偿封顶线上调至 40 万元（即参合患者当年住院最高可获得 40 万元的补偿金额）。村民普遍反映，小病就近诊疗报销方便快捷，大病费用也不再是沉重负担，“新农合”解了农民的燃眉之急，是党和政府为老百姓撑起的一把健康保护伞。

家庭　婚姻

家庭 韦小庄历来长辈爱护晚辈，晚辈孝敬老人，家庭和睦。180 年间，从无恶媳骂婆、虐待老人的事件发生。2015 年，全村共有 70 岁以上老人 13 位，由于享受社会养老保险和医疗保险，家里子孙又非常孝敬，人人生活富足，身体健康，精神愉悦。每年春节前夕杂技团无论在外演生意有多么红火，腊月二十以后都会纷纷返回家乡，与家里老人孩子团聚。每一个杂技团成员从外地玩杂技回来，都会给家里的老人买吃的、喝的、用的，为老人们讲述在外的见闻。2015 年，老人们日常饮食均是细米白面、蔬菜肉类，春夏秋冬的各类衣服穿不完，手机人人有，老人们每天或在家看看电视，或聚在一起聊聊家常，晚年生活安康幸福。

韦小庄民风淳朴，兄弟姐妹团结互助。贫困年代里，一方有难八方支援，相互扶助；富足以后，兄弟姐妹更是珍惜亲情，通过建立 QQ 群、微信群，及时交流情感、交换信息，为杂技演出和提高杂技技艺提供方便。

婚姻 韦小庄村民家庭观念很强，婚姻稳定，家家夫妻同甘共苦，180 年间全村没有出现一个离婚家庭。韦小庄的家庭模式均为丈夫挣钱，妻子主管家庭收入。1990 年以前，丈夫挣的钱会按时交到家里“管钱的账房”手里。1990 年以后，基本是夫妻带领子女全家常年在外表演，夫妻互敬互爱，共同教育训练儿孙，协力经营杂技团队。

1990 年以后，韦小庄年轻人的婚姻呈现了令人欣喜的特殊现象，即外村姑娘家主动上门提亲的多了，年轻人自己从外地带回媳妇的多了，提亲人家要彩礼的少了。2015 年，韦小庄的媳妇中，有来自北京、云南、广西、山东、河南、宁夏、内蒙古、湖北 8 个外省、市、自治区的姑娘。韦小庄的小伙子不愁娶媳妇，韦小庄的姑娘也不愁嫁人，与韦小庄做亲戚成为远村近邻的幸事。

民俗文化

韦小庄民风淳朴，习俗以中原文化为主基调、南方文化为辅韵味，既丰富多彩，又蕴藏着村庄杂技发展历史的特殊元素。

◉ 民俗

生产习俗

春耕习俗 新中国成立前，春耕生产多在正月初五或十五以后，村民有不过“破五”（初五）不开犁的习俗。套牲口备耕时，首先要在自家门前或在村头鸣放鞭炮，标志着一年生产的开始。至田间，焚香、烧纸、鸣炮，然后开始耕作。新中国成立后，焚香烧纸的习俗逐渐消失。90 年代后，生产都用机械耕种，很少再用牲口种地，鸣炮的习俗也随之免除。

麦收习俗 新中国成立之前，天旱时，村民有祈天求雨的习俗。砖井沿一带一直流传砖井会显灵的说法，一到天旱时就掏砖井，说是能感动龙王下雨。如遇涝灾，久雨不晴，大人便会教小孩用秫秸秆做成人的形状，手中捧一根秫秒子[①]，用线绳拴着，挂在房檐底下，随风而动，称“扫天婆”或“扫天娘娘扫晴天”，有歌口：“扫天娘娘扫晴天，给你穿上大红衫，扫天娘娘扫不晴，把你屁股打通红。”在小麦收割前夕，为防止人偷麦子，几家田地相邻的农民，会共同雇佣一人昼夜看守麦地，称为“看青”。看青人在看管的田间筑一小土堆，撒上石灰或草木灰，以示此地有人看管，若庄稼成熟后未受损失，各户再支付给看青人报酬。收割庄稼时，先在麦地烧纸放鞭炮，然后开镰收割。小麦收割前一天，地主要请工人吃顿好的，叫“喝割麦酒”，收割完毕垛垛时，地主再请工人吃酒，叫“垛垛宴”，欢庆丰收。新中国成立后，特别是成立高级农业合作社和人民公社后，废除了烧纸放炮等习俗。80 年代，生产队的村民还有集中起来“喝垛垛酒”的习惯。

生活习俗

饮食 韦小庄传统主食原料主要有小麦、红薯、高粱、黄豆、豌豆、绿豆等。村民习称“麦面（小麦面粉）”为“好面”，其他面粉为“杂面”。新中国成立之前，富裕人家以麦面为主食，贫困人家以杂面为主食，荒年歉月以野菜代主食。50—70 年代，红薯成为村民主食。1978年后，农村经济迅速发展，小麦产量大幅提高，村民主食皆以麦面为主。

韦小庄传统面食十分丰富，蒸、烤类有卷子、馒头、蒸馍、锅巴、布袋、荤包、素

---

① 秫秒子：去掉高粱籽的高粱头。

包、烙馍、焦馍、油饼、咸馍、菜盒子等，油炸类有油条、油角、糖糕、麻叶、馓子等，面条类有回锅面、肉丝面、炒面、炝锅面、凉拌面、酸辣面叶等，饺子类有荤饺、素饺等，粥汤类有面汤、红薯片茶、玉米糊等。

韦小庄的饮食属皖北沿淮风味，菜食有酥脆、咸鲜、爽口的特色，制作工艺较为简单，食材经济实惠，常用芫荽、蒜泥、辣椒等为配料。

面条　韦小庄一带的面条原料有杂面、麦面。杂面面条的特色是擀得薄、切得细，葱、姜、干菜先炸透再兑水下面，起锅时放点麻油，香味浓郁。麦面面条的特点是和面时要加入一个鸡蛋，面条不能太薄太细，口感筋道。

饺子　饺子的形状多样，有小包子样的、月牙样的、耳朵样的，还有饺子边被捏成花牙样的。馅的种类多样，肉馅有加韭菜、芹菜、荠菜等，素馅主要是韭菜加鸡蛋、粉丝。60 年代以前，过年包饺子时，要在一个饺子里面包一枚硬币或铜钱，初一五更[①]时吃饺子，谁吃着就被认为是有福之人。

布袋　和好的面擀成长宽约 6 寸[②]见方，厚约 1 厘米的面皮，上面铺上馅，从一边卷起，形成长条，然后两边捏严实，形似装满粮食的长布袋，放入蒸锅蒸熟。布袋有荤素之分，布袋面皮有发面（用酵母发的）和死面两种。荤布袋的馅与饺子馅差不多，只是稍微多放菜，素馅是用粉丝、萝卜、豆腐等放在一起炒制，放上各种佐料，有的还放点肥肉丁。吃布袋预示着大丰收。

蒸菜　将苜蓿、榆钱、榆树叶、洋槐花、细面条菜等洗净晾去水汽，拌上干面蒸熟，放些蒜泥、香油调拌。灾荒和贫困年月里，蒸菜是村民难得的主食。80 年代之后成为饭店里受欢迎的菜肴。

烙馍、焦馍　把面擀成圆形的薄饼，放在鏊子上烙，一翻一正即可制作完整。做出来的馍软的叫烙馍；烙的时间长一些，将馍烙硬，然后再用火烤焦，称焦馍。制作焦馍一般在和面时，放些盐和芝麻，制成后香脆可口。

粉鸡　把肉切成丁放入红薯粉里面，加工成凉粉，然后切成块状，或加辣椒、蒜泥、香油、酱醋凉拌，或加辣椒与佐料在锅里煎炒。这是穷苦时期，韦小庄一带村民招待客人的上好菜肴，流传至今，成为家庭和饭店里的一道家常菜。

---

① 五更：凌晨 3 时至 5 时。

② 1 寸≈ 3.33 厘米。

大布袋　小布袋　焦馍

粉鸡　蒸菜

待客　韦小庄人自古热情好客。70 年代以前，正常年景家里来了客人，主人家要备好待客的饭菜，一般要炒 4 道菜，贵客到来要炒 9 道菜，即 4 荤 5 素。因民间有“狗上桌子——扒碗”的说法，故韦小庄人忌讳待客上 8 道菜，认为是对客人的不敬。饭食常见的是烙馍、馒头和面条。90 年代之前，村民生活尚不富足，为了节俭不浪费，基本在家里待客；90 年代以后，村镇有了饭馆，来了客人都到饭馆。喜宴则要安排 22 道至 26 道菜，菜肴包括整鸡、整鱼、冰糖肘子等，非常丰盛。

座次　在韦小庄一带，大小席面主要客人都要坐上座（面对门的方向），整鱼上来对着主客，喝鱼头酒，有“鱼头一对，大富大贵”“喝了鱼头酒，要啥啥都有”的说法。

饮酒划拳　70 年代以前，饮酒一般用小酒壶（瓦壶或铜壶），用麻秆火烤热。80 年代以后，待客一般都要有酒，并且千方百计向客人劝酒，唯恐客人没喝好。酒过三巡，就要划拳行令。猜拳的方式有划拳、老虎杠子、压指、猜有无、敲七、翻扑克等，临泉一带还有走盅的习俗。2000 年以后，喝酒方式文明了许多，划拳的少了，为了身体健康，醉酒的也少了。

服饰 韦小庄人的衣着服饰自古沿袭着中原人的习俗，随着时代的变迁，又发生了日新月异的变化。

衣服 清朝时，韦大营一带盛行长袍马褂，人们将明朝及其此前的宽大衣袖改为紧身窄袖，衣带也改为布扣。民国时期，村庄里殷实人家的男性多穿长袍，襟裙长至踝骨，两侧摆长尺许（30 厘米左右），上身另套马褂，袖窄而对襟，襟前缀五个布扣；殷实家庭的女性则穿由绸缎布料缝制的绲边裤褂。穷苦的村民，春秋季男性穿对襟布衫，女性则穿右襟单褂、长裤；冬季男性穿带大襟的长袄或短袄，腰束布带，下身穿衩裤或棉裤，穿棉裤时，一般不穿衬裤、罩裤，裤裆宽松，裤腰肥大，裤脚处还要缠布带（裹腿），女性则穿肥大棉袄、右襟，棉裤与男性一样，也缠裹腿；夏季，男性穿对襟褂或无袖汗衫，下身穿短裤，女性将棉裤里子和面子改制成两条单裤。服装颜色一般是冬尚黑，夏尚白，春秋喜穿蓝、灰、花色。

新中国成立以后，特别是 1980 年以后，韦小庄越来越富足，村民的衣着打扮越来越美观、时尚，城里人穿的衣裳韦小庄人不缺，成千上万元一件的服装韦小庄人也有。

帽 新中国成立之前，村庄的穷户男性冬戴帽垫、毡帽、“马虎帽”（又叫“螺丝帽”），夏戴帽壳（高粱莛篾编织而成，尖顶），雨天戴斗笠（竹子及蔑编织而成）、披蓑衣（用草和棕毛制成的雨衣）。富户男性冬戴礼帽，夏戴草帽（麦莛蔑编织的，有平顶、圆尖顶及礼帽式），女性夏戴帽伞（用布缝竹圈，形如大伞），冬用毛巾包头，有的戴黑绒帽，外包黑头巾。儿童戴带“耳朵”的风帽或棉帽。新中国成立至 70 年代，男性春秋戴鸭舌帽，夏季戴草帽，冬季戴“火车头”棉帽，老年女性冬季大多戴平绒窝帽和毛线织帽。

鞋 新中国成立之前，村民穿的鞋均是手工制作。春夏秋季穿尖口黑色布鞋，冬季

草窝子

泥屐子

穿棉鞋或苇毛缨草窝子。雨雪天富人穿油鞋，穷人穿泥屐子。年轻女性和儿童常穿绣花鞋，新媳妇穿红绣花鞋，幼儿穿虎头花鞋。

泥屐子是 1960 年以前村民雨雪天使用的行走工具。由一块长方形木质平板开榫安装两条腿，一般高五六寸，腿下再开榫安装两根横木以求平衡。也有独腿的泥屐子，即长板中间开榫安装一条腿。泥屐子后腿有兜跟，前腿有一条一分为二的长绳。在穿着时，连同鞋子将脚系于平板上，踏雪、踏泥水不湿鞋子。1970 年以后，泥屐子逐渐消失。

油鞋是 1960 年以前韦小庄村民雨雪天穿的传统防雨鞋。即在做好的棉布鞋上反复浸刷桐油，晾干，使之变硬且不透水，于寒冷雨雪天穿。新中国成立之前，富裕的人家才能够穿油鞋，穷人买不起桐油，没办法制作油鞋。

袜　清末民国初期，村民穿的袜子主要是白布缝制的双层布袜。民国之后逐渐穿机织长筒线袜。70 年代后，多穿有弹力的尼龙袜、腈纶丝袜。80 年代以后，妇女夏季开始穿肉色长筒袜。90 年代以后，冬季的毛巾袜、人造毛袜、毛线袜开始在村民中流行，棉线袜仍为人们喜爱。

住房　旧时，韦小庄人的住房讲究有正房、偏房和院落。新中国成立后，特别是改革开放以后，韦小庄人也追求起楼房、别墅。但在盖房屋的过程中，仍保持许多祖上传下来的习俗。

房屋布局、朝向　自古以来，淮北地区的村民都习惯住向阳院，俗话说“有钱盖门朝南的房，冬天暖夏天凉”。富家院宽大，分一进二进院。所建门楼有区别：官宦之家建走马门楼，富绅家建东门楼，一般平民建过道或“狗头”门楼。建房习惯用枣树脊檩，榆树梁，楚树过梁，杏木制门，以谐“早积余粮，荣华幸福”之韵。韦小庄历来有同宗聚居，长幼分居之俗。

1941 年，风水先生给韦小庄看过风水后，韦小庄人盖房便一反北方人的建房习俗，将门朝南的堂屋都改成了坐南朝北的“倒座子”。直至 2011 年全村统一建房之前，村内仍有 4 座这种“倒座子”房屋。

盖房　盖房屋下根基和上梁时要选黄道吉日，并摆酒宴招待泥瓦匠。特别是上梁时，要放炮，撒糖果、花生等食物。一般三间房两个梁头，东边梁头上贴红纸条幅，上写“左青龙扶起玉柱”；西边梁头上贴红纸条幅，上写“右白虎架动金梁”。堂屋正当门脊檩上悬挂用红纸或红布制作的条幅，上写“吉星高照”。改革开放以后，草房逐渐被平房与楼房代替，便没有了上梁这道程序，改为浇顶时要放炮、撒小食品，亲朋好友都备礼前往祝贺，房主设宴大待宾客。房子盖好搬家时，亲朋好友还要备礼前往祝贺乔迁之喜。

出行 新中国成立之前，外出讲究选择黄道吉日。出门远行，先看皇历，选择吉日，有“三六九，向外走”的传统习俗。若逢“阎公忌”，就是不吉利的日子，要避开。出门讲究日出而行，日落而息。

交往 韦小庄一带人际交往除了亲戚朋友走动往来以外，还有认干亲的习俗。有的人认干儿子、干闺女竟多达十几、二十几个。孩子认干亲一般都是找大户人家，实在找不到才找普通人。认干亲的原因有多种，一是怕孩子体弱难养，给孩子找个干爹干娘“跨门槛”，意思小孩给了人家，阎王爷就不再要了；二是找靠山，把小孩认给有头有脸的人；三是两家人接触较多，性情相通，谈话投机，便萌发了认干亲的意思。认干亲要举行仪式，一般选在春节过后，正月初六或初十“待干儿”，父亲备礼带着孩子到干亲家去，干爸干妈要送干儿子、干闺女长命锁、银镯子、银项圈、衣服、帽子、鞋袜等，临走时还要给孩子红包。认干儿子、干闺女的家庭要通知亲朋好友，亲朋好友备礼前往祝贺。干儿子、干闺女住得比较近，年三十干爹要接干儿子、干闺女回家过年，过了初一五更（凌晨 3 点到 5 点）再回家。干爹要给压岁钱，干妈要给一个碗，碗里放一个馒头，像这样过 3 ~ 12 年。离得较远的，正月初二或者初六，干儿子、干闺女要随父亲上干爹家拜年，年龄大了就自己去，一直相互往来至干爹、干妈去世。

生活习惯 自古村民没有围桌吃饭的习惯，饭熟以后，大人、小孩拿起馒头或用筷子扎起几块饼，端着菜或汤，或蹲到门前、墙根，或走到村子中心、场地边，边说边吃。经常聚集在一起吃饭的地方，被称为“吃饭场”。

70 年代以前，村民秋冬春季没有洗澡的习惯，只有到了夏天，男人们感觉热了，跑到河里扎几个“猛子”，一洗暑气；妇女们躲到高粱地里，用毛巾擦拭身体；孩子们结伴到河里玩仰浮、洗澡。

旧时老人们习惯搬个小板凳或拿个草片儿坐在村头树下，有的老翁习惯脱一只鞋当坐具，跷起二郎腿，慢慢抽烟袋，有的则把鞋枕到头底下，躺在地上纳凉。夏天的夜晚，男人们往往拿条被单，带一个芦席，到村头场地安歇。几个人或是谈古论今，或是聊聊生产、家务琐事，然后睡于天地之间，第二天一早再回家。

礼仪习俗

婚嫁习俗 韦小庄一带的婚嫁习俗自古就有，且十分烦琐。

迎亲花轿

说媒定亲　新中国成立之前，韦小庄村男女青年成家基本都是包办婚姻，“父母之命，媒妁之言”是男女婚姻的基本前提，否则即为非礼，受人谈论。男女双方到了谈婚论嫁的年龄（一般男性为十七八岁，女性为十六七岁），就会有一方托媒人提亲。婚姻信奉门当户对，命不相克。亦有“女大三，抱金砖”“童养媳”和“倒插门”等习俗。“童养媳”是男女双方订婚后，不到结婚年龄，因女方家贫，提前把闺女送到婆家，即为“小媳妇”，又称“童养媳”，等到成年后，择吉日举行婚礼，才算正式结婚，也叫“上头”（把辫子盘成髻挽在脑后）。“倒插门”是男方到女方家落户，有“娶男嫁女”之说。还有“换亲”的习俗，即因家中贫穷或男孩长得不好，说不着媳妇，经人说合或相互协商，把女儿互换到男孩家做媳妇。

提亲、说媒有一套程序。男女双方父母通过一番探询打听同意后，即由男方准备两套红帖，一帖写男方姓名、年庚八字（即年命帖），另一贴空白，由媒人传递到女方家。女方家收下庚帖后，在空白帖上写上女方姓名、年庚八字（即允帖），交给媒人传递到男方家。媒人来往送帖，都要受男女双方家庭的酒宴款待，有“成不成，酒两瓶”之说。双方按照男女的生辰八字、属相五行请人合婚，叫“合年命”，如果没有刑、冲、克、破之忌，即可成婚。“合年命”后，男方就准备衣物首饰，择吉日送到女方家，叫定亲，也叫传柬或下柬，即下彩礼。男方除带彩礼外，还要备有鸡、鱼、肉、酒、烟等物，女方家宴请男方家前来定亲的人，收下彩礼，就算把亲戚定下来了。

新中国成立之后，韦大营（韦小庄）村农民逐步接受和执行《中华人民共和国婚姻法》，废除了“童养媳”“换亲”等习俗，但是在相当长的时间里，直至20世纪末，传统婚俗依然延续着。比如请媒人说亲、提亲，媒人仍然会以两家门当户对为基本条件，提亲时介绍双方基本情况，双方家长进一步再托亲友侧面打听，经过探询觉得可以，便请媒人安排女方到男方家相亲，或由媒人安排到其他地方见面。双方大致满意后，亲事就基本定了下来。

70年代以前，男方家给女方家的聘礼包括7块布料，用一条围巾包裹，有的还有一副银手镯，讲究的大件就是“三转”（自行车、缝纫机、手表）、“一响”（收音机）。80年代，除彩礼、现金外，女方家还要求男方家先盖好三间房，此外还要“三金”（金耳环、金戒指、金项链）。定亲后未嫁前，每逢端午、中秋、春节三节前，男方要向女方家送节礼，端午送鸡蛋、鸭蛋、酒等，中秋节送红公鸡、肉、月饼等，春节送鱼、猪肉、烟等。在迎娶之前，男方家还要“下喜条”（备酒肉等物），双方商定迎娶的具体事项，如果女方家有其他要求，男方家亦要照办。90年代以后，随着农村经济不断繁荣，韦小庄杂技事业蒸蒸日上，名气越来越大，韦小庄成为许多姑娘向往的家园，韦小庄的小伙子或是读书、当兵、打工时自由恋爱找到心仪的姑娘，或是远近村庄的姑娘家主动登门提亲，或是杂技演员从外地带回的姑娘，嫁到韦小庄的姑娘在婚前基本不提苛刻条件。

迎娶新娘　新中国成立前，当地迎娶新娘有搬亲、迎亲之俗。搬亲，是指一些大户人家，婚礼头天新郎官骑上高头大马，携带礼品前往女方家中，女方家当天摆上宴席招待一番，新郎在女方家过夜。第二天新郎骑马在前，新娘坐轿在后，一路吹吹打打，热热闹闹来到男方家中。男方去迎娶新娘时，要带着新娘穿的全套衣物，一般是红袄、红鞋。要有一位婶子或嫂子去接新娘，有一个打伞的人和一个抱鸡的男孩（男方备一只公鸡，女方家配一只母鸡再抱回来），还要有一个带队的人及一个放炮的人。男方家带着食盒，里面放有一桌菜，供给女方家招待使用。有钱人家还要请响器班（乐队），响器班要头天晚上到新娘家去，在新娘家吹奏一整晚。后演变为乐队早晨到女方家吹奏，新郎接亲时也不必再带食盒，备好鱼、肉、烟、酒等即可。新媳妇上轿，要由娘家哥哥抱上轿。

60—70年代，迎娶新娘用自行车或三轮车，男方家派一个人接亲。80年代用摩托车、拖拉机。90年代以后用面包车或轿车。2000年以后，办喜事有了新形式，多委托婚庆公司全权办理，包括婚纱摄影、轿车迎娶、婚庆典礼等内容，既隆重又风光。

婚礼之后　新中国成立之前，新娘第一夜就寝前，有嫂子拿着木梳给新娘梳头，边梳边唱：

一木梳，一篦子，引（生）的小孩成续子。一木梳，一刮子，引的小孩成搭子。一梳金，二梳银，三梳小孩不闹人。

还有喜娘拿着花生、红枣，给新娘撒床，边撒边唱：

喜娘走进新人房，方砖铺地粉白墙。夜明珠，照画梁，红绸门帘五尺长。往里看，更是美，四块金砖垫床腿。七尺牙床更是强，刻着日头和月亮。当中还有红牡丹，外加彩凤去求凰。新人带来新福气，俺拿银盆来撒床。撒了一把生贵子，撒了两把儿女双，撒了三把三及第，撒了四把儿满堂。再往床头撒一把，白头到老福寿长。撒完床，床上躺，管你一辈子不腰痛。

洞房之夜，还有闹洞房、听话之风。新媳妇下轿和闹洞房时，“半边人”（寡妇）和“四眼人”（孕妇）不许看，说是不吉利。新娘子娶进门后，三天内不分老幼辈分，都可以闹新房、逗新娘。

新娘三天回门是韦小庄一带从古至今延续不变的规矩。婚后第三天，新郎陪新娘上午回娘家，娘家来接新娘回家的是娘家哥、嫂、弟、妹，男方家设宴款待。到了新娘娘家，娘家人有捉弄新郎的习俗——“狗套头”，即新郎不能从接待他的人群中间穿过，必须从一侧人的后面走过去，如果之前长辈没交代或者是不懂，那就是中了“狗套头”的招，大家会讽讥一时，给新郎难看。还有“姑夫姑夫，骂的物”的习俗，姑爷来了，那些晚辈会故意骂他，姑爷还不能发火还嘴。三天回门时，新娘家要大宴宾客，其排场和新郎家娶亲时相仿。新郎这一桌只能坐7人，不论陪客中的辈分高低，新郎独坐上首，被嬉称是“在丈母娘家中享受的唯一一次最高礼遇”。席间娘家陪客不会为难新郎，但会想办法让陪新郎来的人喝醉。

诸事完毕，男方还有“请媒人、会亲家”一场酒席要办，媒人要吃“红鲤鱼”，亲家之间推杯换盏，祝贺这门好亲事。

生诞、寿诞　韦小庄人十分重视小孩的生诞和老人的寿诞，其中的礼仪习俗从古至今不断延续。

生诞　妻子生第一胎，三天时丈夫要到岳丈家去报喜，生男孩抱公鸡去，生女孩抱母鸡去。去时约定妻子娘家亲友给婴儿送礼的时间。送礼一般都约定于出生七天后，这主要是因旧时医疗条件差，怕婴儿患病夭折。届时亲戚、朋友如期而至，称为“送祝米”，或称“待祝米客”。1980 年之前，娘家要给新生儿送面、馓子、油条、鸡蛋、红白糖、小被子、婴儿衣服、银手镯、银脖圈、帽子上戴的银饰品等物。其他亲友则是送馓子或油条一筐，或是一条小铺被、毛毯，或是一套婴儿衣服。1980 年以后，一般送半筐鸡蛋，上面放一条毛毯，或一套婴儿衣服，看小孩时要包个红包，给“见面礼”。主家要设宴招待亲友。

婴儿满月，娘家人要把女儿和婴儿一同接走，叫“走满月”，临接走时，要给婴儿脸上涂锅底灰，以示喜庆。婴儿满月前，产妇要“坐月子”。旧时有传在“月子”里，产妇不能到别人家去，若不慎误入他家，将给他人带来血光之灾，则必须给人家祭宅神消灾。孩子娇贵的，剃头时留个小辫子，到 12 周岁时再剃掉，又叫“割尾巴”，亲朋好友要去庆贺、送贺礼，由主家设宴。剃头时，孩子的舅舅要送牛送猪，有“外甥牵他舅的牛”一说。

寿诞　韦小庄民间祝寿有着传统风俗。一般“二十不做寿”称为“过生日”。因禁忌“十”与“死”、“九”与“鸠”谐音，有“男不做十，女不做九”的说法。一般人家多半只在几个重要岁数向家中老人表示敬意。“六十六送块肉”，就是在父母 66 岁生日时，儿女们买一大块肉，有的还蒸 66 个圆形的馒头，包 66 个饺子，送给老人，祝老人平安幸福。“七十三吃个鲤鱼猛一窜”，即在父母 73 岁生日时，儿女们买一条大鲤鱼，敬祝老人再增高寿。“七十七送只鸡”，父母 77 岁大寿时，晚辈要各送一只老母鸡。女儿送礼物的同时，还要送一棵葱、一把盐，有“没有葱还不中，没有盐不黏弦”的说法。在每年正月十五前后，出嫁的女儿还要为老父母送“老雁馍”[①] 和“老雁蛋”（包子），以表示不忘父母生育之恩，敬祝老人福寿延年。老人过六十、七十、八十大寿，祝寿的过程一般分两天，老人寿辰头一天，儿女、媳妇、女婿给老人献寿礼，寿辰之日，族中的晚辈及亲朋好友要备礼前往贺寿，寿礼有寿糕、寿面、鞋帽、寿联、寿匾等物。寿辰之日中午，做寿老人穿上新衣服，端坐堂屋正中，儿子、媳妇、女儿、女婿、孙子、孙女及宾客依照长幼次序，向老人跪拜，口诵祝词。祝寿仪式后，设寿宴款待亲

① 老雁馍：用发面皮包着肉馅或素馅的雁形食物。

友，喝寿酒、吃寿面。富裕人家还请戏班唱祝寿戏。

丧葬 丧礼，俗称“送终”“办丧事”。旧时，一般死者在去世前，家人要帮其穿好提前置办的寿衣。人去世后，家人把尸体停放在堂屋当门的灵箔上，头外脚里，长子抓一只公鸡，蹲门槛上面向里，掐着鸡脖用力把鸡掐死，拔毛洗净用麻绳扎好，煮熟与其他供品一起放在死者头前边，叫“供灵鸡”。头前还放一盏灯，叫“引魂灯”，灯昼夜不息，直至出殡，若中间熄灭，不能再点。

家里老人去世后，要向亲朋邻里报丧，亲朋携礼前来祭吊，女儿要买3斤3两纸、3斤3两肉、2斤果品、1盘鞭炮，父亲去世买纸马1匹，母亲去世买纸轿1顶。儿女赤脚散发、披麻戴孝直至出殡。亲朋前来祭吊，孝子要磕头跪迎。祭吊者送纸、鞭炮、花圈、挽联、挽幛、钱等。请阴阳先生选择坟地，定出殡、出殃日期，写路条，扎引魂幡。然后到十字路口烧子女买的纸马、路祭、火纸等，意为赴冥府的通行文书。葬前，一天三顿饭前，要到十字路中给亡人送浆水，然后开饭。送浆水去时，子女不能哭，回来时则要一路哭到家。出殡前，孝子要散孝[①]。出殡时长子扛幡、摔铣盆，孝子及宾朋一路哭送到墓地，棺木下土安葬，焚烧纸马、纸轿、花圈及其生前穿过的衣服。亡者下葬后，孝子还要设宴款待抬棺者、打墓者、送殡者。有的还要请响器班，也有出钱请哭灵人。亡者下葬后，连续3天进行圆坟，圆坟时上供品、烧纸，向墓中堆土，到第3天圆坟时，要把挖墓穴时挖出的土全部堆回，一般都是长方形的墓，3年后堆成圆形。第7天，子女要开始烧“一七”纸，直到“五七”。烧纸的规矩是“一七烧二七烧，三七不烧四七烧”，到“五七”时特别隆重，子女们要为死者扎纸楼房、汽车、箱子、柜子、摇钱树、聚宝盆、纸鸡、纸狗等，亲朋好友带祭品到墓前哭祭。儿女们还要烧百天纸、周年纸，服孝3年。在3年内过春节，儿子门上不能贴红色对联，要贴蓝色和紫色的。女儿烧3年纸后，不再祭拜。亡人安葬后，孝子要向参加葬礼的亲友登门叩谢。1980年以后，都是写感谢信一并致谢，称“谢孝”。新中国成立前，富人家操办丧事，还要请僧道念经，请名人点主，请响器班（唢呐、笙乐、锣鼓）奏哀，超度亡灵。

80年代以后，村民基本响应政府号召，对亡者实行火葬，旧时的迷信做法也逐渐消失。

吃孝会 新中国成立之前，有吃孝会的习俗。穷人家死了人发丧不起，就找几家要好的朋友互相帮衬，即一家死了人，另外几家共同出钱出物，置办丧事。新中国成立之

① 散孝：向前来吊唁者发白帽子、白布带。

后，吃孝会的习俗消失。

年节习俗

自古以来，韦小庄一带最重视过春节，其次是正月十五、五月端午、八月十五等传统节日，元旦、国庆节等新兴节日则基本没有什么活动。

祭灶 即农历腊月二十三、二十四。相传每年农历腊月二十三，灶王爷要到天宫向玉皇大帝汇报一年的工作，奏明有关事情，正月初一五更回来，有“二十三日去，初一五更回”一说。民众为了让灶君“上天言好事，下界保平安”，在他上天宫前进行祭祀。祭灶前把灶屋上下打扫干净，用泥、灰把土灶粉刷一新。祭灶在晚饭前进行，灶前上香、烧纸、放炮，用糖瓜粘灶爷嘴，“送灶爷上天”，尽量不让他开口。灶王爷画像两边的对联是“上天言好事，下界保平安”，横批是“一家之主”。像前供“灶王爷”三字牌位，牌文为“东厨司命主灶王府尊神之位”。这个节日很重要，有出门在外者，均尽量赶回家参加祭灶。祭灶时间不统一，俗说“官祭三、民祭四”，就是说官宦之家腊月二十三祭灶，平民百姓二十四祭灶。新中国成立后，一些迷信活动逐渐消失，村民仅在祭灶日打扫卫生，迎接新年。

除夕 俗称“年三十”。新中国成立之前，这天早晨天一亮，各家当家的都要带着祭具，到先人墓上，请“老里回家过年”，当家的回到家要找一根棍横在门外，叫“拦门棍”。这天上午家里要贴门对（又叫门神），把灶王爷的画像贴在灶台的墙上，“玉皇大帝”供在供桌上，香炉、蜡台都贴上春签子（红纸）。还要把门帘黏在一根秫秆棍上，插到柴垛上、麦秸垛上、粪堆上、粪池里、井沿边。从年三十到年初一，到井里打水，都要燃放鞭炮。

年三十中午一般人家吃白面馒头，其他时间都吃杂面角子、杂面卷子、荤饺子。必上一道由粉丝、萝卜、猪肉等一起煮的菜，叫“咸的”。这天中午吃的是最好的一顿，初一就不能吃荤菜了。旧时贫苦人家能够吃上杂面已算不错了。除夕夜一家人坐在一起，守候新年第一天的到来，叫“守岁”，百姓叫“熬棉袄”。

1983年中央电视台开办春节联欢晚会以后，村民们都围在电视机前看联欢晚会，到零点时，开始放鞭炮庆贺新年的到来。

春节 即正月初一至正月十五，俗称“过年”。一直有“起五更”的习惯，以起得早为兴。开门先放三个开门炮，三个都要炸响，有一个不响，就预示着一年会不吉利。开门后，有喂牛、马、驴的农户，端着馒头，从庄前唤牛、马、驴来吃东西，预示今年要添牛犊、马驹子、驴驹子。一般是男人起来放了开门炮，先把蒸馍拾到锅里蒸上，男人一年就做这一次饭，锅烧开了，女人再起来煮饺子、煮面条。烧锅的柴火要用铡断的上半截秫秆，俗话说："吃不愁，喝不愁，初一五更烧秫头。"烧锅的人要盘腿坐着烧，馍蒸好，饺子、面条煮熟，先在供桌上摆上肉、馍、饺子、面条、寿山等供品，然后上香，分别给"老天爷""灶王爷"和去世的先人烧纸、磕头，放爆竹，然后吃五更饭。饭前洗脸，全家只用一盆水，洗过不到天明不能倒掉。初一只吃素，饺子都是素的。吃白蒸馍要一掰两半。吃过饭，饭碗都要翻放在锅台或锅盖上。吃完饭，先是小孩给长辈磕头拜年，长辈要给晚辈压岁钱。然后全村晚辈给长辈拜年，有的长辈在外庄，晚辈还得到外庄去拜年。长辈家用香烟、瓜子招待。吃过饭，不到第二天天亮不能睡觉，有五更睡觉，这年要"倒秫秫"的说法。五更里是小孩子嬉闹的时间，小孩拎着各式各样的灯笼，哪里放炮到哪里去拾鞭炮。大年初一这一天一般要吃四顿饭。香是一柱接着一柱烧，一直不停，一直烧到破五。初五后是吃饭前先烧香，一直烧到正月十五，把鬼神都送走为止。

年关里有走亲戚的风俗，初一子女要在家中陪父母过年；初二到姥姥家、舅舅家拜年；初三起到叔、姑、姨家拜年，然后表亲之间相互走动，所谓"亲戚越走越亲"。出嫁女儿的新女婿要在正月初二给岳父拜年，岳父家要宴席招待。

2000 年以后，生活富足，交通发达，通信快捷，人情味却淡了，尤其杂技班年前年后要外出挣钱，亲戚之间你来我往的次数也没有以前多了。

破五 即正月初五。早晨吃面叶，称"补窟窿"（欠账补账或不漏掉钱），中午吃大荤肉食。从这一天起，便可以下田劳作了。

元宵节 即正月十五。上午可吃荤食，主要是夜晚活动丰富。这天，家家户户都要蒸布袋，又叫"扛布袋"，锅有多大，布袋就蒸多大，预示着当年五谷丰登，粮食满囤。夜晚，布袋蒸好后，摆好供桌，天不黑就放炮、烧香、烧纸，送"玉皇大帝"上天，祭送先人，祈祷灶王爷、财神爷各就各位、各司其职。祭典之后，吃布袋、吃卷子、吃元宵。吃过饭后，要看花灯，灯笼用竹篾等编成，样式多种，有走马灯、龙灯、鱼灯、花鸟灯以及孩子们喜爱的狮子灯、白兔灯等。新中国成立之前，民间有一规矩，新媳妇要在娘家过三个十五，如果头三年正月十五在婆家过，会不吉利，娘家没人的要到亲戚家过节，实在没处去的，要把新媳妇盖在大缸底下。新中国成立后，这一习俗被废除。改革开放以后，富裕了的村民在正月十五的晚上纷纷燃放烟花。

二月二 即农历二月初二，有“二月二龙抬头”之说。人们用草木灰撒墙根屋角，以防毒虫侵入，并拿着棍子到处敲，边敲边唱：

二月二敲梁头，金子银子往家流，二月二敲门枕，金子银子往家滚。

敲门东，震门西，俺家一窝好旺鸡，黑的、白的都不要，光要直黄老母鸡。

二月二敲木锨，老鼠死在墙里边，二月二敲钉耙，十个老鼠九个瞎。

早晨吃煎饼，用鏊子烙焦馍，称为“煎蝎子腿”“烙蝎子肚”。炒黄豆，意为炒老婆虫（一种软壳虫），吃过年剩的白面馒头，意为“咬蝎肚”。

清明节 传统祭奠祖先的日子。临近清明，家家为过世的亲人修墓添土。修墓在韦小庄叫上坟，把先人的墓地添上新土、拢圆，在圆顶上放一块圆形土块，有的还在墓顶插柳。修复墓地后，备四个馍、一块裤腿面子（有的是一只熟鸡）摆放在墓前，然后烧纸、放炮。烧纸时间不固定，但有“清明烧前不烧后，十月一烧后不烧前，十天不早，十天不晚”之说。清明这天，农户还有在屋檐下插柳树条的习俗。新中国成立后，机关、学校都在清明节为革命烈士扫墓，进行革命传统教育。清明时节多雨，植物滋润复苏，插柳也能成活，所以韦小庄人逐渐把清明演变为植树的日子。

端午节 即农历五月初五，俗称“五月当午”。这天早晨，家家在屋檐下插艾蒿，用雄黄拌酒给儿童涂耳孔、肚脐、肛门，大人喝雄黄酒，说是可以避邪，不生瘟疫疮疖，免遭毒虫咬伤。还有用五色布、五色线缝制成各式各样的香包，内装木香、雄黄等，给小孩挂在脖颈上或系在手腕上。端午早晨吃粽子、鸡蛋、鸭蛋等，中午吃油饼、糖糕、肉菜。

中秋节 即农历八月十五，俗称“团圆节”。传统习惯以八月十五作为庆祝丰收之节。夜晚，在院子里摆上桌椅，放上月饼、石榴、柿子、焦馍等食物，一家团圆，边吃边谈边赏月，共享天伦之乐。韦小庄还有“八月十五杀小鸡”的习惯。80年代后，中秋节亲友间多以月饼、鸡互相赠送。

重阳节 即农历九月初九，俗称“重九”，又称“重阳”。重阳节在韦小庄一带为大节，又被称为敬老节。民间关于重阳节的来源还有一传说，相传东汉时汝南人桓景听方士费长房说，九月初九将有大灾降于他家，需率家人佩茱萸外出登高、饮菊花酒以避灾，以后便演变成了习俗。重阳节这天还要吃鸡，所以重阳节前，出嫁的女儿要给父母送老公鸡。

腊八节 即农历十二月初八，俗称“腊八”。“吃过腊八饭，好把年来办”，从即日起，韦小庄村民便开始置办年货。腊八家家都吃米饭，称“腊八饭”。米饭用大米或小米煮制，里面放入葡萄干、菱角米、红枣、莲子、花生、红白糖等，做成稠米饭，表示庆贺丰收和预祝来年五谷丰登。也有放进肉丁及食盐做成咸米饭的。吃腊八饭前，将米饭抹在自家的杏、桃、李、梨、柿、石榴等果树上，意寓来年能多结果实。吃过腊八饭后，村民便开始淘粮食磨过年的面，杀猪宰羊，置办年货，准备过年。

信仰 韦小庄人自古信奉佛教、道教。村庄东有佛爷庙，西有东岳庙，还敬砖井王爷、石头神。

新中国成立之前，韦小庄一带村民大凡有求神问卜、祈福避祸之事，或有迈不过的槛、想不通的事，都会到东岳庙或佛爷庙里烧香上供，叨念一番，求得内心平静。东岳庙供奉有东岳泰山天齐仁圣大帝，传说他总管天地人间吉凶祸福、生死转化。附近村民生小孩拜东岳大帝，说是把孩子寄养到庙里，小孩就会平安长大。佛爷庙供的是如来佛祖。每逢初一、十五，东岳庙和佛爷庙香火络绎不绝。

新中国成立之后，村民宗教活动逐步减少，但许多老年人仍然信奉佛教，或在家里供奉观音烧香祭拜，或初一、十五到附近的庙宇送香火，并在生活中有意无意地将宗教观念传递给后代。

禁忌

忌韦氏通婚 自明初韦氏迁徙到临泉落户后，韦大营（韦小庄）一带一直有韦姓不通婚的规矩，并且一直也没有明确规定废除此习俗。进入 21 世纪以后，有韦姓年轻人自由恋爱，自主联姻，父母反对不成，便也默认，但一般韦氏人家仍恪守习惯，坚持韦姓不通婚。

忌重长辈名讳 按照封建社会的等级观念，自古以来韦氏族人形成了子孙不得重父祖辈的名讳的规矩。到了现代社会，尽管没有严格规定，但韦小庄村民一直墨守流传下来的规矩，特别是直系儿孙，起名时是不得重复长辈名讳的。

语言禁忌 做生意的不说“舌（赊）头”说“赚头”；说合事忌说“散”，如买田地请中人和结亲央媒人设宴席，不用馓子和豆腐做菜，“馓”谐音“散”不吉利，吃豆腐嘴松，怕说不成事；盖房子的高、宽尺寸和用砖砌墙，都忌“八”，因“八”与“扒”同音，意盖房要讲年长久远，遇“扒”不利；建房用木料忌用桑树、楝树，有“桑楝不入房”之说，因桑、楝与“丧、殓”同音，视为不吉利；打场脱粒时忌随便估产；脱粒的粮食入仓时，往布袋里装粮食面要向家的方向，忌向外；节日蒸馍、油炸食物在未敬神和未敬祖先之前忌食；正月初五、十三、二十三为阎王忌，忌出行、出嫁；产妇在坐月子期间忌去井边打水，忌到邻舍串门，否则要给人家行祭祀、破灾；百岁老人忌说百岁。

陋习 在韦小庄一带，赌博之风自明代建村以后就有。新中国成立以后，韦小庄一带的赌博之风得到遏制。特别是 1978 年改革开放以后，人们生活节奏加快，都忙于田间农活、外出表演杂技等，赌博现象在韦小庄已经绝迹。传统的赌博方法多种多样，有来纸牌、推牌九、对子胡、打麻将、扎牛屁等。

◉ 乡土文化

逸闻传说

砖井沿逸闻 相传山西大槐树韦氏先祖韦沱迁至淮河流域沈丘的延河北岸落户，为解决全家人的吃水问题，在庄前路口旁打了一眼井，用砖垒成井壁，井水很旺，周边村民都用这眼井里的水，村庄故被称为砖井沿。韦氏先祖初到沈丘，一望无边的荒地杂草从生，人烟稀少。当时朝廷下令“垦荒纳军粮”，开垦的荒地及收成，归开垦者所有，并免除三年的税收。韦沱子孙十分能干，不分昼夜，开荒种地。经过几代韦姓人的辛劳耕耘，到明朝中期，砖井沿村庄发展成为一个大庄园，号称三里长庄，有良田 20 万亩，曾挂“双千顷牌”。当时村庄西 200 米处有一个大庄园，西边是粮食仓库，东边瓦房由闲杂人员居住，中间是九栋楼房，院内有一条南北向砖路。整个庄园占地 200 余亩，前有延河，中有东西大路，被称作是一块风水宝地。

明代末年，朝政腐败，中原地区连年自然灾害，社会矛盾极度尖锐，华夏各地农民揭竿而起。明崇祯八年（1635），农民起义军行走至此，看见庄园砖墙瓦顶，挂“双千顷牌”，问其庄人：“该庄是什么功名？”庄人回答：“窝囊财主。”起义军认为是土豪劣绅，便放起大火，庄园变成了一片废墟。新中国成立以后，砖井沿村还到处都是碎砖烂瓦，仍有村民不断从地下挖出烧煳的粮食和埋藏的老砖。据说 1950 年前，“双千顷牌”还在韦大营村民家中存放，牌质是铜的，黄金镀边，村里 80 余岁的老人大多都见过，后此物不知去向。

砖井沿村人自古热心公益事业，为建庙一项就献出土地 1000 亩之多。其中，最初建韦寨东北的草庙庙宇献地 540 亩，建瓦店北后大庙献地 300 多亩，建李铁集北胜天寺献地 100 亩，建李铁集西火王庙和砖井沿西东岳庙献地各 100 亩。

砖井沿人还在赶集上店的途中修建休息场所，如在东至长官、杨桥途中的东邓庄买宅基地 1 块，盖房 3 间，栽木瓜树 1 棵，让行人拴马歇息。谢集北也有 1 棵白果树，当地人一直说此树属于砖井沿，是砖井沿人为赶集方便，在此买地盖房栽树，以备途中休憩。

韦小庄逸闻 相传大约在清道光十五年（1835），韦小庄人的先祖尚住在韦大营村，膝下的3个儿子各自成家。在韦大营分家之前，韦小庄人的先祖夜晚多次发现老犍洼放牛场南边一个叫泼窑子的地点附近出现红光和大红球，认为那里是风水宝地，于是分家时他提出要在泼窑子安家。经韦大营老先人同意后，他就带领3个儿子，到了老犍塘南边的放牧场上泼窑子处挖沟建房，繁衍生息。可是多年以后，这里并不是像先祖想象的那样是一块风水宝地。这里人口每增加到8人，就会有1人去世，而且去世的都是聪明、强健之人，经过四五代人后，韦小庄的人仍然十分贫穷。为了生存糊口，就有一些人出外表演杂技。

民国时期，韦小庄人到了第五代时，族人找风水先生到庄上看风水。风水先生查看了庄四周，指点说："如果这样继续住下去，不过二十年，韦小庄的人就会没有了。这个庄四边有沟，四平八稳，村路口朝南，看似一个好地方，但村后是个大水塘（老犍塘），等于说整个村庄就在水里。按风水书上说，后靠山、前面水，才是好住处，要改变村的风水，就要改变村的方向，南边路口要断掉，在村北留路口，村里堂屋都要改为面向北，面对北边的大水塘，才能得到好的风水，也才能改变你们村人的命运"。从此，韦小庄人盖的房子，一反北方人的建房习俗，将门朝南的堂屋都改成了坐南朝北的"倒座子"。直至2013年全村统一建房之前，庄内仍有4座这种"倒座子"房屋。"（韦）小庄的房子——门朝北"的俚语也由此而生。

"云南王"韦仲魁逸闻 韦仲魁，字象时，清道光年间（1821—1850）仁和寨（砖井沿分支）人。韦仲魁自幼聪颖好学，性情豪放，在其父亲韦宁国教育和影响下，心怀国事，关心民间疾苦，白天习文，夜间习武。18岁进京应试，录为武解元，26岁被朝廷录为武进士。随后从军，带领军队在云南贵州一带剿敌保边，战绩卓著，备受清廷赞赏，被授予云贵协镇都督要职。当时，国家西南边境，常有外国军队越境骚扰，抢掠财物。韦仲魁数次率兵抗击，打退敌人进犯，保卫了国家西南边陲。云贵是少数民族聚集区，当时农业、手工业和文化事业都很落后，他一面练兵御敌，一面帮助和鼓励当地人民开荒种地、开采矿山、开辟道路、兴修水利、兴建学校。同时，还把北方地区粮食的优良品种和种植技术带到边疆，分发教授给民众，推动当地农业发展。他的夫人也是北方人，常带侍女活动在民间，向少数民族妇女传授纺织和栽桑技术，与当地民众建立了深厚的情义。他们夫妻在云贵地区极受尊敬和爱戴，当地人都称他为"云南王"。

韦仲魁任云贵协镇都督期间，不享安逸，不贪钱财，办事公正，广开商路，许多外省商人云集云贵。当地也有些“土霸王”“地头蛇”，以内欺外，敲诈勒索，坑害外地商人。韦仲魁不偏不倚，对那些扰乱当地经济发展的害群之马严加惩治。

临泉瓦店村的一个商人听说韦仲魁在云南官当得好，云南马多，又便宜，到云南贩马有利可图，便到云南贩马，交易中与当地强人发生争斗，先是口角对骂，后便打了起来。瓦店马贩子被打急了，拔出匕首，对最凶的当地人捅了一刀，致其当场毙命。参与打架的当地人见出了人命，立即报官，把马贩子扭送到县衙。县太爷一看是北方人，考虑自己与北方人语言不通，又是命案，判不好难脱干系，而韦仲魁是北方人，便将此案送至都督衙门审理。

韦仲魁问明了马贩子的家乡住址，姓甚名谁，因何杀人之后，便想：“家乡人不远万里来云南贩马，惹来杀身之祸，实属不忍。”苦思良策后有了主意，于是公开升堂审理。原告、被告、证人及县太爷等全部到堂。死者家属陈述被害原委，被告马贩答辩：“我是北方商人，万里迢迢到此经商，这些苗人敲诈勒索，我的钱财损失惨重，他依仗人多势重，对我又骂又打。我孤身一人，被打急了，逼得我拔出短刀子，伤了人命。”韦仲魁问：“是蹾刀子吗？”县官说：“是短刀子。”云南人对“蹾”和“短”发音相似。韦仲魁说：“蹾刀子，为误伤，不偿命。”

韦仲魁拍动惊堂木，高声宣判：“苦主实在可恶，北商到云南经商，与你无冤无仇，却敲诈勒索钱财，先骂后打，仗人多欺生，将来谁还敢来经商，云贵经济如何发展，实属害群之马，毁了云南人的名声。人死了，参与打架的帮凶凑钱埋葬，再凑出二百两银子抚恤家属。北商听判，你蹾刀子杀人，是误伤人命，你虽为自卫没杀人之意，但人命关天，死罪可免，活罪难饶，判你发配充军，南阁到北阁[①]三千多（故意把三里说成三千），就罚你到瓦岗充军去吧。”北商说：“大老爷，我不服判。打架时，我的钱物全部被抢，腿也被打伤，不能行走，怎么能走到瓦岗呢。”韦仲魁对县官说：“你身为县令，教化无方，在你辖区发生命案，由你衙派两名工差，用车子把犯人推到瓦岗，因是命案，要回文，否则拿公差家属是问。北商被抢，从你县库银中多给路费。”县官只得派差出资把马贩送到瓦店。

韦仲魁后因其弟在家犯科受牵连吞金而死，云贵百姓自发为他建庙立碑于昆明西山

① 南阁、北阁：古时沈丘瓦店三里长街，南头龙王庙叫南阁，北头奶奶庙叫北阁。

脚下，“文化大革命”前，瓦店镇大韦庄人曾到昆明，到庙里碑前祭祀。

韦仲魁死后，清廷下旨，将其运回家乡葬在仁和寨西边老柏树林祖茔（现已平）。在韦寨街上建牌坊，上写“圣旨”，两边配对“文官下轿，武官下马”。20 世纪 50 年代，牌坊被拆毁。

韦老宁逸闻 清朝道光年间（1821—1850），韦仲魁的父亲韦宁国，外号韦老宁，是当地出了名的仁义之士。他没有官职，全凭种地为生，因善于经营管理，家庭富裕。他对自己省吃俭用，对朋友和有求于他的穷人，广施钱财，毫不吝啬。

韦老宁为人正直，心地善良。即使儿子做了大官，他也没有仗势欺人之意。上不巴结，下不脚踩，就是爱管百姓的邻里纠纷。当地打架斗殴的找韦老宁调解，邻里因田地纠纷的请韦老宁“公断”，家庭成员之间发生口角也请韦老宁去评理，可以说没有他管不了的闲事。他处理事情公平合理，让人信服，因此，当地十里八村的老百姓有事都爱找他唠叨唠叨。一传十，十传百，韦老宁的美名在方圆几十里都传开了。

一天，韦老宁到韦寨赶集，回来走到韦楼前面小白桥时，碰到两个小伙子打架，一个脖子上青筋横暴，一个眼珠子瞪得像铜铃，你掐着我的脖子，我拧住你的胳膊，大汗淋漓，周围的人谁也拉不开。韦老宁走上去，说：“你们都消消气，闲事也得有人管呐。”那俩小伙齐声说：“今天这事谁也管不好，就是叫韦老宁来，也管不好！”韦老宁挡在两人中间，笑眯眯地说：“看你们都累得喘气，身上汗跟下雨的样，也该渴了。”他从衣袋里掏出两把钱，每人给一把说：“你们先去买碗茶喝，弄点吃的，别再打了，有啥解不开的疙瘩，回来再找我。”两个小伙子正又累又渴，接过钱便跑开了。过后他们才知道，这位给钱劝架的就是韦老宁。

有一年，京城一个官员下来私访，对韦老宁各类仁义之举的传闻存有怀疑，就想了个办法一探究竟。一天韦寨逢集，这位京官假扮赶集贫民，当和韦老宁迎面相会时，官员吐出一口浓痰，飞落到韦老宁干净的蓝衫上。官员表现出惊恐状，赶忙用手去擦那黏痰。韦老宁并未生气，反而笑嘻嘻地拦住他，并说：“没啥没啥。”自己从衣袋里掏出手巾慢慢把痰擦去。这位官员折服了，连连抱拳道歉说：“真对不起，真对不起！”老宁谦和地说：“这有啥，擦掉不就行了，你也不是故意的。”围观的人纷纷称赞韦老宁有涵养、近乡民，是个道德君子。

挖地窖埋砖头的传说 传说清朝道光年间，在砖井沿居住的老庄主有四个儿子，分为四门，前后建了四排房子。因房屋高大，院落壮观，各排都是深宅大院，所以称四牌坊。后门老大有三个儿子，老大计划翻建房屋，买了一大批砖头，准备建楼房，大儿子和二儿子在砖垛旁边玩耍，兴趣正浓时，用绳子捆几块砖头，抬着玩，吆喝着“卖砖头”。老大忌讳“卖”字不吉利，有家产变卖的歧义，立刻让三儿子上前说“买砖”，不料三儿子却摇头说道：“不哩，俺哥卖，我也卖。”老大一下子气得喘不过气，对着三个儿子大骂：“一群败家子儿。”嘴里这么说，心里也这么想，遂将买来的砖头挖地窖埋了起来，改变了盖楼的主意，将楼房建成了瓦房。他埋砖头另有缘故，一是自己置买的家业（砖）不能卖，卖了即为“败家”；二是留有青山在，待等后来人，子孙出了有出息的人可以在将来利用他留下的家产实现他盖楼的愿望。村里人至今仍传说砖井后边的树园子地下埋有砖头。

砖井的传说　砖井沿村东路边的砖井，是韦氏祖先韦沱从山西省到此落户时挖的第一口井，已经有600多年的历史，被誉为临泉韦姓人的母亲井。围绕着砖井有许多传说。

砖井不歪惹怒农民军　明崇祯八年（1635），高迎祥、张献忠、李自成率农民军破亳州、颍州，大军走到砖井沿村，李自成因昼夜行军，饥渴难忍，发现砖井时，心中十分高兴，可是井深不见底，喝不到水便猛然想起东汉王莽赶刘秀的故事。相传东汉光武帝刘秀被王莽追得人困马乏，浑身燥热，急需饮水解渴，当走到汝阴城西门外，见一口井，井深无桶。刘秀趴在井沿儿叹道：“井呀，井呀，我能把你扳倒就好啦！”不想井壁“咔嚓”一声，直冲刘秀怀中歪去，井水涌上井口。刘秀解渴后，谢井上马，奔驰而去，那口井永远成了倾斜于地面的“扳倒井”。于是李自成便效仿刘秀，对井口大声喊道：“你歪点吧！”连喊数声，砖井纹丝不动，李自成一时懊恼，加之听说村庄庄主为土豪劣绅，起义军便放火烧了砖井沿庄园。

砖井源泉通数里　传说砖井里的泉眼如水桶那般粗，并且水越吃越旺。砖井沿人口发展到成百上千人，还一直使用这一眼井里的水。有一次，韦姓先人掏井时，把一只鸭子做上记号，放入井里的泉眼中。结果，这只鸭子从1千米外的李铁集大桥西边花衣池里跑出来，另一说是从韦楼南边斜沟里跑出来。

砖井出彩虹　传说民国年间的一天，砖井中突然冒出一股雾气，直升天空，当时正遇太阳光斜照，雾气变成相连的一道红色、一道绿色彩虹，长时停留在空中，直至雾散，彩虹才消失。另传民国时期的一年，久旱无雨，村里人到砖井烧香求神、许愿，祈求井龙王下雨救旱。一天半夜，井里窜出来一匹马驹，转眼不见，井里一股烟云冲天而起，天空西南现出一道彩虹，接着天上布满乌云，彩虹消失，落下了大雨。为了还愿，村里唱了五天大戏。

砖井水一月两味　砖井沿一带传说砖井水上半月与下半月不一样，一月两味。说是有细心的人发现，砖井里打出来的水，上半月喝甘甜如饴，清爽可口，下半月水虽清，但喝起来有点咸涩味。

砖井水升迎元帅　1947 年 8 月，刘邓大军千里挺进大别山。12 月 21 日，野战军司令员刘伯承、副政治委员张际春率大别山后方指挥所及中原局机关到达临泉。1948 年 2 月初的一天上午，刘伯承从新蔡县杜寨前往临泉韦寨，一路奔波口渴难耐，走到韦大营砖井时，看到井中冒出热气，井水高达井口，便从腰中取下行军用的茶缸，弯腰舀出一缸，井水温热甘甜，既解渴又暖身，刘伯承赞不绝口。刘伯承元帅饮水走后，村民们立刻拿碗到井里舀水，只见井水已经下降，怎么也够不着了。当时村民竞相传说："这眼井真神了，看来共产党定能成气候！"

老龙腰的传说　砖井沿村北 500 米处，有一片洼地，四周高，中间洼。传说 1932 年的一天中午，一片乌云从天而降，随之落地的是一条龙。这条龙像一头牛，有一间房子长，头南尾北，在地上翻腾。在卧龙的北边是个三角形的水塘，砖井沿村及邻村的村民挑着水桶，拿着盆盆罐罐，从水塘里挑的挑、舀的舀，纷纷把水向龙身上泼去，最后水在龙身下积了半尺深。龙在水里不断翻腾，将身下翻成一个坑，泥水四处飞溅。直到晌午，天空突然起了雾，下起小雨，龙随雾气慢慢飞上天空，渐渐消失。从此，人们称这个地方为"老龙腰"。

老犍塘的传说　老犍塘位于韦小庄北边，整个水塘占地 10 亩左右，塘中有一小洲，约占地 1 亩，洲上有各种草木。

传说在明朝中后期，砖井沿韦姓人发展到上千人，土地 20 万亩，喂养牲口上百头。农闲时，牲口就采取放养的方法。韦姓人在北大洼、白土洼、老犍洼开辟了 3 个放牛场，每个放牛场都有 5 ~ 10 亩以上，不种庄稼、不栽树，专门留下来长草放牛。放牛的人每天早上把牛赶到牧场，下午天将黑时再赶回自家牛圈。为了解决牛白天饮水的问题，就在这 3 块草场的连接处开挖了这口 10 亩地的大塘，牛渴了便可到大塘里喝水，热了可卧到水塘里乘凉。

后来村民发现，在老犍塘放牛，早出 99 头，晚回 100 头，每天晚上回来牛就多了 1 头。砖井沿村老先人感到奇怪，认为有怪物混在牛群当中。后来老先人想了个办法，在早晨放出的每头牛腿上都缠一个布条。这天晚上回来，查出一条没缠布条的牛，就随手打死了，从那以后，每天晚上回来的牛再也不多了。明末砖井沿庄园被李自成队伍烧掉以后，有人认为在老犍塘放牛多出来的牛是宝牛、神牛，因韦姓人把神牛打死了，故导致了家族不兴和灾难。

老寨主韦谦会闯王传说 明朝末年，朝政腐败，战事频繁，连年灾荒，盗匪猖獗。乡村为保平安，建立起自卫的乡勇武装，设立探马，一有消息马上通报。百姓为躲避灾难，立即把仅有的家当带上，躲藏进一些大寨子中。

老寨是韦氏迁居沈丘较早建立的一个大寨，当时已经历了几代人的加固建设，周围筑有高而坚固的寨墙，挖有深深的护寨河，寨门口修有可升降的过河吊桥，一吊起来，大门紧闭，进入村寨十分困难。那时的老寨主大名韦谦，文武双全，不仅心地善良，而且满腹经纶，懂兵法熟韬略，胆识过人。面对兵荒马乱的时局，他带领众乡亲，打造了一大批刀、矛、钩、叉、剑、戟，铸造了上百杆炮铳和一门大炮，用磺硝和柳炭做了不少炮药，还做了大量的弓箭。把年轻力壮的男人们武装起来，并进行严格有素的训练，组成一支有战斗力的自卫武装。他还与附近村庄开展联防，设立了探马，组织和培养了一批情报人员，经常打探四方消息，迫不得已时，便狠狠打击烧杀抢掠者，较好地保护了一方百姓。

有一年初冬的一天，有探马来报，说一支农民义军向这一带进发。寨主韦谦听报后，立即通知附近村庄，人们集中到寨中，并做好各方的准备。义军很快到来，听说寨中有不少粮食、马匹、财物等，就把寨子包围起来，打了三天三夜，也没有攻下。为了壮威，寨主韦谦点燃大炮，并亲自操作大炮，选择没有村的方向开炮。“轰”的一声巨响，惊天动地，所过之地植被一扫而光，远达十五里，大炮筒热得发红。闯王（李自成）一见，立即撤兵，向西南后退到十里以外的李铁集安营下寨。第二天，农民军派人到寨前送信，邀请寨主到大营中做客。翌日上午，巳时刚过，寨主韦谦带了一个随从，骑了战马，便直奔闯王大营。韦谦来到营前，义军兵将一不迎接，二不通禀，却对阵举刀枪而侍，中间留出一条刀枪之长廊，只能从下钻过去，想来个下马威。韦谦笑了笑，双手抱拳说“请”，随即高举大刀，催马闯来。义军一看来者勇猛不惧，心中暗暗佩服，把刀枪闪开。闯王来迎，一看只来了一主一仆，心中暗想对方一定做了充分的准备，暗示手下不要轻举妄动。宾主步入客厅，筵席落座，席间，韦谦不卑不亢，落落大方，谈笑风生，毫无一点惧色。闯王拔剑扎一块肉，放到嘴里吃了，又扎一块肉，直送韦谦。韦谦不慌不忙，张开大口接着那块肉，嘴一合，牙一咬，嘎嘣一声，把剑尖咬了下来，舌头一转，咕一声把肉咽下，又对门猛力吐出，像射出的利箭，“咚”一声响，剑尖钉在了门上，并语义双关地说："这块骨头不好啃那！"闯王深感惊奇，有几分的敬意，正想说什么，韦谦突然站起身来说："告辞了。"说罢就往外走，闯王急忙送客，到大营门口，相互施礼告别。这时。韦谦对李闯王说："请闯王到小寨作客。"闯王答道："三日内即到。"韦谦翻身上马，稳稳坐好，扬鞭返回。

翌日，闯王以安排来寨事宜为由，派人到寨中窥探情况。看到正在训练的自卫武装，以及周围一排排的队伍，整整齐齐，喊声震天，实际上只有正在训练的人们才是自卫武装人员；看到箭库，一捆捆的箭堆满到门口，实际上只有一个屋里真正堆满了箭，其他屋子里箭下都是杂物；看到炮药囤，一个个像麦草垛那样大，实际上只有一个是真的，其他的都是上面放了一层炮药；看到大大小小的炮铳和小炮有上千个，还有那门威力无比的大炮，实际上炮铳和小炮很多是木头做的，涂上了颜色；再看看那寨墙上也都站满了人，手握大刀长矛在高喊："我与大寨共存亡！"来人看罢，回营向李自成禀报。李自成和手下分析后认为，再打下去不知道要死伤多少，此处不可久留，走为上。第二天便起营，并遣军校前往老寨送信，说情况有变，非常紧急，闯王不能前往拜访，后会有期。

消息传来，大家松了一口气，但韦谦说不可麻痹，以免中计。等了等，一看真撤走了，而且军纪良好，不像其他的官军那样烧杀抢掠，便马上派人送去一些粮食、布匹、银子等财物，闯王很是感激。

大韦庄请主楼子传说　主楼子是指经过"点主"的老祖先牌位。所谓"点主"，是旧时家族为有名望、正常亡故者举行祭祀的一种形式。先在已故人牌位上写好"某某主牌位"，而"主"字写成缺一点的"王"字，点主人用蘸有药银珠血（宰杀畜禽的血）的笔在主牌位的"王"字头上点一个红点，"王"字变成"主"，即完成点主仪式。点主者，必须是上下三辈均为正派人家的有功名之人。

直至 2015 年，瓦店镇郑卞庄行政村大韦庄韦心邦家还存放着 5 块经过"点主"的老祖先神主牌，其中有清康熙进士韦浚夫人陈氏、康熙年间（1662—1722）韦明玉之妻陈氏的主牌（源自韦大营砖井沿村），另两块是大韦庄祖先韦九锡夫妇的，还有一块字迹模糊，不知为何人的。

相传清乾隆年间（1736—1795），韦大营砖井沿人口发展多了，在外庄置田买地，租给佃户耕种。老长辈的在西南坡（现大韦庄一带）买有 200 多亩地。先是租给佃户，后来想让村民韦九锡到那里居住管理。开始韦九锡想不通，认为那里远离家园，人生地不熟，举目无亲，不如在家人多势重，说话办事方便，能够享受天伦之乐。因此，情绪非常不好，但因家法甚严，又不敢顶撞。老长辈看出韦九锡的顾虑说："九锡，你回去跟儿子、儿媳和孙子们商量一下，有什么想法，说出来。"

韦九锡回去一说，大部分人不乐意，有一个儿子说："我可以见老长辈吗？"韦九锡便带他见了老长辈。韦九锡儿子说："人恋地土虎恋山，分家也不是坏事，可是西南坡离家太远，重新立业开销也太大，分家时能否多给点资助"？老长辈立即召集全族人聚会，宣布韦九锡分到西南坡去，在西南坡杨楼北边多给他买120亩地，牲口、农具按数让他先选，此时大家都没有异议。于是选定吉日良辰，请来亲朋及韦寨周边韦姓德高望重的长辈主持分家，写好分家文书。

韦九锡带领儿孙们在西南坡安营扎寨后，在生活中遇到了不顺心的事，与当地住户总是别别扭扭，当地人欺生现象时有发生。韦九锡与全家人商量想出了一条妙计。韦九锡带着儿孙回老家找老长辈说："咱的家分的不公。"老长辈一听非常意外。韦九锡说："咱的砖井未分。"大家一听便觉麻烦难办。韦九锡接着说："还有人家欠咱的粮款物和人情债不详。"老长辈说："砖井不能打节，又不能劈开，没法搬运。另外各家都有一本账，人欠咱的，咱欠人家的，账上都记得清清楚楚，人情账没记，只能口传心记。"有人说："砖井好办，多给钱，在西南坡再建一眼井，不就得了。"韦九锡说："咱几辈人都饮用这眼井的水，人畜兴旺，哪里水也不如家乡水。"老长辈问："你还有什么事情？想如何解决？"韦九锡说："某月某日，我的长孙结婚，全家人和新贵人要向主牌位道喜，是否都能请去？"老长辈和家人想，前两事未能解决，也解决不了，这件事再解决不了，有点不近情理。老长辈当场表态："把主牌位请过去，大家恭送。"韦九锡与儿孙立刻跪倒叩谢，才道明："分家不公是假，分砖井也是假，请主牌位是真。"

韦九锡回西南坡建好房子，挖好寨沟，筑好围墙。为了出门向东北看到老家韦大营和砖井沿，寨门朝东，寨中间筑了一条东西大路，路北中间建了一座主房，堂屋明三暗五，东西各三间配房，门房两边各建配房，堂屋后墙上挂有名人字画，供案上放腊壶瓶、八仙方桌，椅子放好，杀猪宰羊，搭好彩棚，下帖请来了众位宾客，然后回老家韦大营子砖井沿请主。当天，迎送主牌位的队伍抬着方桌，桌子上面铺红毡，搭有伞杖，主楼牌位放在桌上，由四个人抬着，鼓乐齐鸣。队伍前面是来迎接的西南坡众人，个个衣帽整洁，喜笑颜开；后面是韦大营子砖井沿和周围韦姓欢送的人们，声势浩大，场面隆重。沿途外姓各庄的人也都出来观看，都知道韦家祖被请到西南坡去了。

主楼牌位请到西南坡后，韦九锡大宴宾客，老家来人又参现了寨园，并赐名"大韦庄”。从此以后，祖宗牌位留在了大韦庄，一年四季各种节庆或红白喜事，韦姓人都来拜请祖宗，韦大营老家有重要大事，大韦庄人都前往参与，这样你来我往常年不断，周围村庄的人看到韦姓人团结势众，再没人敢欺侮大韦庄人了。后来大韦庄人又购置许多田地，人丁兴旺，周围村的人都愿意跟大韦庄攀亲戚，韦姓人的威信越来越高。

“飞毛腿”韦西侯的传说　相传砖井沿韦氏老先人韦沱，迁徙到沈丘时先在李铁集住了一段时间，后才在砖井沿一带选址建房落户。到了清朝末年，李铁集出了一个远近闻名的“飞毛腿”叫韦西侯，即是韦沱留在李铁集的后人。

韦西侯从小练就一套特殊的硬功夫，步履如箭，行走如飞，二三百里的路程只需半个时辰，故人称“飞毛腿”。

买蒜　一天，韦西侯在家做蒜面，面条擀好了，锅里水也烧好了，发现没有蒜。临泉鲖城的大蒜皮紫、汁浓、辛辣异常，配面最佳，韦西侯打定主意到鲖城去买。鲖城距李铁集约 20 千米路程，韦西侯买蒜回来时，面条刚下锅，其脚步之神速，人人称奇。

买醋　一年夏天，韦西侯家里来了客人，商量做饭，客人说：“天热就吃蒜面吧。”吃蒜面离不了醋，可家里没有醋了，于是韦西侯一边安排人擀面条，一边说：“我到阜阳买醋去。”客人闻言说：“别开玩笑了，到阜阳 50 多千米距离，需几天才能买回来？”韦西侯说：“不耽误晌午吃。”说罢转身出门。一会儿，锅里水刚烧开，正准备下面条时，韦西侯满面春风地拎着一瓶醋走进屋来。客人问：“从哪里买的醋？”韦西侯答：“阜阳西门里边。”

民谣

难当娘

想当娘，难当娘，女人谁不想当娘？
自打结婚做新娘，一心就想当上娘。
十月怀胎累坏娘，婴儿落地喜煞娘。
擦屎把尿忙死娘，哺乳喂饭得靠娘。
有点毛病急坏娘，叫声妈妈乐坏娘。
从小到大不离娘，订婚结婚忙煞娘。
娶进媳妇忘了娘，媳妇跟着不孝娘。
指鸡骂狗数落娘，借题发挥撵走娘。
老娘成了孤苦娘，暗自伤心哭坏娘。

想当娘，难当娘，媳妇早晚要当娘。
亲生娘，婆母娘，前娘后娘都是娘。
今天要是虐待娘，明朝会当受罪娘。
年轻当知孝敬娘，老时能做顺心娘。

穷人穿破衣

天上星星朗朗稀，树木林落有高低。
地主穿的绫罗缎，咱们穷人穿破衣。
冬天穿不上棉衣裳，夏天晒着光脊梁。
打的粮食交地主，自己吃的菜和糠。

延河水灾

延坡西河是灾窝，十年淹旱九年多。
四季劳碌多辛苦，收的没有种子多。

毛主席他一来

毛主席他一来，枯树鲜花开。
旧社会的穷苦人，一齐站起来。
斩断穷根栽富根，生产大发展。
河水往东流，花开满枝头。
因为来了毛主席，咱们抬起头。
土地归人民，再不受欺侮。

拜年

今年一九五一年，俺给军属来拜年。
问声大爷大娘好，再问过年起来早。
起来早，起来早，大爷大娘新年好。

挖河颂

人民群众力量强，大河挖的宽又长。
水满河来粮满仓，两岸绿树排成行。
土变金来水变银，洼地变成聚宝盆。
齐声歌颂共产党，幸福生活乐无疆。

当代愚公胜天公

机声隆隆似雷声，水泵哗哗喷银龙。
我牵银龙游麦海，麦海扬波把我迎。
银龙麦海打个滚，万重绿浪化金岭。
何愁天公不下雨，当代愚公胜天公。

儿歌

小老鼠爬灯台

小老鼠爬灯台，偷油吃下不来，
叫毛妮，抱猫来，叽叽哇哇掉下来。

小蚂蚱

小蚂蚱，撅尾巴，一撅撅到姥娘家，
姥娘见了怪喜欢，妗子见了翻白眼。
妗子妗子你别愁，荞麦开花俺就走。

小鸡尕尕

小鸡尕尕，要吃黄瓜。黄瓜有水，要吃鸡腿。
鸡腿有毛，要吃毛桃。毛桃有胡（核），要吃牛犊。
牛犊撒欢，撒到天边。天边有雷，打死老贼。

月老娘黄黄巴

月老娘，黄黄巴，爹织布，娘纺花。
小毛头，要吃妈，买个烧饼哄哄他。
爹咬口，娘咬口，一咬咬住毛头的手指头。
毛头儿毛头儿你别哭，娘怀里有个肉嘟嘟。

小板凳摞摞

小板凳摞摞，里头坐下大哥。
大哥出来买菜，里头坐个奶奶。
奶奶出来梳头，里头坐个孙猴。
孙猴出来蹦蹦，里头卧个豆虫，
一捏一拱动。

小火筒，亚亚颈

小火筒，亚亚颈，姥娘杀鸡炸油饼。
给谁吃？给外甥。外甥吃了好弄啥？
好放马。到哪放？庙东边。
有水没？一片明。有草没？一冒青。
有鱼没？乱扑棱。

小竹竿细又长

小竹竿，细又长，我当战士它当枪。
什么枪？冲锋枪，要把敌人消灭光。

月老娘搬板凳

月老娘，搬板凳，搬到河里洗衣裳。
洗的净，浆的硬，光棍穿上猛一愣。

月老娘开染坊

月老娘，开染坊，绿的红的都染上，

打开柜，花鞋对；打开箱，花衣裳。
院里栽棵花子树，还结梨，还结瓜，
还结石榴大开花。

摘下仙桃献母亲

日头出来往西照，照向西天一座桥。
桥头有棵仙桃树，九个仙女攀枝摇。
攀着一枝十枝动，攀着十枝百枝翘。
摇来摇去花成朵，花开花谢结仙桃。
摘下仙桃献母亲，长生不老尽管活。

杨槐树

杨槐树，杨槐桠，杨槐树下有人家。
两个儿子会写字，两个女儿会绣花。
大姐绣的百合花，二姐会绣月季花。
三姐不会绣花朵，关到屋里纺棉花。

棠梨子树

棠梨子树，棠又棠，棠梨子树上盖瓦房。
三间瓦房没盖起，三个大姐来报喜。
十二个猪、十二个羊、十二个骆驼排成行。
头里抬着彩花轿，后边抬着顶子床。
顶子床上一壶油，三个大姐来梳头。
大姐梳个盘龙式，二姐梳个盖花楼。
还有三姐不会梳，一梳梳个喳鸡子窝。
喳鸡子来喝水，吓得直咧嘴。
喳鸡子来做窝，吓得直哆嗦。
喳鸡子来下蛋，吓得乱颤颤。

恨老鼠

老鼠牙，尖又尖，又咬棉来又咬单，
三九月里咬夹袄，二八月里咬布衫，
六月咬烂的确良，七月咬烂毛哔叽，
十月咬烂雪花呢，年下再咬上供的鸡。

小麻嘎

小麻嘎，肚子大，爹拉犁子娘拉耙。
奶奶后边打坷垃，小孩一旁笑哈哈。
奶奶奶奶别打啦，社会主义来到啦。
拖拉机，圆盘耙，还有电灯和电话。

小巴狗

小巴狗扒大路，大路光叫大娘，大娘在家里擀面汤。
叫婶子，婶子在家里挪粉子；叫小娃，小娃在家里择豆芽。
叫小妮，小妮在家里杀小鸡，扑棱扑棱一小堆。

小黑妮

小黑妮，扒草根；扒的草根喂驴驹。
驴驹长大来，黑妮出嫁来。
爹也哭，娘也哭，撇下驴驹不会哭，
昂叽昂叽一晌午。

民间游戏

韦小庄一带农民在长期的劳动和杂技训练中，充分发挥自己的才智，创作和流传下来许多文化娱乐活动。

挑兵捉小羊游戏 一群孩子排成一字长队，后面的孩子拉着前面孩子的后衣襟，“头羊”与“杀羊者”对话。“杀羊者”说：“借锹了。”“头羊”问：“借锹咋（弄啥）？”答：“刨窑了。”问：“刨窑咋？”答：“裁荆条。”问：“裁荆条咋？”答：“编小筐。”问：

"编小筐咋？"答："盛石头。"问："盛石头咋？"答："磨小刀。"问："磨小刀咋？"答："杀你的小羊羔。"遂开始逮"羊"，"头羊"护"羊群"躲避，一来一往走动，被逮住便不能再入队，须蹲在一边等着，等把"羊"逮完"杀"完，开始"炦羊肉"，嘴里唱到："炦炦炦羊头，炦得羊头满锅油；炦炦炦羊腰，炦得羊油满锅漂；炦炦炦羊腿，炦得羊腿糊住嘴。""吃"了羊肉，游戏结束。

算窑 道具可以用楝枣（楝树上结的果）、土块、砖碗碎片等为子。两个人比赛，并排平行各挖四个窑，两头各挖一个窑。八个窑每窑放五个子，两头的窑每人一个，留着储存赢得的子。确定谁先散子后，散子者抓起一个窑的子，挨个往下放，每窑一个，散到一个有子的窑，手里的子散完了，接着散下一个窑里的子，直到下到空窑。空窑下个窑有子，就是散窑者赢的，抓起来放在自己的储子窑里。如果这个窑下一个还是空窑，空窑下边一个窑有子，还可以吃掉，以此类推，直到把子吃完，谁的储子窑里的子多，谁赢。在散子时要动脑子，计算好要散到空窑前一个窑散完。关键点在有几个子，从哪个窑开始散，要用智力。

弹碗碴 这个游戏的道具是杏核、圆石头、碎碗片，或小圆土块，共十个子。用猜拳的形式确定谁先弹。谁弹就把子放在手里，两个手对捂着摇，猛地往地下散开，然后看准哪两个子相对，用小手指在两子中间划过，再用中指弹一个子，碰到对面子上算赢，两子归弹者。若小手指画线时碰到其中一个子，或弹的子碰不到另一个子，或碰到其他的子，都算输，不但得不到子，还要把弹子权让给对方，对方输了后，弹子权才能归回第一个人。输到最后剩一个子时，弹方可用一子砸这颗剩下的子，还是画线、指弹，赢了算结束一盘，输了对方继续弹，直至赢完。这个游戏技巧要求小指画线时要细心，弹时线要准，用力要适度，特别是砸最后一个子时，力度也要适当，力度不到，两子挨近，不便于画线；力度过大，崩的远了，不便于弹中。

砸破鞋楼 此游戏只要有空场地或干活休息时在地头均可以玩。十几岁的男孩玩的较多，参与人数一般 3 人以上、10 人以内。

具体玩法为每人拿出一只鞋，支成楼状，手持另一只鞋砸鞋楼。开始前，画一条线，每人在线前使劲扔手里的鞋，按照鞋落下后距离鞋楼的远近，判定游戏的先后顺序。距离最远的那人先砸楼，往下以此类推，最近的那个人确定为守楼人。砸楼者先后名次确定以后，守楼者在鞋楼的一侧，拎起自己的一只鞋在鞋楼前不停地上下敲打地面，以便阻拦攻击者将要砸过来的鞋。一旦鞋楼倒塌，攻击者便一哄而上，用鞋子拍打守楼者。守楼者不得反抗，必须在鞋楼被砸倒时赶快重新支起来，以减少鞋拍打的时间。攻击者在拍打守楼者时，还要异口同声地唱道："破鞋底臭烘烘，你是咯吱你是哼？"眼看守楼者快要支好破鞋楼时，攻击者赶忙把鞋往地上一拍，说："拍地戴帽。"不然，守楼者抓住谁，谁就要接替他守楼的职责，将遭受大家用破鞋拍打头顶的"厄运"。

叨鸡 又叫斗鸡。这个游戏一般为两个人对叨（撞）。每个人都把一条腿抬起向内弯，放在另一条腿的膝盖上方，单腿蹦跳，瞅准对方弯起的腿猛撞一下，对方还撞。谁单腿站不住了，弯起的腿落地，算输。

拾子 道具是砖头块、碎碗片及小土块。一般为 7 个子。两人面对面盘腿而坐，一个人先把 7 枚子在手中摇，然后一翻翻在手背面上，再扬起用手抓，另一个人用同样的方法，谁抓的子多，谁先拾子。拾子时，先把 6 子撒在地上，手里留 1 个。拾子的时候，手中的 1 个子扔上空中，拾到 1 个子后，再接着扔上去的子，然后再向空中抛出 1 个子，再拾 2 个后接着空中的那颗子，后用同样的方法。这中间扔向空中的子接不住落了地，地上应拾的子拾不起来，或该拾的子没有拾完，拾子时碰到了其他不该拾的子，都算输，输后转交另一个人拾，方法一样。拾到剩 3 个子时，一子抛向空中，同时拾起地上的 2 个子，手还要拍拍胸口，再接空中的子，接不住为输。最后 2 个子还要用手挽，两子同时抛出用手挽，挽不住的输。最后比谁赢的子多，多者赢。这个游戏女孩玩者较多。

开绞 开绞即用一根绳，两头对结，由两个人进行游戏，一个做绞，一个开绞。二人相互为对方做绞、开绞，开不开者为输。绞分多种，如"小牛槽""细面条""牛瞪眼""鸡束子"等。"牛瞪眼""鸡束子"最难开，开不好，有的开得不成绞了，有的成了死疙瘩了，都算输。

插大方 此游戏以中老年男性玩者较多。在农闲或田间劳动休息时，两个人或于田头，或于村头树下，用棍在地上刮几道线便成棋盘，一个用棍，一个用泥巴块，一边谈着规则，一边即"杀"起来。

插大方有五道方、六道方之分。五道方就是用个草棍或碎碗片，在地上划出 5 条纵横相等的平行线，六道方就划 6 条纵横相等的平行线。六道方共有 25 个方位，36 个子位（每个交叉点是一个方位），呈方、斜、龙 3 种阵势。插大方可分摆棋和走棋两个阶段。下棋前，双方先约定棋规，一般是成方另搁 1 个子，成三斜搁 1 个子，成四斜、五斜各另搁 2 个子，成六斜和成龙各另搁 3 个子。走棋约定一般是成方先走、先搁后走、落底（搁最后 1 个子）先走 3 种方式，要约定好采取哪一种。走棋中，开始每人先拿掉对方 1 个或 2 个子（事先约定），方、斜、龙占的棋子不能拿掉，吃子时也一样，只能吃闲子，如没有闲子，就由被吃方点同意拿掉的棋子。走棋中同样是成方、成三斜、成四斜各吃对方 1 个子，成五斜吃 2 个子，成六斜、成龙各吃掉对方 3 个子。走棋中有“开、填、来回成”的方法。

《草帽舞》

名人与名村

历史的长河中，韦小庄涌现出多位对当地社会、政治、经济、文化发展起到推动与促进作用的人物。

◉ 人物传略

韦玉贤（1918—1951） 韦小庄人。1938 年，组建了韦大营（含韦小庄）历史上第一个杂技团队——韦家班，任“大把式”。韦玉贤年幼时练就深厚的武术功底和杂技绝活，精通气功、戏法、驯兽等技艺，“倒包子”“仙人摘豆”“火帘”“罩子”“双封”“海剁”“钢枪刺喉”等技法精湛。凭借着一身杂技技艺，韦玉贤带着韦家班走村过镇，勉强度日。新中国成立后，韦玉贤除土地改革时期在家务农外，几乎没有停止过杂技活动，同时悉心培养、训练子孙掌握杂技技能，是韦小庄早期杂技事业的领军人物。至 2015 年，韦玉贤的杂技班已传承到第四代人，是韦小庄历史最长的杂技世家。

韦心中（1930—1990） 韦小庄人。自幼家贫，跟随父母讨饭，12 岁给人做帮工。1947 年年初，中共临泉基层政权组建，他参加了联防队，成为一名年龄最小的联防队员。1947 年 7 月，先后任迎仙区区政委、区长通讯员。他做事认真，小心谨慎，受到领导的一致好评。1949 年 6 月，加入中国共产党。

1949 年 8 月，韦心中参加了整党工作队。1950 年 6 月，到城关区王楼乡担任乡党支部书记、乡指导员。他带领农会干部开展反匪反霸运动，进行土地改革工作。1953 年 4 月，调瓦店区担任区委组织委员。1955 年 4 月，调姜寨区任区委组织委员。1958 年 9 月，韦心中任姜寨人民公社党委副书记兼大林大队党支部书记。1961 年 9 月，韦心中调任迎仙区韦寨公社任公社管委会副主任。在此期间，他组织群众恢复生产，把土地分到户，调动了群众的生产积极性。

1968 年，韦心中调到瓦店公社任房庄大队党支部书记、革委会主任。房庄大队几个村有做香油的技术，韦心中冒着被冠以“割资本主义的尾巴”的风险，暗地鼓励大家发展生产。1975 年 8 月，临泉遭受特大洪水，水顺着临姜公路的桥洞往南灌。韦心中立即组织群众堵桥洞，大水来势凶猛，填上的泥土很快就被水冲走，韦心中回家把家中的被子拿去堵桥洞。1976 年 4 月，韦心中调任瓦店公社贫下中农协会主席。1979 年 9 月，韦心中任迎仙区韦寨公社党委副书记。1983 年 8 月，任韦寨乡党委副书记兼乡代表组组长。1990 年离休。

韦心中一生团结同志，待人和气，不争权夺利。他回家时，到庄前就下自行车推车回家，见人就打招呼，从来不摆官架子。1990 年，因病去世。

韦心中去世后，其好友吴学增对他的一生进行总结，为其撰写了墓碑文。碑文于下："精神千古。韦氏心中，幼时清贫，喜迎解放，事国事民，服务基层，至诚至心，信念如磐，奉守宗旨，恭俭朴实，不慕功名，履俭清廉，凛然于世，自励自勉，默默无闻，性不逾矩，益善为本，语不失信，平易近人，忠信称著，世人皆钦。抚育子女，含辛茹苦，无愧于人，誉满乡里。斯人顿失，人尽含悲，无不仰慕，留芳千春，缅怀之极，即立碑铭。"

王存英（1933—1995） 出生于田桥乡东王庄村。1950 年 3 月加入共青团组织。1951 年 1 月 1 日，参加了城关区李庄乡土改工作队。她在工作队工作大胆、雷厉风行。同年 2 月，被任命为城关区代桥乡乡长。1952 年 7 月，调任城关区共青团区委组织委员，在区划变动时到王寨区任团委组织委员。1953 年 8 月，任瓦店区区团委组织委员。1955 年 12 月，区划变动，调任姜寨区团委组织委员。1956 年 2 月，改任姜寨区妇联会副主任。1957 年加入中国共产党。

王存英在工作中爱护群众，坚持原则。1957 年在县四级干部大会上，要求"大鸣大放"，有的干部提出新式农具改革，洋楼、洋耙，又大又重，牲口拉不动。领导认为这是错误言论，要打"右派"。王存英说："这是实话实说，怎么能打'右派'呢？"有个干部贪污 600 元钱，她大胆揭发。1958 年，王存英被任命为姜寨区大林大队大队长。上级要求"大放卫星"，要求上报红薯亩产 7.5 万千克到 10 万千克。王存英说："这 10 万千克红薯别说长了，就是在地里挨着摆也摆不完。"她坚决顶住不说瞎话。对于工作中的错误，她也认真改正。在 1960 年村里办大食堂时，不让私人起伙，她摔过私开小灶人家的一个锅。1961 年民主补课时，她亲自到这家赔礼道歉，从自己腰包里拿出 5 元钱赔偿费损失。

1962 年，王存英被任命为姜寨区郭庄公社妇女主任。1963 年，调任迎仙区韦寨公社妇女主任。1968 年，任韦寨大公社妇女主任。1973 年，王存英调任瓦店公社房庄大队党支部副书记。1975 年 8 月发洪水时，为堵桥眼，不让洪水南灌，她和丈夫韦心中毫不犹豫地把被子献出来抗洪。

1976 年，王存英调任瓦店食品站副站长。1979 年，调任韦寨食品站主任。从行政工作岗位调到企业，王存英团结全站职工，大胆开展工作，完成了生猪收购和上调任务、保证了当地的猪肉供应。1988 年，王存英退职休养，在食品站停业，职工无工资的情况下，她也从未向国家和组织伸过手。

韦心龙（1933—2010） 韦小庄人。由于家里贫困，从小一直跟随父母干庄稼活。1947 年 11 月，韦心龙刚十四五岁就跟着共产党的干部奔忙，并参加了基干民兵。1948 年年初，中共党组织在韦大营村传达了上级关于土地改革的指示。在韦小庄，韦玉贤、韦心龙、韦心堂等人拥护土地改革的政策。1949 年 1 月 25 日，中原局在宋集召开四分区贫代会，韦心龙连夜将会议精神传达到村里，随后韦心龙参加了宋集土地改革试点工作。1951 年 6 月，韦大营成立农民协会，韦心龙被推选为农会委员，领导村里的土改运动。1952 年，韦心龙加入中国共产党。同年，上级要求各村开展互助合作工作，韦小庄成立了 3 个互助组，韦心龙为其中一个组的组长。1953 年按照县区要求，韦大营成立了砖井、大营 2 个初级农业生产合作社。1955 年整风整社运动后，两个初级社合并成一个社，韦心龙为初级社委员。1956 年，成立迎仙区庆华营延河高级农业生产合作社，韦心龙被选为社委员。1958 年 10 月，迎仙成立人民公社，实行军事化管理，成立营、连、排、班。韦心龙任小庄排的排长。1961 年 10 月，韦心龙先后任韦小庄生产队队长、政治队队长。

韦心龙年轻时因家境贫寒，为了生存练习杂技，精通各类杂技技艺。韦心龙曾带着三个儿子，组成一个杂技演出队外出演出。韦心龙表演戏法的技巧娴熟，他表演的“罩子活”、驯兽、“卖口儿”被当地杂技行内誉为“三绝”。他表演的“罩子活”出神入化，奇幻迷离；驯兽手法极为高明，“点食”（引兽表演时所给的食物）给的分寸适当，顽皮的猴子、彪悍的烈马、凶猛的狗熊，到了他的手下都变得顺从听话；他表演的“口儿”合辙押韵、妙语连珠、远近闻名。在韦心龙的精心传授下，一家四代人都拥有精湛的杂技技艺。2000 年以后，儿孙多次亮相中央电视台《快乐学艺记》栏目，并在杂技艺术节杂技比赛中获奖。

《蹬伞》

大事纪略

韦小庄发生过许多大事件，对当地社会、政治、经济、文化等方面产生重大影响，现以纪略的形式，选取部分大事以记。

◉ 1371 年韦氏迁徙至临泉

明洪武四年（1371 年），山西省洪洞县人韦沱，带领家人迁徙到颍州沈丘（今临泉）延河北岸，建立砖井沿村。明崇祯八年（1635 年）正月，砖井沿村寨被战火焚毁。翌年春，砖井沿村人在旧庄园和周边建起三个大寨，分别为义和寨、仁和寨、三和寨。义和寨被叫作大营子，又叫韦大营村。清道光十五年（1835 年），韦小庄始祖从韦大营分家，迁移到韦大营村东北 500 米的放牧场安家落户，仍为韦大营村民，被称为小庄。

◉ 1961 年韦小庄独立

1947 年，临泉县解放。临泉县政府开展减租减息，韦大营（包括韦小庄）废除了地租制。1951 年，农村实行土地改革。1961 年 10 月，韦小庄正式从韦大营分出，独立成为一个生产队，被称为“小庄生产队”。

◉ 1978 年开始推行家庭联产承包责任制

1978 年，韦小庄所在大队开始推行家庭联产承包责任制，小庄生产队分地到组。1980 年，小庄被公社正式定名为“韦小庄”。1981 年，韦小庄土地承包到户。1993 年，韦小庄进行土地二轮承包。1994 年，以韦周庄村委会名义发放土地经营权证书和耕地承包合同书，30 年不变。2006 年，韦小庄村民与全国农民一起，取消了上缴农业税。

◉ 2004 年韦小庄民间杂技走上公司化道路

2004 年 3 月，临泉县宏扬杂技有限公司成立，董事长是韦小庄人韦学东。2013 年 3 月，宏扬杂技公司进行改制，成立临泉县宏扬实业有限公司，对韦小庄和全县的杂技资源进行整合，截至 2017 年，公司拥有 142 个杂技团队。

◉ 2011 年安徽省民间杂技艺术节在韦小庄设立分会场

2011 年年初，临泉县宏扬杂技公司出资在韦小庄承建露天杂技舞台、杂技广场、杂技公园，10 月竣工并投入使用。11 月 11 日，第二届安徽省民间杂技艺术节在临泉县举办，韦小庄被县委、县政府设立为杂技艺术节的分会场，并举行艺术节的启动仪式。2013 年 5 月，韦小庄杂技露天舞台拆除，动工建设仿古杂技楼，11 月杂技楼竣工。12 月 18 日，第三届安徽省民间杂技艺术节在临泉举行，韦小庄被设为分会场，汇聚观众近万人。

◉ 2014 年创建安徽省文化产业示范基地、被命名为“杂技专业村”

2014 年 1 月，安徽省文化厅公布第四批安徽省文化产业示范基地名单，临泉县宏扬杂技有限公司韦小庄杂技基地榜上有名，这是临泉县第一个被命名的省级文化产业示范基地。

2014 年 8 月 18 日，韦小庄被中国杂技家协会命名为“杂技专业村”。

◉ 2014 年杂技题材电影《艺魂》在韦小庄开拍

2014 年 3 月 19 日，由浙江东阳市大横影视传媒有限公司、安徽阜阳欧苏影视制作有限责任公司、临泉县宏扬杂技有限公司合作拍摄，阜阳市委宣传部、临泉县人民政府、临泉县委宣传部、临泉县文广新旅局联合摄制的杂技题材电影《艺魂》正式签约。该片总投资 300 万元，以临泉县韦小庄杂技专业村为主要拍摄基地，临泉县杂技团队为主要演出队伍。影片讲述了几代杂技艺人艰辛奋斗的故事，再现了“喷火”“上刀山”“生死绸吊”等优秀杂技节目，彰显了临泉县“中国民间杂技艺术之乡”和韦小庄“杂技专业村”的独特地域文化。

2015 年《传奇中国节·春节》全球直播节目进入韦小庄

2015 年 2 月 18 日（除夕）下午 15 时，央视四套《传奇中国节·春节》全球直播节目“临泉民俗闹新春　民间杂技过大年”在韦小庄现场直播。宏扬实业有限公司组织了 12 个团队参加此次活动，其中韦小庄有 10 个团队，即：韦学红杂技团、韦学忠杂技团、韦学俊杂技团、韦学春杂技团、韦永进杂技团、美猴王马戏团、韦猛猛杂技团、韦刘成杂技团、韦文周杂技团、韦九周杂技团。

◉ 编纂始末

2015 年 7 月 24 日，安徽省地方志办公室根据中国地方志指导小组规划要求，下发了《关于在全省开展名村志编纂工作的通知》。接到通知后，阜阳市地方志办公室通过对 8 个县市区 20 多个村落进行调研、筛选，决定将临泉县韦寨镇韦小庄村定为中国名村志文化工程编纂试点单位。9 月 6 日，在对临泉县韦小庄村进一步调查研究的基础上，成立了由阜阳市地方志办公室主任蔡建国任主任，副主任张华玲任主编的编辑部。至此，《韦小庄村志》编纂工作正式启动。

2016 年 3 月 29 日，《韦小庄村志》评议会在临泉县召开。评议会后，张华玲对评议会专家意见梳理斟酌，调整、修改志稿，5 月 24 日完成送审稿。6 月 8 日开始，根据省地方志办公室巡视员刘成典和省地方志专家欧阳发的审稿意见修改送审稿，6 月 30 日，《韦小庄村志》定稿。7 月 6 日开始排版、校稿。2016 年 10 月中旬，以传统形式编纂的《韦小庄村志》由黄山书社出版发行，成为阜阳市有史以来第一部村志。

2016 年 11 月《中国名村志文化工程实施方案》颁发以后，阜阳市地方志办公室立即组织申报名村志工作。退休副主任、主编张华玲同志根据方案要求对传统形式的《韦小庄村志》进行修改。2017 年 3 月，《中国名村志・韦小庄村志》(以下简称《韦小庄村志》) 完成终审稿报中指组。2017 年 6 月收到中指组专家审稿意见后，对志稿进一步修改完善，于 7 月中旬《韦小庄村志》定稿。

《韦小庄村志》的编纂，一直得到阜阳市和临泉县两级党委政府的高度重视。村志启动初期，时任阜阳市市长李平对此项工作给予充分肯定和支持，要求市地方志办公室扎扎实实编纂出一部反映民情民意的优秀村志。临泉县委书记邓真晓参加村志评议会听取意见。

《韦小庄村志》的编纂，得到省志办的关爱和指导，同时也得到中国地方志指导小组办公室领导和专家的支持和指导。村志评议会上，时任省地方志办公室主任朱文根、巡视员刘成典和省方志专家欧阳发亦到会，为志书认真“把脉问诊”。志书完成送审稿后，刘成典、欧阳发又为志书的定稿进行审查把关。中指办副主任邱新立对村志评议稿给予肯定并提出重要修改意见。

《韦小庄村志》的编纂，始终是在阜阳市地方志办公室的组织领导下进行。市志办高效统筹协调了资料的收集、整理和志书编纂、评议、送审、校对、印刷的全过程，团结编辑部全体成员，带领市志办全体同志，夜以继日，全力以赴，确保编纂工作的每一个环节严谨有序、顺利开展。市方志办的全体同志都为志书的成功出版洒下了辛勤的汗水。

《韦小庄村志》的编纂过程中，临泉县地方志办公室主任程琦，凭借曾在临泉县宣传部工作的人脉资源，聘请了县广播电台原台长韦守彬、县文化局原副局长罗振祥、县广电局原副局长王彬，还有县农业、文化、教育系统的左天云、马泉萍、韦庆喜等同志，为村志资料的收集整理做出了重要贡献。

《韦小庄村志》进入出版程序后，方志出版社各位审稿老师对志稿反复修改、审核，付出大量的心血，确保了志书形式更加规范，志书质量进一步提高。

值《韦小庄村志》作为中国名村志丛书出版问世之际，我们向所有关心、支持志书编纂工作的领导、专家、朋友和韦小庄村民表示诚挚的感谢！

编　者

2018 年 8 月